# 尼山书院讲稿集（第一辑）

山东省图书馆尼山书院 / 编

齊魯書社

**图书在版编目（CIP）数据**

尼山书院讲稿集．第一辑/山东省图书馆尼山书院编．--济南：齐鲁书社，2021．7
ISBN 978-7-5333-4449-8

Ⅰ．①尼… Ⅱ．①山… Ⅲ．①国学—文集 Ⅳ．①Z126.27-53

中国版本图书馆CIP数据核字(2021)第115566号

责任编辑：贺　伟
责任校对：王其宝　赵自环
装帧设计：刘羽珂

**尼山书院讲稿集（第一辑）**

NISHAN SHUYUAN JIANGGAOJI DIYIJI

山东省图书馆尼山书院　编

| | |
|---|---|
| **主管单位** | 山东出版传媒股份有限公司 |
| **出版发行** | 齊魯書社 |
| **社　址** | 济南市英雄山路189号 |
| **邮　编** | 250002 |
| **网　址** | www.qlss.com.cn |
| **电子邮箱** | qilupress@126.com |
| **营销中心** | （0531）82098521　82098519　82098517 |
| **印　刷** | 济南百思特印业有限公司 |
| **开　本** | 787mm×1092mm　1/16 |
| **印　张** | 14 |
| **插　页** | 2 |
| **字　数** | 242千 |
| **版　次** | 2021年7月第1版 |
| **印　次** | 2021年7月第1次印刷 |
| **标准书号** | ISBN 978-7-5333-4449-8 |
| **定　价** | 40.00元 |

# 《尼山书院讲稿集（第一辑）》编委会

# 前 言

中华优秀传统文化是中华民族的“根”与“魂”，在新时代，我们要传承和弘扬中华优秀传统文化，就必须将涵养社会主义核心价值观、建设中国特色社会主义精神文明与之有机统一、紧密结合，才能不断铸就中华文化新辉煌。为贯彻落实习近平总书记弘扬传承中华优秀传统文化的重要指示、批示精神，2014 年 5 月以来，山东省创新推进“图书馆 + 书院”模式传承弘扬优秀传统文化，在省、市、县公共图书馆建设“尼山书院”；在城乡基层以社区、乡镇、村居文化中心为主阵地，建设乡村（社区）儒学讲堂。经过几年努力，尼山书院正在逐渐叫响全国，成为国内体系完整、覆盖广泛、内容丰富、形式活泼、群众欢迎、效果显著的传统文化服务传播传承重要机构之一。

目前，全省公共图书馆已经建成尼山书院 150 个，同时，在新疆喀什建立了 3 个尼山书院，海外书院建设也拉开序幕。据不完全统计，全省各级尼山书院年举办各类活动 2.2 万余场次，参与群众 195 万余人次，其中省尼山书院年举办活动 700 场。在各级尼山书院建设的带动下，现已建成乡村（社区）儒学讲堂 2.3 万余个，开展活动 12 万余场次，参与群众 353 万余人次。实现了尼山书院功能向基层的延伸，覆盖全省的一百多个尼山书院，通过乡村（社区）儒学讲堂无缝对接到广大乡村、社区等基层单位，把中华优秀传统文化和优良传统道德活动送到基层群众中间。尼山书院与乡村（社区）儒学，两者一为城市儒学传播的圆心，一为乡村（社区）教化的基点，相辅相成，互为补充，形成“城乡统筹”推进优秀传统文化传承服务的山东新模式。这些遍布全省的书院和儒学讲堂，不断移风易俗，营造了乡村社区和谐氛围，在提升群众道德水平和文明程度方面发挥了越来越重要的作用。

为进一步提高“图书馆 + 书院”公共文化服务模式的服务能力和水平，在尼山书院山长许嘉璐先生的提议下，尼山书院对各级儒学骨干进行了分批次的培训，年培训 500 余人。同时，2016 年 4 月，山东省文化厅在全省开展了“尼山书院国学讲稿”征集活动，各地市高度重视，认真组织，各级尼山书院讲师积极参与、踊跃投稿，共收到讲稿 83 篇。经过专家评定，评出一等奖 3 篇，二等奖 8 篇，三等奖 16 篇，优秀奖 36 篇，本次选取其中一部分编印成《尼山书院讲稿集》第一辑。

讲稿大多为全省各地尼山书院和儒学讲堂讲师的授课讲稿，内容涵盖儒学经典阐释、传统文化思想解读、中华美德讲授、传承传播活动组织等多个方面，理论联系实际，思想较为深刻，文字通俗生动，为各地书院和讲堂提供了丰富鲜活的讲授资料。相信本次讲稿结集出版，能够助力提升全省尼山书院和乡村（社区）儒学师资队伍的国学素养，打造一支德崇业精的师资队伍，实现优秀国学师资共享。在此谨向讲稿评审专家和全体讲稿作者表示诚挚感谢！

# 目　录

# 《论语》中的快乐人生

王蓉晖

## 《论语》概述

《三字经》用精炼的语言介绍了《论语》：“《论语》者，二十篇。群弟子，记善言。”这就是说，《论语》这部书是集体智慧的结晶，记述的是孔子和他的弟子们的“善言”，也就是精辟的话。这些话并不是孔子在世的时候，某天觉得自己说了一句很经典的话，让身边的追随者记下来的，而是在孔子离世若干年后，他的弟子以及再传弟子，缅怀先师，追忆先师生前所说的话，依然觉得受益无穷，于是编纂成集，成为现在我们读到的《论语》。

根据《论语》中的记录，我们可以发现，里面除了孔子的言论之外，出现比较多的是曾子、有子、子游、子夏等人的话，由此我们推知，这部书很可能是这几位弟子及其再传弟子编写而成的，而这几位弟子的年龄都比孔子小四十多岁，属于后期的弟子，他们追随孔子的时候，孔子已经到了“六十而耳顺”的阶段了，心态和思想都非常成熟，一言一行都充满了温暖朴素的智慧。

## 《论语》中的快乐场景

让我们一起来看看弟子们记忆中的孔子吧，《论语》开篇就说：“学而时习之，不亦说乎？有朋自远方来，不亦乐乎？人不知而不愠，不亦君子乎？”先看第一句，从字面的意思看，博闻强识的孔子并不满足于自己所学，还时常思考总结，有新的心得体会，因此感到喜悦。然而这还只是我们现代人的解读，在孔子那个时代，“学习”还有更深层次的含义：“学”不仅仅是读书写字学习知识，更多的是指从上古的文献中汲取人生的智慧。孔子一生阅读并整理了大量的上古典籍，不仅为后世留下了大批文化遗产，也为自己积累了生活的智慧。“学”让我们认知，而“习”就是践行，孔子在生活学习中时常运用这些智慧，做人轻松快乐，学习事半功倍，为政卓有成效，并且通过“如切如磋，如琢如磨”的修身，人格修养不断精进，这就是“不亦说乎”啊！

孔子推行和践行的是人间的大道，自然就会吸引更多有志于道的人，这就是孔子所说的“朋”。“朋”是志同道合的人。有这么多志同道合的人从远方而来拜访孔子，一起坐而论道，畅谈理想，怎能不快乐呢？

当然也有人不理解孔子，认为有才能的人要出仕为政才算得上成功，但是孔子不这么认为，孔子说，我现在这样的生活不是充满了喜悦和快乐吗？当然这种快乐不是一般人能够理解得了的，所以别人不懂得，我也不生气不介意，这才是君子的本色啊！

大家想想看，这是一幅多么生动的画面，一群有理想、有抱负、有担当的有志之士，围绕在一位平和、智慧、快乐的老人身边，在诸侯纷争、世风日下的春秋末期，成为这黑暗世道的一抹耀眼的亮色。

这明亮温暖的色彩贯穿《论语》全篇，我们可以看到，“子之燕居，申申如也，夭夭如也”（《论语·述而》）。孔子在家里的日常生活中，身体舒展自然，表情轻松愉悦。子曰：“饭疏食饮水，曲肱而枕之，乐亦在其中矣。不义而富且贵，于我如浮云。”（《论语·述而》）孔子的生活非常简单，无非粗茶淡饭而已，读书读累了，弯起胳膊枕着，小憩一会儿，也许还会梦见和周公聊天，醒来舒展一下身体，又觉得神清气爽，这也很快乐啊。和这些平淡而安心的快乐相比，那些通过不义的手段得到的地位和财富，对于孔子来说，都是浮云啊！

和孔子能达到同样境界的，就只有颜回了，子曰：“贤哉，回也！一箪食，一瓢饮，在陋巷，人不堪其忧，回也不改其乐。贤哉回也！”（《论语·雍也》）让孔子反复赞叹的，就是这位得意门生的“不改其乐”，吃简单的食物，渴了就喝一瓢凉水，住在近似贫民窟的小巷子里，这样艰难的生活条件改变不了颜回的快乐，可见颜回的快乐不是建立在物质生活之上的，而是来自自己丰富的精神世界，而这也正是孔子所拥有所赞美的。

# 《论语》快乐的来源

宋代大儒周敦颐时常让他的弟子二程“寻孔颜乐处，乐在何事”，就是要让二程去探寻孔颜二人丰富的精神世界，从而找到儒家的本源和精髓。那么就让我们也循着孔颜之乐，一起寻找人生快乐的智慧吧。

快乐来源之一，是心境的高远。孔子为人的理想就是君子，《论语》中多次出现对君子的描述：“君子坦荡荡，小人长戚戚”，“君子喻于义，小人喻于利”，“君子和而不同，小人同而不和”，“君子泰而不骄，小人骄而不泰”，“君子固穷，小人穷斯滥矣”。孔子用了大量的比较，塑造出他心目中卓尔不群的君子形象，“君子食无求饱，居无求安，敏于事而慎于言”；“君子惠而不费，劳而不怨，欲而不贪，泰而不骄，威而不猛”。君子代表着人的高贵与刚健，有着坦率从容的态度、儒雅平和的气度，有着宽阔的胸怀、高远的志向和无畏的勇气，在两千多年的历史长河中，我们依然可以看到：杜甫“安得广厦千万间，大庇天下寒士俱欢颜”，范仲淹“先天下之忧而忧，后天下之乐而乐”，文天祥“人生自古谁无死，留取丹心照汗青”，顾炎武“天下兴亡，匹夫有责”，林则徐“苟利国家生死以，岂因祸福避趋之”，这样担当天下的壮烈情怀，正是孔子留下的宝贵财富。试想，一个胸怀天下的人，怎么会把一点利益的得失放在心上？超脱了物质的束缚，没有了贪欲，不就更容易快乐吗？

快乐来源之二，是不自欺。孔子所追求的是“仁”，子曰：“君子无终食之间违仁，造次必于是，颠沛必于是。”（《论语·里仁》）颜回就是这样，子曰：“回也，其心三月不违仁。”（《论语·雍也》）君子抱定了自己的人生准则，不管在什么样的情况下，即使是一顿饭的工夫，哪怕匆忙仓皇，哪怕颠沛流离，哪怕衣食不济，也不能违背仁。所以孔子说：“君子固穷，小人穷斯滥矣。”君子安于贫困，不会为了摆脱贫困而不择手段；而小人则相反，什么事都做得出来。但是小人做了不善的事，还要躲躲藏藏，就像《大学》里所说的：“小人闲居为不善，无所不至，见君子而后厌然，掩其不善而著其善，人之视己，如见其肺肝然，则何益矣？”这种自欺欺人的做法，怎么能得到心里的安宁呢？不安宁，又哪来的快乐呢？就像前段时间媒体报道的一名贪官，警察搜查他家的时候发现，他收来的现金就铺在床垫下面，厚厚的一层，睡在钱堆里的感觉如何？大概只有当事人才知道。有了这么多的金钱，他何曾睡过一晚踏实觉？又怎么谈得上快乐呢？孔子的快乐，就在于不违背自己的准则和良心，所以每一刻都安安稳稳、舒舒服服，而不会提心吊胆。

快乐来源之三，是不死心眼。孔子是一个讲诚信的人，但是绝不钻牛角尖，那种“言必信，行必果”的人，在孔子看来，是“硁硁然小人哉”。子曰：“孰谓微生高直？或乞醯焉，乞诸其邻而与之。”（《论语·公冶长》）微生高这个人，不是直率的人，别人向他借醋，他不直说自己家没有，而是跑到邻居家借了给人家。微生高就是这样一个极端守信、极端要面子的人，他的另一件壮举大家都知道，就是和一名女子约会，结果发了大水，女子没有来，他抱柱而亡。孔子非常不赞成这样的死心眼，那么孔子遇到这样的事是怎么做的呢？孔子周游列国时被蒲邑人围困，蒲人要孔子答应不去卫国，孔子答应了，蒲人打开东门放了孔子一行，孔子绕了个弯还是去了卫国，子贡问：“诺言可以不遵守吗？”孔子说：“被武力要挟许下的承诺，神灵也不会认可的。”孔子还常说“用之则行，舍之则藏”，虽然身有济世之才，得到出仕的机会的话我就好好工作，实现自己的价值；如果得不到机会，我也绝不强求，安贫乐道，独善其身就是了。正是这样灵活的处事方法，让孔子更为从容快乐。

快乐来源之四，是不走极端。孔子反对极端的道德。有一次孔子的弟子曾参和父亲曾皙一起锄地，曾参不小心锄断了一株瓜苗，曾皙大怒，拿起一个大棍子劈头打下来，一下把曾参打晕了，很久才醒过来。醒来之后的曾参马上高高兴兴地站起来，走到父亲面前说：“父亲用这么大的棒子教育我，没有累着吧？”曾参可不是对父亲说风凉话，他是真的孝顺父亲，为了不让父亲担心，他回到自己的房间还弹琴唱歌。孔子听说了这件事非常生气，他教育曾参说：“古时候舜的父亲瞽叟要使唤他时，他总在身边，要杀他的时候却总也找不到他，父亲用小棍子打他他就忍受，用大棍子打他他就逃跑。舜是怕死吗，不孝吗？不是的，保全了自己的性命，不让父亲背上不义的罪名，这才是真正的孝顺。”这就是孔子的中庸之道，水满则溢，物极必反，再好的事，做过了头，也会走向反面，所以孔子说“过犹不及”。

快乐来源之五，是博学和好学。孔子在周游列国时，曾有人讥讽他“四体不勤，五谷不分”，由此后人常以为孔子是个只会耍嘴皮子、眼高手低的读书人，这是对孔子的误解。其实孔子很会干活，吴国太宰嚭曾经问子贡：“你的老师孔子是个圣人吧，怎么这么多才多艺呢？”子贡回来转达了这句话，孔子说：“太宰知我乎？吾少也贱，故多能鄙事，君子多乎哉？不多也。”（《论语·子罕》）因为孔子少年贫贱，与寡母相依为命，为了谋生而学会了很多技术活，属于劳动人民阶层。孔子还很好学，子曰：“十室之邑，必有忠信如丘者焉，不如丘之好学也。”（《论语·公冶长》）孔子学琴于师襄，师襄认为孔子已经弹得很好了，但是孔子不满足，还要从音乐中感受到更多的意境和情感，最后仿佛看到作者的相貌神态，从而推知这是周文王，令师襄由衷叹服。这种好学不是“要我学”而是“我要学”，子曰：“知之者不如好之者，好之者不如乐之者。”（《论语·雍也》）孔子是把学习本身就当作一种快乐啊！

快乐来源之六，来自孔子对于美好事物的敏感。他有极高的艺术鉴赏力和感受美的能力，“子在齐闻韶，三月不知肉味”（《论语·述而》）。孔子听到了韶乐，感受到乐曲里尽善尽美的道德境界，能听到这样的音乐，真是人生的至乐啊！“子与人歌而善，必使反之，而后和之。”（《论语·述而》）孔子听到有人唱歌唱得好，一定拦住人家要求再唱一遍，然后自己跟着唱，真是一位开朗和蔼而又快乐的老人啊！

总结完以上几条，不由得让我们想起《论语》中经典的一幕：“四弟子侍坐”，更是细致地描绘了孔子及其弟子美好的精神追求。子路、冉求和公西华都畅谈了自己的政治抱负，轮到曾皙时，他从容地停下弹奏，恭敬地向老师表达自己的理想：“莫春者，春服既成，冠者五六人，童子六七人，浴乎沂，风乎舞雩，咏而归。”（《论语·先进》）这样美好和谐的画面，真是一个惠风和畅、宁静平和的大同世界啊，只有心怀天下、心系万物、追求真善美的人才能体会这种境界，所以孔子喟然而叹：“吾与点也！”这就是人生的至乐啊！

孔子的一生并不得意，有着贫贱的少年、劳碌的中年以及颠沛流离的晚年，面对惨淡的人生，孔子却用他高远的境界和温暖的智慧，传递着人生终极的快乐。我们每次捧起《论语》，通过这些简短文字和孔子面对面的时候，穿过两千多年的岁月，依然感受得到真切的快乐。

# 《论语》中的孝道与为学之道

蔡连卫

今天的中国人对母亲节和父亲节越来越重视，这不完全是崇洋媚外，而是我们已经认识到当条件允许的时候应该以某种形式来表达我们对父母的爱。因为父母是我们最亲的亲人，是世界上最疼我们的人。当代有一位著名的作家叫张洁，她有一部著作叫《世界上最疼我的那个人去了》，就是在她的母亲去世之后写的。因为中国人特别重视亲情，特别重视子女，所以中国的父母可以说是世界上最有牺牲精神又最望子成龙的父母。对这样的父母，我们更应该好好反哺，而反哺最好的方式就是孝敬他们，并且好好地学习以提升自己，也就是要讲求"孝道"和"为学之道"。

那么，怎样对待父母，怎样学习，才是孝敬父母，才是对父母最好的报答呢？诗人流沙河在他的诗歌《就是那一只蟋蟀》中曾经说："中国人有中国人的心态／中国人有中国人的耳朵。"也就是说不同民族的人对这个问题有不同的看法，我们中国人也有自己的心态和做法。关于孝道和为学之道，中国历史上有很多人都讲过，但是追本溯源的话，我们更愿意接受孔子的认识，因为孔子是我们的"至圣先师"，是"生民未有""万世师表""集大成者"。事实上，不仅我们中国人认为孔子的思想很重要，现在全世界都已经认识到了孔子思想学说的重要性。所以，我们要通过学习了解孔子关于孝道和为学之道的思想来好好报答我们的父母。而孔子的思想和智慧，主要记录保存在《论语》当中，《汉书·艺文志》说："《论语》者，孔子应答弟子、时人及弟子相与言而接闻于夫子之语也。当时弟子各有所记，夫子既卒，门人相与辑而论纂，故谓之《论语》。"《文选·辩命论》注也引傅玄的话说："昔仲尼既殁，仲弓之徒追论夫子之言，谓之《论语》。"所以，今天，我们就一起来品读《论语》中的孝道与为学之道。

## 一、《论语》中的孝道

中国古代有很多关于孝的故事，最有名的是二十四孝的故事。二十四孝中最著名的有闵子骞芦衣顺母、董永卖身葬父、王祥卧冰求鲤、郭巨埋儿奉母等。实际上有些孝是有问题的，比如郭巨埋儿奉母是否符合人性都是值得商榷的。封建时代讲求的孝顺，其实有时候是愚孝，隐含的前提就是不管父母怎么样都是对的，做儿女的必须顺从，所以叫“孝顺”，不顺就不孝。这种问题在封建时代很常见，例如电视剧《大宅门》当中的白景琦就曾经对杨九红说“天下无不是的父母”，睿智如白景琦都无法也不敢质疑母亲明显不合理的做法，更何况普通人。所以封建时代的孝顺其实是存在问题的，这个需要我们去认真辨别，当然，21世纪有文化素养的人们也不难辨别这些问题。我们今天所讲的不是封建时代的愚孝，而是21世纪的孝道，是今天我们应该从孔子那里学习的孝道。

《论语》中所讲的孝道，我认为有四条最为重要，我们最应该学习。

### 1. 父母“唯其疾之忧”

孟武伯问孝。子曰：“父母唯其疾之忧。”（《论语·为政》）

什么是“父母唯其疾之忧”呢？简单说，就是父母只担心孩子身体上的疾病，除此之外没有其他可以担心的。因为身体的疾病一般情况下是个人无法控制的，所以这是即便努力也很难让父母免除的一种担忧。而除此之外，很多我们个人可以控制的事情，我们就尽量不要出差错，不要让父母为我们额外担忧。这就要求我们经常反思，我们个人的学习、生活、工作，是否足够让父母省心？我们是否做到了让父母“唯其疾之忧”？

我认识这样一个堕落的农家子弟。他的家庭相当贫困，父母真是砸锅卖铁供他们兄妹三人上大学。我有一次到他家里去，才明白什么是真正的家徒四壁。但就在这样的家庭状况下，他却没能管好自己，因为堕落，没能拿到毕业证和学位证，没能找到一份满意的工作。在凑合着找了一份工作之后，还是不停地折腾，工作上不务正业，生活上结婚、离婚、再结婚，让父母操碎了心，以至于后来他的父母亲觉得脸上实在无光，都不愿意跟人提及这个儿子。这样的人，我们说他就没有做到“父母唯其疾之忧”。自己的生活都打理不好，又何谈对父母的孝敬呢？

2. 不敬，何以别乎？

> 子游问孝。子曰：“今之孝者，是谓能养。至于犬马，皆能有养；不敬，何以别乎？”（《论语·为政》）

什么是“不敬，何以别乎”呢？简单地说，就是只有尊敬父母，才是孝，否则，只是从物质上养活父母与养犬马没有区别。

3. 色难

> 子夏问孝。子曰：“色难。有事，弟子服其劳；有酒食，先生馔，曾是以为孝乎？”（《论语·为政》）

什么是“色难”？就是对父母和颜悦色不容易。孝不只是替父母做事、给父母好吃好喝，还包括和颜悦色地对待父母。

朱自清在《背影》中写过“我那时真是聪明过分，总觉他说话不大漂亮，非自己插嘴不可”。很多人在年轻的时候，都会像这个年轻人一样因为爱面子爱出风头，嫌弃自己不够漂亮的父母，甚至冷嘲热讽地对待父母。所以我们需要反思的是，当我们的父母是无知笨拙的农民、见识有限的工人时，我们是否做到了和颜悦色地对待父母；当青春期叛逆期的时候，我们是否做到了和颜悦色地对待父母。所以，“色难”实际上是提醒我们经常去反思我们对待父母的脸色和态度。

4. 孝为仁之本

> 有子曰：“其为人也孝弟，而好犯上者，鲜矣；不好犯上，而好作乱者，未之有也。君子务本，本立而道生。孝弟也者，其为仁之本与？”（《论语·学而》）

孔子思想的核心，就是一个“仁”字，而孝又是仁的根本。中国古代多个朝代都曾以孝治天下，这是有道理的，只有特殊情况下才会特事特办，例如曹操《举贤勿拘品行令》，但一般情况下还是要看重品行的。普通老百姓也认为“不孝顺的朋友，坚决不交”。

我认识一个不孝的能人，这个人在学习上工作上很上进，成绩也很突出，但是在亲情上却很残忍，父母亲病危都不愿意舍弃一点儿自己的时间多陪一陪，这样的人，他的人际关系是非常紧张的，因为慢慢大家都觉得这个人的品行有问题。试想，一个连世界上最疼爱他的父母都不爱的人，他会真正爱别人吗？即便他对他人表现出一些友爱，也被认为是出于功利目的。

香港电台主持人梁继璋送给儿子的备忘录中也写道：“亲人只有一次的缘分，无论这辈子我和你会相处多久，也请好好珍惜共聚的时光，下辈子，无论爱与不爱，都不会再见。”所以，与父母的亲情是世间最难得的一份缘分，需要我们去珍惜，父母给我们无私的爱需要我们去反哺，那就从以上我们讲的“父母唯其疾之忧”“不敬，何以别乎”“色难”“孝为仁之本”四个方面去实践孝吧。

在讲了什么是孝以及如何孝的“孝道”之后，下面我们再来了解一下为学之道。因为只有学习好、发展好自己，才是对父母最好的报答，所以为学之道也是非常重要的。

## 二、为学之道

为学有很多方面，关于为学，孔子也讲了很多，我认为学习的态度，尤其是是否好学、是否乐学、是否上进、是否坚持四个方面是最重要的，所以我们就从这四个方面来谈谈为学之道。

### 1. 好学

> 叶公问孔子于子路，子路不对。子曰：“女奚不曰，其为人也，发愤忘食，乐以忘忧，不知老之将至云尔。”（《论语·述而》）

对照孔子的学习态度，我们应该经常反思，在学习中我们是否做到了发愤忘食，是否真正好学。当然，“兴趣是最好的老师”，所以激发学习的兴趣就显得非常重要。

### 2. 乐学

> 子曰：“知之者不如好之者，好之者不如乐之者。”（《论语·雍也》）

子曰："吾未见好德如好色者也。"（《论语·子罕》）

子曰："不在其位，不谋其政。"（《论语·泰伯》）

如果再进一步能够从学习中找到乐趣的话，学习就成为一件快乐的事情，学习的效果就会成倍增长。所以，当我们反思自己或者孩子学习问题的时候，我们首先应该反思一下我们是否做到了乐学。当然，这个乐学不能只是应试的学习，还要注意学习的非功利性，保持一种眼光放长远的学习态度。

3. 上进

子曰："见贤思齐焉，见不贤而内自省也。"（《论语·里仁》）

子曰："君子食无求饱，居无求安，敏于事而慎于言，就有道而正焉，可谓好学也已。"（《论语·学而》）

学习首先需要有见贤思齐、就有道的意识，也就是有一种上进心。当学习动力不足的时候，我们应该去反思一下自己的上进心是不是出了问题。

4. 坚持

子路宿于石门。晨门曰："奚自？"子路曰："自孔氏。"曰："是知其不可为而为之者与？"（《论语·宪问》）

子路曰："……君子之仕也，行其义也。道之不行，已知之矣。"（《论语·微子》）

除了好学、乐学、上进之外，学习还需要坚持，需要坚持不懈、持之以恒的精神。

# 解读《论语》中的孔子形象

陈百华

孔子是历史上一位形象多变的名人，没有哪个人如同孔子这般被人品头论足、津津乐道了两千多年。从“丧家狗”到“万世师表”，有人捧他上九天，有人贬他入地狱。其实，孔子之后，儒分为八，就注定了孔子形象诠释的多样化。作为古之名人，孔子被后世议论，在所难免。历经千年风尘，孔子未必就是我们如今看到的模样。

《论语》是一部记载孔子及其门人言行的书，篇幅不大，却记载广泛，“夫子风采，溢于格言”。作为《论语》中的主角，书中不仅有孔子仪态举止的静态描写，而且有孔子个性气质的动态刻画。今日我们阅读《论语》，发现孔子不是一张单一的面孔，而是一个立体的形象，多重身份的构建才能够更真实地呈现一个历史中的孔子、一个“立体的完整生命体”。虽说一千个人的心中有一千个孔子，但有一点是永不会变的，孔子是一个和常人一样有着真性情的人。《论语》中孔子是怎样一个形象？我们就按照孔子本人认识人辨别人的方式“视其所以，观其所由，察其所安”，来认识一下这位老夫子吧。

## 一、好学、博学、勤学的学者

孔子“好学”是出了名的。《论语》开篇就道出了孔子“学而时习之，不亦说乎”的学习理念。正是把学习作为生命中“不亦说乎”的快乐之事，孔子才自信满满地宣称“十室之邑，必有忠信如丘者焉，不如丘之好学也”。那么在孔子眼里怎样才算“好学”？夫子清清楚楚地给出了答案：“食无求饱，居无求安，敏于事而慎于言，就有道而正焉，可谓好学也已。”让孔子引以为豪的“好学”到底对人起到多大作用呢？“好仁不好学，其蔽也愚；好知不好学，其蔽也荡；好信不好学，其蔽也贼；好直不好学，其蔽也绞；好勇不好学，其蔽也乱；好刚不好学，其蔽也狂。”孔子在这里详实描绘出了“好学”的功效，从而发出了“知之者不如好之者，好之者不如乐之者”的历史之叹。那么谁是孔子眼里的好学之人呢？颜回。当哀公与季康子问：“弟子孰为好学？”孔子做出了鲜明的回答：“有颜回者好学，不迁怒，不贰过，不幸短命死矣！今也则亡，未闻好学者也。”

孔子的博学，在《论语》中有诸多记载。孔子坚持“信而好古，述而不作”，尤为熟悉古代知识文化，《诗》《书》《易》《礼》《乐》《春秋》无一不通。他曾说：“《诗》三百篇，一言以蔽之，曰：‘思无邪！’”“吾自卫反鲁，然后乐正，雅颂各得其所。”“《诗》可以兴，可以观，可以群，可以怨。迩之事父，远之事君。多识于鸟兽草木之名。”“《关雎》，乐而不淫，哀而不伤。”由此不难看出，孔子对《诗经》的熟悉程度与深刻研究。当然孔子的音乐造诣也达到很高的境界。“子语鲁太师乐，曰：‘乐其可知也。始作，翕如也。从之，纯如也，皦如也，绎如也。以成。’”“子谓韶：‘尽美矣，又尽善也！’谓武：‘尽美矣，未尽善也！’”诗、礼、乐一直是孔子的教学内容，他不可能不烂熟于心，否则也不会有“兴于《诗》，立于礼，成于乐”的认识。博学的孔子获得了世人的认可，更是博得了弟子的赞誉。子贡曾说：“仲尼不可毁也。他人之贤者，丘陵也，犹可逾也；仲尼，日月也，无得而逾焉。”颜回评价孔子：“仰之弥高，钻之弥坚，瞻之在前，忽焉在后。夫子循循然善诱人，博我以文，约我以礼。欲罢不能，既竭吾才，如有所立卓尔。虽欲从之，末由也已。”

孔子一生勤学不厌，从“三人行，必有我师焉”到“子入太庙，每事问”，再到“夫子焉不学，而亦何常师之有！”这种学无常师学无固所的学习态度，透露出孔子时时敏而好学、处处不耻下问的勤学精神，“加我数年，五十以学《易》，可以无大过矣”，则反映了孔子活到老学到老的勤学境界。正因为如此，孔子把自己也定位到“我非生而知之者，好古，敏以求之者也”。

**二、乐教、善教的师者**

孔子，一位被世代尊崇的万世师表，他的教育理念和教学方式直到今天依然时常被人提起。孔子首倡“有教无类”，接纳了性格各异、能力有别的各色弟子。为了教育好自己的门生，孔子的课堂是时时开放，处处存在。在外出途中，在游戏当中，或几个学生“侍坐”在夫子身旁，互相讨论，或孔子与弟子一对一个别交谈。

不过诲人不倦、因材施教当是孔子教学中最核心的原则。孔子在教学中一直不厌其烦，不要说不识时务的樊迟问“请学稼”之事，孔子会如实作答“吾不如老农”，进而追问“请学为圃”，孔子依然如实作答“吾不如老圃”，就连胡搅蛮缠的宰我，问“仁者，虽告之曰，井有仁焉。其从之也”，孔子也同样会欣然作答：“何为其然也？君子可逝也，不可陷也；可欺也，不可罔也。”孔子对弟子的品行和才能也都有全面、细致、深入的观察。比如：“柴也愚，参也鲁，师也辟，由也喭。”“由也，千乘之国，可使治其赋也。不知其仁也。”“求也，千室之邑，百乘之家，可使为之宰也。不知其仁也。”“赤也，束带立于朝，可使与宾客言也。不知其仁也。”因此孔子向一群各具特色的学生传授知识时，他不可能千篇一律、照本宣科，而必须采用“问同答异”的方式解答。同是问仁，孔子对颜渊的回答是“克己复礼为仁”，对仲弓回答是“己所不欲，勿施于人”，对司马牛的回答是“仁者其言也讱”。颜渊学养高深，故答以“仁”学纲领，对仲弓和司马牛则答以细目。又如，同是问“闻斯行诸”，孔子答子路：“有父兄在，如之何其闻斯行之！”因为“由也兼人，故退之”。答冉有：“闻斯行之。”因为“求也退，故进之”。

当然最有名当属孔子对“孝”的阐述。

> 孟懿子问孝。子曰：“无违。”樊迟御，子告之曰：“孟孙问孝于我，我对曰无违。”樊迟曰：“何谓也？”子曰：“生，事之以礼；死，葬之以礼，祭之以礼。”
>
> 孟武伯问孝。子曰：“父母唯其疾之忧。”
>
> 子游问孝。子曰：“今之孝者，是谓能养。至于犬马，皆能有养；不敬，何以别乎？”
>
> 子夏问孝。子曰：“色难。有事，弟子服其劳，有酒食，先生馔，曾是以为孝乎？”（《论语·为政》）

其实这不仅包涵了孔子因材施教的教育方法，也显现出孔子对弟子的高度的责任心和挚爱之心。

### 三、守礼、执着的君子

孔子生活在一个“礼崩乐坏”的时代，恢复周礼，让人人成为“温良恭俭让”

的君子是孔子的最大梦想。“礼”在孔子日常生活中占据很重要的地位，比如：“割不正，不食。”“食不语，寝不言。”“虽疏食菜羹瓜祭，必齐如也。”“席不正，不坐。”因为孔子认为一个人“恭而无礼则劳，慎而无礼则葸，勇而无礼则乱，直而无礼则绞”，这也正是“不学礼，无以立”的典型注脚，所以遵礼是孔子孜孜不倦的追求。当子贡“欲去告朔之饩羊”时，子曰：“赐也，尔爱其羊，我爱其礼。”即便是他最中意的学生颜渊死了，“颜路请子之车以为之椁”，孔子说：“才不才，亦各言其子也。鲤也死，有棺而无椁。吾不徒行以为之椁。以吾从大夫之后，不可徒行也。”甚至自己不想见的人来看望自己，在拒绝相见后，孔子仍依礼而行。“阳货欲见孔子，孔子不见，归孔子豚，孔子时其亡也而往拜之。”不合乎礼仪的事情孔子看都不看，子曰：“禘，自既灌而往者，吾不欲观之矣。”一旦有违礼的事发生，孔子更是会大发雷霆，比如季氏“八佾舞于庭”，孔子谓“是可忍也，孰不可忍也”，也就有了人人皆知的“非礼勿视，非礼勿听，非礼勿言，非礼勿动”的孔子名言。

《论语》中孔子多次论及君子之道，其实就是孔子追求的人生理想。因为孔子心中一直有个君子梦，作为没落贵族的后裔，“少也贱”的孔子，从未中断自己对理想的追求。他以“不怨天，不尤人”的宽容态度，凭借自己的勤奋努力，成为一位有名望的人。按说孔子想取得富贵应该不难，何况他也有此类愿望，孔子曾说“富而可求也，虽执鞭之士，吾亦为之”，由此可知孔子求富的急切心态，但转而说：“如不可求，从吾所好。”后来进一步解释了自己的富贵观：“富与贵，是人之所欲也，不以其道得之，不处也；贫与贱，是人之所恶也，不以其道得之，不去也。”“不义而富且贵，于我如浮云。”要想成为一名君子，道义必须放在首位。“君子谋道不谋食。耕也，馁在其中矣；学也，禄在其中矣。君子忧道不忧贫。”甚至不惜牺牲生命：“朝闻道，夕死可矣！”只有这样才能担当起“天将以夫子为木铎”的重任。正是孔子有着这样一颗坚定执着的君子之心，才有了孔子的自信：“天生德于予，桓魋其如予何？”“文王既没，文不在兹乎？天之将丧斯文也，后死者不得与于斯文也；天之未丧斯文也，匡人其如予何！”

### 四、迂阔、另类的愚者

孔子一直梦想恢复周礼，追求君子之道，但在很多时候无法追上时代的步伐，时常招致当时人尤其是隐者的讥讽。在楚国就有“凤歌笑孔丘”的狂人接舆，他从孔子的车前经过，唱着“凤兮，凤兮！何德之衰！往者不可谏，来者犹可追。已而，已而！今之从政者殆而！”他用天下有道时才出现的凤凰比喻孔子，现在天下无道，孔子却不归隐，难道他的德行衰败了吗？暗示孔子应改弦易辙，“往者不可谏，来者犹可追”也。接舆虽然讥讽孔子，但是也承认孔子的仁德，劝其知难而退，不要空忙一场。

当然更多的遭遇是隐者的奚落。如荷蓧丈人讽刺孔子：“四体不勤，五谷不分”；而长沮、桀溺对于“知其不可为而为之”的孔子极尽嘲笑：“滔滔者天下皆是也，而谁以易之。且而与其从避人之士也，岂若从避世之士哉？”讽刺挖苦孔子不说，他们还想“策反”孔子的学生：与其追随“避人之士”，不如跟随“避世之士”。更有甚者以“自腰以下不及禹三寸，累累若丧家之狗”的形象来矮化孔子。这其中，道家“矮化”孔子最为拿手，我们不妨借用一下那个编造的著名故事：

孔子东游，见两小儿辩斗，问其故。

一儿曰：“我以日始出时去人近，而日中时远也。”

一儿以日初出远，而日中时近也。

一儿曰：“日初出大如车盖，及日中则如盘盂，此不为远者小而近者大乎？”

一儿曰：“日初出沧沧凉凉，及其日中如探汤，此不为近者热而远者凉乎？”

孔子不能决也。两小儿笑曰：“孰为汝多知乎？”（《列子·汤问》）

双方从形状、温度出发各执一词，究竟谁对谁错，“孔子不能决也。两小儿笑曰：‘孰为汝多知也？’”孔子是圣人，按照朱熹的说法：圣贤无所不通，无所不能，哪个事理会不得？可无所不知的圣人对小孩的疑问却无法解答，这不能不说是一种巧妙的讽刺。庄子更是塑造了一个肢体残缺名叫“叔山无趾”的人物，向孔子求教并进而论道，最后使得孔子甘拜下风，自惭形秽。

**五、率性、真诚、可爱的性情人**

人是有情感的，孔子也不例外。孔子绝不是个太上忘情之人，他的喜、怒、哀、乐从不掩饰，有闲居时的惬意：“子之燕居，申申如也，夭夭如也。”也有悲愤的哀叹：“凤鸟不至，河不出图，吾已矣夫！”当不喜欢一个人时，会明确传递出自己的憎恶：

“孺悲欲见孔子，孔子辞以疾。将命者出户，取瑟而歌，使之闻之。”当他喜欢一个人时，更不会吝惜自己的情感。孔子最喜欢的学生颜渊死了，孔子大声悲叹：“噫！天丧予！天丧予！”而且痛哭失声，“子哭之恸”让学生们都觉得夫子有点太过悲伤了，孔子却说：“有恸乎？非夫人之为恸而谁为？”因为出于无奈而“见南子”导致“子路不说”，孔子面对子路的不信任与怀疑，如同孩童般赌咒：“予所否者，天厌之，天厌之！”而面对原壤夷俟，子曰：“幼而不孙弟，长而无述焉，老而不死，是为贼。”而且还“以杖叩其胫”。除了言语粗俗的责骂，居然还有“暴力倾向”。

在日常的教学中，孔子也绝不是一副正襟危坐的师道尊严的样子，有风趣幽默的玩笑之态：“子之武城，闻弦歌之声，夫子莞尔而笑曰：‘割鸡焉用宰牛刀。’子游对曰：‘昔者偃也闻诸夫子曰：君子学道则爱人，小人学道则易使也。’子曰：‘二三子，偃之言是也。前言戏之耳。’”有言辞激烈的盛怒之状：“宰予昼寝，子曰：‘朽木不可雕也，粪土之墙不可圬也。于予与何诛？’”甚至在生命遭遇危机时，还不忘记和貌似“愚不可及”的颜回开个玩笑：“子畏于匡，颜渊后。子曰：‘吾以女为死矣。’曰：‘子在，回何敢死？’”正如他自己所说：“二三子，以我为隐乎？吾无隐乎尔，吾无行而不与二三子者，是丘也。”

孔子也毫不掩饰自己一心出仕为官的愿望。子贡问：“有美玉于斯，韫椟而藏诸？求善贾而沽诸？”子曰：“沽之哉，沽之哉！我待贾者也。”孔子不想搭理的阳货说“日月逝矣，岁不我与”时，孔子不假思索地说出：“诺。吾将仕矣。”甚至“公山弗扰以费畔”，召孔子时，孔子还动过心。

# 孔子师郯

刘宝玉

郯城历史悠久，文化厚重，名胜众多，典故丰富，最早叫人方、尸方、炎地、郯国，曾是古徐州和东海郡的治所，唐朝始称郯城，沿用至今。

最早主体性记载郯国重大事件的史书是《左传》，记的正是郯子朝鲁、以鸟名官的故事，这也直接导致了孔子师郯！

## 一、郯子朝鲁和以鸟名官

《左传》记载，公元前 525 年，郯国国君郯子第二次朝鲁，受到鲁国国君昭公的盛宴款待。席间，鲁大夫叔孙昭子问起远古帝王少昊氏以鸟名官的事。郯子数典述祖，侃侃而谈，博引旁征，语惊四座，大受褒奖。原文是：

> 秋，郯子来朝，公与之宴。昭子问焉，曰："少皞氏鸟名官，何故也？"郯子曰："吾祖也，我知之。昔者黄帝氏以云纪，故为云师而云名；炎帝氏以火纪，故为火师而火名；共工氏以水纪，故为水师而水名；太皞氏以龙纪，故为龙师而龙名。我高祖少皞挚之立也，凤鸟适至，故纪于鸟，为鸟师而鸟名。"……仲尼闻之，见于郯子而学之。既而告人曰："吾闻之：'天子失官，学在四夷。'"

孔子当时年方 27，在鲁国做个小官，听说了郯子这番话不久，就亲自往见郯子而学。他来到郯国，向郯子请教郯国的祖先"少昊之国"的官制建置等方面的学问，这就是我国历史上著名的"孔子问官于郯""见于郯子而学之"。韩愈《师说》

中“孔子师郯子”即出于此。

这是古籍中关于郯国最早的主题性详细记述，是郯城历史上文化含金量最高的大事件之一，至今仍为大家津津乐道。文中的少昊是上古三皇五帝（伏羲、神农、黄帝为三皇，少昊、颛顼、帝喾、尧、舜为五帝）之一，是黄帝的儿子，是东夷部落联盟的首领，他的直系后裔建有28个方国。

## 二、孔子因何来师郯

表面上看，孔子来师郯就是因为郯子的那番宏论，其实绝不是那么简单，郯子的那番高谈阔论不过是直接的诱因罢了。更本质的原因有如下三条：

（一）孔子是个聪敏好学的人，他不会放过任何学习的机会，这是从孔子方面讲的。

孔子生于公元前551年9月28日，农历八月廿七，卒于公元前479年4月11日，农历二月十一，活了73岁。孔子名丘，字仲尼，春秋时期鲁国陬邑（今山东曲阜市南辛镇）人。孔子是商朝开国君主的后人，是宋国贵族的后裔，孔子的父亲叔梁纥是鲁国著名的武士；叔梁纥正妻施氏，生九女而无子，妾生长子孟皮，但孟皮有足疾，不能为嗣，于是叔梁纥求于颜氏。颜氏有三女，欲与叔梁纥为婚，但又念叔梁纥年老且性情急躁，于是征求三个女儿的意见。两长女皆不愿，唯小女颜征在愿嫁叔梁纥。

颜征在时年十八，而叔梁纥已经七十二岁，年龄相差悬殊，两人为婚于周礼不合，夫妻在尼山居住并且怀孕，故谓之“野合”。鲁襄公二十二年（前551）八月孔子降生。孔子生而头上圩顶，而又因其母曾祷于尼丘，故名“丘”。

孔子经历过艰苦生活。孔子三岁的时候，叔梁纥病逝，颜征在失去庇护，为叔梁纥正妻施氏所逐，于是带孔子庶兄孟皮与孔子至曲阜阙里，过着清贫的生活。孔子长大后，亦不得不为生活所迫，做许多粗活。孔子后来曾说：“吾少也贱，故多能鄙事。”

虽然家庭贫困，但孔子仍然勤奋好学。幼年的孔子常将祭祀用的礼器（俎豆）摆设起来，练习行礼演礼，作为一种游戏。孔子长成后，身高九尺有六寸，因此乡人称其为“长人”。季氏曾飨士，孔子前去，但为季氏家臣阳虎所绌，于是孔子返回。

孔子好学是很出名的。

孔子是春秋末期的思想家和教育家，儒家思想的创始人。孔子集华夏上古文化之大成，在世时已被誉为“天纵之圣”“天之木铎”，是当时社会上的最博学者之一，被后世统治者尊为孔圣人。孔子的儒家思想对中国、儒家文化圈乃至世界都有深远的影响。全中国各地都有祭祀孔子的孔庙。

相传孔子曾修《诗》《书》，订《礼》《乐》，序《周易》，撰《春秋》。他一生都在传道、授业、解惑，被中国人尊称为“至圣先师，万世师表”。孔子死后，其弟子及其再传弟子把孔子及其弟子的言行和思想记录下来，整理编成著名的儒家经典《论语》。

相传他有弟子三千，贤弟子七十二人，他曾带领部分弟子周游列国。孔子的思想对后世产生了极其深远的影响。孔子和战国时期儒家代表人物之一的孟子，被后世称为“孔孟”。孔孟两者思想的结合，形成了儒家思想中的“孔孟之道”。

而这一切，都是孔子好学多思的结果。他说过：“吾十有五而志于学，三十而立，四十而不惑，五十而知天命，六十而耳顺，七十而从心所欲，不逾矩。”这是孔子对自己一生各阶段的总结。

相传孔子曾问礼于老聃，学乐于苌弘，学琴于师襄。郯子二次朝鲁时他27岁，在鲁国当小官吏。孔子听说了郯子那番高谈阔论，很是佩服，他觉得郯子是个了不起的国君，郯国是个文化厚重的国家，于是就带着子路等弟子来郯国学习访问。

（二）郯子的影响不可小觑。

郯子，己姓，子爵，是春秋时郯国国君，在当时应是很有影响的人物。

1. 郯子很有学问，关于以鸟名官的答复就可见一斑。

郯国是少昊嫡传后裔所建立的方国，郯子在回答昭子有关少昊氏的问题时，不仅语气十分肯定，“吾祖也，我知之”，而且说起来如数家珍，讲得十分明确详尽。让我们把这段记载用白话复述一遍：

鲁昭公十七年（公元前525）秋天郯子第二次朝鲁时，受到昭公盛宴款待。喝酒的时候，鲁大夫叔孙昭子问起远古帝王少昊氏以鸟名官之事。郯子说：少昊是我的祖先，我当然知道。从前黄帝以云记事，因此他的百官都以云命名；炎帝以火记事，因此他的百官都以火命名；共工氏以水记事，因此他的百官都以水命名；太昊氏以龙记事，因此他的百官都以龙命名；我的高祖少昊挚即位的时候，恰遇凤鸟飞来，因此便以鸟记事，他的百官也以鸟命名。如凤鸟氏掌管历法。所说凤鸟氏，就是历正。凤凰是吉祥的神鸟，它一出现天下就和平安定，它是知道天时的。玄鸟氏掌管春分、秋分。玄鸟即燕子，它们春分飞来，秋分离去，故掌管春分和秋分。伯赵氏掌管夏至、冬至。伯赵就是伯劳鸟，它夏至开始鸣叫，冬至停止，故这个官职以它命名。青鸟氏掌管立春、立夏。青鸟就是鸧鸠，它在立春开始鸣叫，立夏停止，故这个官职以它命名。丹鸟氏掌管立秋、立冬。丹鸟即雉，它立秋来，立冬离去，故这个官职以它命名。以上这四种鸟都是凤鸟氏的属官。祝鸠氏就是司徒。祝鸠非常孝顺，故以它命名主管教化的官。从颛顼之后，因为无法记录远古时代的事情，就从近古时代开始记录。作为管理百姓的官职，就只能以百姓的事情来命名，而不像从前那样以龙、鸟命名了。满座人无不佩服郯子的学识渊博。

比郯国更为强盛的莒也是少昊氏后裔，多次参与鲁的会盟，但鲁国无人向其问官。而郯子朝鲁，昭子即发此问，说明鲁国上下至此仍无人知晓这一历史资料，即所谓“失官”，故不得不向东夷小国求教。而郯国虽国力微弱，但历史悠久，是少昊氏嫡传之国，在文化典籍的保存方面独树一帜，这一点在当时大概是人所共知的。所以叔孙昭子的“问官”应是很有针对性的。

郯子朝鲁一事以郯子的绝妙答辞载誉史册，备受人们称道。郯子“克守先绪，不失旧物”，“皇初之远，独能言其详”，说明郯国承继了少昊以来的文化遗产，且能完整保存下来，没有中断，郯国应是少昊氏后裔建立最早的国家之一。

这件事直到2300年后，清乾隆皇帝爱新觉罗·弘历来郯城时还念念不忘，半夜三更起来作诗：

观民指吴会，按顿莅郯墟。
少皞封嗣后，春风驻节余。
何当庭馆此，为愧旰宵予。
……
谁与征倾盖，因之试访书。

2. 鹿乳奉亲广为流传，仁义治国百姓拥戴。

3. 城北十里遇程子也可以说郯子在当时很有影响力。

少昊文化与大汶口文化时期相当，是华夏文明的重要组成部分，郯子朝鲁的答辩涉及五帝时期的许多重要史迹，在当时无人能道其详，故孔子对郯子推崇备至，不失时机地向郯子拜师求教。

（三）郯国当时的政治经济文化军事地位也是重要因素。

郯子称自己的高祖为“少昊挚”，即表明他是少昊氏之后裔。少昊是传说中的五帝之一。《帝王世纪》云：“少昊帝，名挚，字青阳。”“邑于穷桑，以登帝位，都曲阜，故或谓之穷桑帝。以金承土……故称少昊，号金天氏。”历史学家范文澜认为：“少皞——姓己，或说姓嬴，名挚，居曲阜。春秋时代郯国是他的子孙。黄帝后裔往往‘或在中国，或在夷狄’。大概少皞最先迁徙到东方，与夷族杂居，接受太昊系文化，所以称为少昊。”

太昊是崇拜龙的，少昊传承了龙文化，又发展了凤文化，郯国郯子把这些都继承了下来。龙飞上天才显其灵异万能，凤落地才能繁衍生息。龙凤呈祥就是阴阳交泰，是天地间的最大和谐，所以后世婚嫁仪式上常用龙凤呈祥图案。

郯国的国君统称郯子。据可靠的文献记载，从周武王封建郯国到公元前414年郯国为越国所灭，至少有国650多年，其间经历的君主应不少于20位，但大都以“郯子”称之。孔子所师之郯子应专指公元前525年在位的郯国国君。但不管怎么讲，郯国在当时应是很有影响的。

1. 郯国的上古文化达到了相当的高度。少昊氏“以鸟名官”是中国古代职官制度的滥觞。昭子所问少昊以鸟名官之故，涉及远古氏族社会的官制以及图腾崇拜。郯子不仅熟知少昊氏以鸟名官，还熟知黄帝族以云名官，炎帝族以火名官，共工氏以水名官，太昊氏以龙名官，可见他的历史知识十分渊博。郯国完整地保留了黄帝、炎帝、共工、太昊、少昊等远古氏族的官制资料，说明郯国的文化不低于代表周文化的鲁国。少昊氏在继承了黄帝族、太昊族的文化之后，它的文化达到了很高的水平。从郯子的答词来看，古郯国已经具有分工很细的设官分职制度，其中有职掌历法、农业、手工业的，也有职掌政事、刑法、军事的。古郯官制对后世有深远影响，像“司徒”“司马”“司空”“司寇”等官名，在中国历史上长期为各个王朝沿用。郯子答词提供了研究古代职官制度起源和沿革的主要资料，弥足珍贵。郯子的“鸟师官名”的宏论，应属最早的而且是最可靠的古代官制资料。特别是“以鸟名官”又与古代氏族社会的图腾崇拜密切相连，突出地体现着人类文明之初的原始印迹，使我们得以窥见人类最早的社会分工、社会组织以至国家形态的雏形。

少昊氏设五工正、九农正，表明当时的农业、手工业已达到较高水平。而进行农业生产，又需要相应的历法知识，所以少昊氏设凤鸟、玄鸟、伯赵、青鸟、丹鸟等官分工职掌历正、司分、司至、司启、司闭。

郯国历史，史籍记载甚少，赖有《春秋左传》所记郯子朝鲁事迹，才使古郯文化的辉煌得以显露。至于郯国何时立国，因文献缺失，又无考古资料佐证，难以确论。秦士杰曾撰文说，学者们称郯为夏商古国，从郯子对少昊氏鸟名官“独能言其详”，可以推知郯国建国久远，大概比少昊氏立国略晚一些。

2. 西周金文中透露的古郯信息，可知郯地为当时的军事要地。甲骨文中目前尚未见到有关郯的资料，而西周金文中，郯均作“炎”。据考古学家对多件铜器金文的研究，可知西周初年，郯为军事要地。周人东征，王师常以郯为驻戍地点，周王朝一位负责军事重任的老臣伯雝父，多次驻在郯师。

郯的国名既然载于西周金文，至少应为商代古国。周王朝平定东夷后，对东夷诸国有迁君、灭社和移民各种处置。郯大约是臣服了周王朝，没有被迁君毁社和移民，以后又经周加封，正式成为子爵之国。入春秋后，国名多加邑旁，“炎”便演化为“郯”。从周初东征于郯地设重兵来看，当时的郯国尚称强盛，占有重要地位，故周王室尤为重视，多次派重兵驻守。逮至春秋中后期，郯国势力已不及西周时期，延至战国时期，在列国争斗中，郯终为越国所灭，时东夷诸国均已不存，郯国能延续至此，也算是难乎其难了。不过，古郯文化在南北对峙的碰撞中不断发展、渗透，在历史的演进中已经发生重大改变。

### 三、孔子何时来郯国

1. 早来说，郯子朝鲁时即见之。

2. 周游列国时。

3. 听说以鸟名官之后，就备了礼品来拜访郯子了。理由有三：一是在鲁时他可能见不到郯子这个郯国国君；二是好学深思的学风使他不可能等 30 年后再来郯国学习；三是周游列国时孔子主要是推介他的政治理想，首要目的不在学习，而当时的郯国可能已经很虚弱了，离被越国灭亡只有几十年时间。

孔子在来郯国的路上，见到了很多的人和事，这些事在民间广泛流传，为老百姓津津乐道。

在郯国城北十里铺，孔子师徒遇到了晋国的学者程子，两个人一见如故，“倾盖而语，终日甚相亲”。坐在车上谈论礼乐诗歌，志同道合，难舍难分，一直到桑树影子移动了位置，才恋恋不舍地分开。据《孔子家语》记载：孔与程子临别时，谓子路曰：“取束帛以赠先生。”后人为纪念孔子来郯，在城北十里铺建一“倾盖亭”，还有一座纪念性的建筑“问官台”。

**夫子见程生赞**

（北周）庾信

程生夫子，一遇相知。

薄言倾盖，桑阴遂移。

清扬共美，贤圣同羁。

陈诗难别，赠缟伤离。

孔子来到郯国，受到郯子的高规格接待，盘桓很长时间，还曾在郯子的陪同下登郯城东南30里之马陵山高峰望海。后人称其所登山峰为“孔望山”，峰顶石楼为“望海楼”。明代海州刺史张峰在考证孔望山名称的由来时说：“孔子问官于郯子，曾经登山望海，世传其崇山峻岭为孔望山。”孔望山后被列为古郯八景之一。

据郯城县志记载，孔子弟子子贡，曾在红花经商，累积万金，为后来孔子周游列国提供了支持。

“问官”这个与郯国有关的历史典故，2500多年来一直为人们所珍视，至今仍是研究古代官制形成和远古民族演变的重要资料。在郯城民间，现在仍然流传着有关孔子师郯子的多个故事。郯城除了有纪念孔子师郯路遇程子的倾盖亭，有纪念孔子师郯登马陵山瞭望东海的孔望山和望海楼之外，还有郯子庙里供奉郯子、老子、孔子金身塑像的三圣殿（于“文革”时被毁）。

**四、师郯路上发生的故事**

民间传说，孔子在来郯国的路上，经历了妇女、儿童和财主的“刁难”，了解到了郯子鹿乳奉亲的大孝，感受到了身为国君的郯子的博学多识和勤政爱民，还登上马陵山高峰眺望了波涛浩渺的东海。这些经历对年轻的孔子产生了很大的影响。或许，郯子鹿乳奉亲的孝行能够长久流传于世，与孔子及其门徒的推崇有很大关系。

郯城的老百姓崇拜孔子，也拥戴热爱郯子，因此除郯国故城保护较好外，还有一些民间故事流传下来。

孔子借炊

孔子为学习以鸟名官的学问，带着几个弟子出曲阜向东南而行，走走停停观景游学。这一日，他们来到郯国地面，眼见断了粮米，买又无钱，只好派弟子子路去某大户借粮。到了某大户家，子路说明借粮之事。大户主说："我借倒行，但我打个字谜你猜，猜对了，借给你，猜不对，粒粮不借。"

子路想："我乃圣人的徒弟，猜字谜是我拿手戏，这还能难倒我？"于是就说："你出题吧。"大户主说："什么多？什么少？什么喜？什么恼？"子路想："这还不好猜吗？"就说："天上星多，月亮少，娶媳妇喜，死人恼。"大户主一听，说："算了吧，我不能借给你，你回去问你老师去吧。"子路很纳闷，心想猜得一点不错，他怎么不借？只好垂头丧气地回去禀报师父。师父一听，子路猜得倒对，但意不符题，咱是和人家借粮的，得从借字上猜。于是孔圣人随手写了四句话，交给子路，说你再去借一定能借到。子路一看师父写的是：世上小人多，君子少，借的喜，还的恼。子路又到某大户家，将师父所教的内容一说，该大户说这还差不多，于是按子路要求慷慨地借给了粮米。

孔子师郯子

相传，孔子因为仰慕郯子，要向郯子学习以鸟名官的学问，来到郯国地面，被一个孩子所提的问题难倒，演绎了"孔子师郯子"的一段佳话。

这天，孔子带着颜回、子路一大帮弟子来到了郯国，碰见一个光腚小孩在路上用细土培着玩，子路赶车把小孩喝到了路边要过去，谁知小孩拦住了去路。孔子坐在车上问小孩："你不让我们过去，难道你有什么事情要请教于我吗？"那个小孩肚子一挺，双手叉腰，问："你是谁？"子路忙回答："他是孔圣人，还不快跪下请教学问！"谁知小孩一听，一点也不害怕，理直气壮地问孔子："你是圣人，肯定有大学问。我来问你，你驾车赶路，如果遇到了城池，是从城上边轧过去，还是绕过去？"孔子一听，这还不容易吗，便对小孩说："当然是绕过去了。"

小孩一指刚才玩土的地方，说："你看我垒的是什么？"孔子一看，立时傻了眼，这分明垒的是一座城啊！于是便说："这是假的呀！"小孩回答："城假事不假，你是知书达理之人，怎么连这个道理也不懂呢？"孔子被小孩说得没法回答，可是又不能不赶路，一时作了难。倒是子路多了个心眼，便问小孩："那，我们想过去怎么办？"小孩说："那好办啊，我说个谜语，你要是猜对了，我就放你过去；如果猜不对，休想！"孔子一听，心想，我这么大的学问，你个小毛孩子，还能难住我？便说："你说吧，我看是什么谜语。"小孩说："猜不对，你得认我作老师。"

孔子说："行。"小孩说："你听好了，我出的谜是：一青二白，两头尖尖，层层叠叠，离离落落。请你猜猜，这是哪四样东西？"

孔子一听，心想，这叫什么谜呀。他看看徒弟，徒弟看看他，眼对眼的，谁也猜不出来，小孩说："我得回家去了，你先猜着，我吃完了就来。"

小孩一走，孔子忙对子路说："你快跟小孩去，这事他肯定会对他娘说，说不定会把谜底说出来，快去听听，猜对了，咱好赶路。"子路真的来到小孩家，躲在窗户下偷听。小孩子还真的把这事对他娘说了。娘问他："你破的是什么谜呀？"小孩说："一青二白是棵葱，两头尖尖是枣核，层层叠叠是八月云，离离落落是满天星。"子路一听，赶忙回来告诉了孔子，孔子听了哈哈大笑，只等小孩回来，答对了好赶路。

不一会儿，小孩回来了，孔子把谜底一说，小孩连连摆手，说："不对不对！那是我糊弄俺娘的。"孔子问："那你说是什么？"小孩说："一青二白是鸡屎，两头尖尖是老鼠屎，层层叠叠是牛屎，离离落落是羊屎。知道了吧，这叫四屎。"

孔子一听，差点儿把鼻子气歪了，但也没办法，只好拜小孩为师，小孩才放行。这个小孩就是后来的又一代郯国国君——郯子。

采桑女智点孔圣人

且说孔子师徒一路东行。这一日走在大路上，正巧大路两旁有两棵大桑树，繁茂的枝叶将路遮住，一年轻农妇正站在上边采桑。按孔子的礼教，女的是不能在外抛头露面的，更何况站在路中的大树上，这叫孔子和徒弟很反感，孔子徒弟曾参随口吟出一诗：

年轻女子太张狂，抛头露面为哪桩？
行人车马树下过，不知羞耻采桑娘。

采桑女一看来的这伙人尽是书生模样，与本地人不同，又听着羞辱自己，就知是孔子师徒。心想您到本国必定还得倒换官文，将会遇到难处，于是随口也吟诗回答：

奴为生计采桑忙，桑树长在大路旁。
今日羞辱采桑女，明日得访采桑娘。

不一日，孔子师徒来到一座城池。该城城主知孔子师徒才艺过人，有心想试探一下。待换官文时，城主叫侍从拿来一根五尺余长的细竹竿，各节中钻了一个细眼，找来一根细丝线，说："孔老先生，本国有个规定，凡换官文者，必须能将丝线从这头穿到那头，方可倒换。穿时既不许用硬物代替，又不许破坏此竹竿，穿不过去者，休想过关。"你想竹竿眼那么小，丝线那么细那么软，要想穿过可不容易。孔子师徒试了半天，谁也穿不过去，感到很尴尬。国君看看穿不过去，就将他们安排到驿馆住下，说什么时候能穿过去，什么时候再换官文。师徒住在驿馆，搜肠刮肚也想不出怎样能穿过去的好办法。突然，孔子想起走在路上采桑女说的"明日得访采桑娘"，心想肯定此女有方。于是孔子带着子路、曾参等人，回头来找采桑女。到了采桑处，一看大桑树已杀掉了，在树桩的一边堆了一个小土堆。孔子一看就明白了，原来采桑女姓杜，木旁土不就是杜吗？接着一行人来到杜家庄，寻到采桑女家。杜家大门紧闭，敲了一会儿，出来个八九岁的男孩，手拉着一根瓜秧，说："诸位先生，俺娘没在家。"孔子一看小男孩手拉瓜秧，说："你别哄我，你娘在家里，'瓜不离秧，孩不离娘'，你明明告诉我，你娘在家嘛。"于是男孩进去，采桑女迎了出来。孔子师徒向其赔了前天羞辱的不是，并说明是来请教的。

就见采桑女搬过一块像山形的石头，又拿来一把镐，对着石头刨了三刨。拿来一根丝线一根香，用线作拴物状，点着香，在拴物的后边催。待做完动作，孔子师徒明白了，谢过杜氏女，赶回城里。第二天一早找了镐，去山上刨出两只大蚂蚁。接着就到城主那里，用丝线拴着蚂蚁的肚子，对着竹竿细眼，为防蚂蚁不钻孔，点着香在后边催，蚂蚁被香熏着，急急地带着丝线，从这头穿到了那头。城主一看，穿竹成功，于是给倒换了官文，还设宴款待了孔子师徒。

**五、师郯的影响**

（一）对研究孔子思想的形成有重大作用。

至今保存在曲阜孔庙内的《圣述图》内有一幅插图叫《学于郯子》，讲的就是这个故事。孔子"问官"之后，不久就告诉别人说："我听说'天子创制了古代官制，但由于现在天子身边的人才流失和制度的破坏，有关古代官制的学问都保存在四方的蛮夷小国了'，这话很对。"孔子曾经认为东夷不同于南、北、西"三方"，有"仁贵之化"，注重礼仪。所以，他要带弟子子路到东夷居住。

郯子关于仁孝、礼制的思想对孔子有很深的影响。礼制即以礼治国，是孔子学说中比较崇尚的一种治国方略。据史料载，郯子仁孝之至，以孝立身，以仁治国，其事迹在春秋诸国广为流传，特别是“仁孝”思想对孔子影响较大。而郯子“以鸟纪官”和所倡导的“为民师而命以民事”的思想，对孔子的影响也很大，孔子曾说：“天子失官，学在四夷。”郯子把“仁孝”和“礼制”的思想都用于国家治理，这就为孔子寻求治国教民之道提供了借鉴。郯地文化积淀丰厚，郯子为郯国国君，在鲁、郯两国特定时代和文化背景下，郯子思想和事迹必然影响着孔子等人思想的形成，并对儒家思想的产生和发展产生了一定的推动作用。

（二）对研究古代官制形成和演变有积极的作用。

在少昊氏鸟名官这一问题上，郯子应当说是一位有资格的贤师，而27岁的孔丘确实还是小学生。不管怎么说，孔子师郯子还是为郯国增了光，为郯城这块地方增了光，也因此保存下古代官制方面的史料。事实上，以鸟名官对中国的官制产生了深远的影响。

（三）对于建设和谐社会有积极意义。

孔子见贤思齐、善于学习的精神，郯子以德治国、博学多才、重孝道守礼仪的风貌在许多民间故事里都有体现。因此，研究探讨孔子师郯子的故事和史料，对于发展先进文化、建设五个文明都有极大的现实意义。孔子师郯子的传说，绝大多数人不够了解，能完整讲出孔子师郯子完整故事的人已经很少了，年轻人又多数不知道，也不关心这类事，他们认为这是过时的老黄历了。旧时为宣扬“孔子师郯子”的一些建筑物如问官祠、倾盖祠早已不复存在，亟须从多方面加以抢救和保护。

### 郯子赞

刘宝玉

炎昊血脉郯子传，三代有国祚千年。
文事繁荣典籍富，鲁君昭公频问官。
崇尚德政万民仰，鹿乳奉亲天下鲜。
方国畅顺乾坤道，仲尼着意赞大贤。
位列三圣郯子庙，飨祭四时马陵山。
沂畔手植鸭脚子，历尽春秋成树仙。
中华文化似大海，古郯是峰柱其间。
浩浩汤汤郯文化，逾久弥香天地参。

# 春秋印象

张兆友

春秋时期，是孔子所说的“礼崩乐坏”的时期，因此，才会在史书中不断出现“君不君，臣不臣，父不父，子不子”（《论语·颜渊》）的现象。如果置身于当时，恐怕关心家国天下的知识分子都会像孔子一样痛心疾首。但是当我们从历史的角度来看，整个春秋战国都处在一个过渡的时期，有过渡必然会有破旧立新，不适应社会发展的必然要被破，符合社会发展需求的必然要立，所以“溥天之下，莫非王土；率土之滨，莫非王臣”（《诗经·小雅·谷风之什·北山》）的井田制被破了，土地私有制被确立起来；所以“封建亲戚，以藩屏周”的分封制被破了，郡县制“勃然而起”……而春秋和战国，各自肩负了不同的历史任务，对于战国，更多的是立新，因此才会有“百家争鸣”蔚为大观；而对于春秋，更多的是破旧。破旧需要什么？破旧需要的就是“独立之精神，自由之思想”。也正是由于“独立之精神，自由之思想”的勃发，才使得春秋以及之后的战国，成为中国历史上思想最为活跃的时期。

在我看来，春秋时期和古代的其他时期最大的不同在于以下几点：首先是知识分子精神的不同，其次是女性地位的不同，然后是战争的不同。

知识分子，以其人格精神力量、道德表率作用而受到人们的普遍尊敬，从而引导良好的社会风气，并在这种引导中，促进社会的发展与进步，可以说，在这一方面，知识分子比大众的作用大得多。而春秋时期的知识分子，主要指的是“大夫”和“士”两个阶层。但是，“士”的出现，是在春秋末期，虽然他们对春秋的历史影响并不很大，但是他们对于战国以降的整个中华文化都起着无可替代的作用。

春秋时期的知识分子，主要还是集中在“士大夫”这一阶层，因此我们也可以称之为“贵族阶层”。他们所拥有的知识分子精神，其实可以称作“贵族精神”。

由于他们处于统治阶层，获得的特权多于普通百姓，获得的知识也远非一般人可比，所以，在他们的身上都有一种耿直的、勇往直前的精神。又因为他们要为自己的国君服务，为治下的人民考虑，所以他们还有一种忧心天下的胸怀。湖南大学的朱汉民先生曾经将春秋战国时期的士大夫精神总结为“士志于道”：“这个‘道’是包括文化理想和社会理想的一套价值体系，他能够化解士大夫的社会焦虑和文化焦虑。所以，士大夫是这个‘道’的价值承担者。他必须把这套价值承担下来，因为他是整个社会的精英阶层。”（朱汉民《士大夫精神与中国文化》）虽然在春秋时期并没有完全形成作为知识分子的“士”这一阶层，但是我们可以很容易看出，在春秋时期，很多卿大夫以及作为其门客的士，是已经具备了作为“道”的价值承担者的职能的，虽然我们会看到“八佾舞于庭”，看到“崔杼弑其君”，看到“郑伯克段于鄢”这些礼崩乐坏的现象，但是也不要忘了，这时候还有“天下有道，丘不与易也”的矢志不渝，有“其弟嗣书而死者二人，其弟又书”的秉笔直书，有“二子乘舟，泛泛其景”的兄友弟恭，这种精神不正是知识分子们追求道的最好体现吗？

这种精神在现实中是会受到阻挠的，因此朱先生又说：“对于士大夫来说，能够构成对他的信仰的最大的挑战是什么？是现实君主的政治权力。”但是，很值得庆幸的是，在士大夫精神初步萌芽的春秋时期，现实君主的政治权力变得式微，这使得他们少了一份对权力的畏惧，正因如此，在权臣弄权的时期，他们也会抵死抗争，绝不屈服。他们对于权力不屈服，但对所追求的普世价值很敬畏，这种敬畏也在一代一代的渐染中影响到最高统治者。比如崔杼，在杀了三个史官之后，终于妥协了；又比如赵盾，他是没有杀害国君的，但是由于他的弟弟杀国君时他没有逃出国境，而被记载为“赵盾弑其君”，他也只能慨叹“我之怀矣，自诒伊戚”（《春秋左传·宣公二年》）。这便让我想到了魏晋风度。虽然魏晋风度受到很多人的推崇，但我仍以为，比起春秋来，魏晋风度还是要等而下之的。原因很简单，魏晋风度中的名士风流，更多的是关心自己、逃避现实。虽然可以说，这也是一种反抗，但是这种反抗，是远远不如春秋先贤慷慨壮阔的，最重要的是，这种反抗，少了一种正直，而这种正直，是我们很缺少的。虽然可以说有祢衡裸衣骂曹，有嵇康从容就义，但是，比起春秋“朝闻道，夕死可矣”的“士志于道”，终究是稍嫌纤薄了。

春秋的女性，地位是不低的，并且这种地位还延续到两汉，至少这一时期男性不会专门去束缚女性的自由。从整个古代来看，可以和春秋女性的地位抗衡的，也只有唐朝了。谈到春秋的女性地位，我想应该从两个方面来看，一个是平民女性角度，一个是贵族女性角度。在分析时，也应该从两个维度分析，一个是以《左传》为代表的史，一个是以《诗经》为代表的经。“经”意味着正统性，是衡量价值的准绳；“史”意味着基于“经”的价值裁断和历史建构。（刘仲敬《经与史：华夏世界的历史建构》）不过，很有趣的是，作为经的《诗经》，记载的女性多为普通女性，而作为史的《左传》，记录的却大多为贵族妇女。这个传统，在很大程度上被后世延续下来，并影响着我们的史观。

根据余冠英注解《诗经》可以看出，最能反映平民生活的《国风》160篇里，大约60余首是写女性的经历，在这些篇章中，有婚嫁诗，比如“桃之夭夭，灼灼其华。之子于归，宜其室家”（《诗经·周南·桃夭》）；有思妇诗，比如“采采卷耳，不盈顷筐。嗟我怀人，置彼周行”（《诗经·周南·卷耳》）；有弃妇诗，比如“信誓旦旦，不思其反。反是不思，亦已焉哉”（《诗经·卫风·氓》）；更有恋爱中情态各异的女性——“纵我不往，子宁不嗣音？”（《诗经·郑风·子衿》）“子不我思，岂无他人？狂童之狂也且！”（《诗经·郑风·褰裳》）“舒而脱脱兮，无感我帨兮，无使尨也吠。”（《诗经·召南·野有死麕》）不得不说，从这里看到的是女性在当时是比较自由的事实。

在《左传》中，女性登场的频率是很高的——当然这里主要是贵族女性。从开篇便说，“初，郑武公娶于申，曰武姜”（《左传·隐公元年》），虽然是交代郑伯克段于鄢的背景，但是从整个故事脉络来看，武姜是极为重要的人物；然后又有“卫庄公娶于齐东宫得臣之妹，曰庄姜，美而无子”（《左传·隐公三年》），接着叙述了州吁之乱。虽然庄姜不是这场祸乱中的重要人物，但是她的命运是贵族妇女很典型的写照；还有宣姜和齐姜姐妹，刘向分别评价她们说“卫果危殆，五世不宁，乱由姜起”，“文姜淫乱，配鲁桓公，与俱归齐，齐襄淫通，俾厥彭生，摧干拉胸，维女为乱，卒成祸凶”（刘向《列女传·孽嬖传》），虽然这话在某些地方颇不妥当，但足见二人对政治影响之大，反过来，政治的动荡又让她们很快便香消玉殒，这也是贵族女性的命运之一。但是也有不少命运极佳的形象，譬如知人的邓曼，譬如遣走晋文公的齐姜，都是有政治头脑深明大义的女性。总的来说，我觉得《左传》中的贵族妇女总是逃不出这几种命运的，或者兼有几类，如骊姬便兼有武姜之狠毒、文姜之放荡和邓曼之头脑，所以才导致晋国数十年的动荡。

基于以上史实，我认为，分析女性地位，最主要的应该从贵族女性的地位出发，比较同样情况下和男性贵族在权利和义务上的差异，才有利于我们整体把握这一问题。因为在某种程度上，贵族女性是代表了女性的整体地位的。所以我们看到的史料中，贵族妇女的数量是远远多于平民的。而这，也是了解女性社会地位的最重要途径。其次，相比于平民妇女，贵族妇女有一定社会地位，也就更好地体现出社会性的一面。再次，由于贵族是占统治地位的，他们必然想让被统治的平民按照自己的规则生活，所以，他们对下层平民必然有导向作用，贵族妇女受男性的尊重程度，也会从很大方面引导民间对待妇女的态度。因此，分析女性社会地位，从贵族妇女着手是合理的。

那么贵族女性地位如何呢？从《左传》来看，女性地位是很矛盾的。一方面，她们几乎可以“为所欲为”，比如武姜之于郑、骊姬之于晋、南子之于卫，或者邓曼之于楚成王、齐姜之于晋文公、樊姬之于楚庄王，抑或文姜之于齐襄公、夏姬之于陈灵公、孟嬴之于楚平王，她们都以女性身份或直接干预国是，或间接造成动荡，总之都掀起不小的波澜；而另一方面，她们却很少能有善终，“巧笑倩兮，美目盼兮”（《卫风·硕人》）的庄姜，被卫庄公冷落；“胡然而天也，胡然而帝也”（《鄘风·君子偕老》）的宣姜，被卫宣公霸占，又被诬为放荡；“看花满眼泪，不共楚王言”（王维《息夫人》）的息夫人，被三国当作玩物一般争夺，还背上骂名……这些矛盾显示了春秋时代的女性比较尴尬的地位，但是总的来说，春秋时期社会对女性是很包容的，她们能够追求自己想得到的东西，包括性，包括权力。

春秋时期的战争也是不同于其他任何时代的，提到春秋时代的战争，恐怕大多数人会想到“春秋无义战”（《孟子·尽心下》），孟子提出这话的原意是春秋时期没有正义的战争，原因就是“礼乐征伐自诸侯出”，而非“礼乐征伐自天子出”（《论语·季氏》）。但是我们和以后的战争比较一番就可以轻而易举地看出，这时期的战争是最讲礼义的。

易中天先生用三个词总结春秋时期的战争：风采、风骨、风度。宋襄公就体现了一种堂堂正正作战的风度，但还有一种更为可贵的彬彬有礼的风度，比如晋楚邲之战中，“晋人或以广队不能进，楚人惎之脱扃，少进，马还，又惎之拔旆投衡，乃出。顾曰：‘吾不如大国之数奔也。’”（《左传·宣公十二年》）又比如晋楚城濮之战，子犯说：“微楚之惠不及此，退三舍辟之，所以报也。背惠食言，以亢其仇，我曲楚直。其众素饱，不可谓老。我退而楚还，我将何求？若其不还，君退臣犯，曲在彼矣。”（《左传·僖公二十八年》）再比如齐晋鞌之战，韩厥执絷马前，再拜稽首，奉觞加璧以进，曰：“寡君使群臣为鲁、卫请，曰无令舆师陷入君地。下臣不幸，属当戎行，无所逃隐。且惧奔辟而忝两君，臣辱戎士，敢告不敏，摄官承乏。”（《左传·成公二年》）这些都体现了一种君子风度。

除了风度，还有风采。譬如“肃肃兔罝，椓之丁丁。赳赳武夫，公侯干城”（《诗经·周南·兔罝》）中的意气飞扬；譬如“岂曰无衣，与子同袍。王于兴师，修我戈矛，与子同仇”（《诗经·秦风·无衣》）中的同仇敌忾；譬如“戎车啴啴，啴啴焞焞，如霆如雷”（《诗经·小雅·采芑》）中的斗志昂扬。这些都是春秋时期的战争的风采。风采而内是风骨，而风骨的最好体现，就是子路。在卫国发生动乱的时候，为了救被围困的孔悝，在混战中，有人“以戈击之，断缨。子路曰：‘君子死，冠不免。’结缨而死”。这该是一种怎样的风骨！

这就是春秋时期的战争，不像战国时期，动辄十数万人的死伤，主帅在被俘之后还能轻易存活；也不像汉唐“边庭流血成海水，武皇开边意未已”（杜甫《兵车行》）；更不会像元明清时期的屠城。他们是真正懂得战争的，他们是真正懂得礼仪的，他们知道战争是要让人信服，“杀人亦有限，列国自有疆。苟能制侵陵，岂在多杀伤？”（杜甫《前出塞》九首）知道“一将功成万骨枯”（曹松《己亥岁》）。这种“觉悟”，是以后所有的王朝都没有的。（也许宋朝有，但是很大一部分原因是积弱的态势下无奈的选择。）所以，春秋时期的战争，虽然没有“义战”，但是最讲“义”。

春秋时期可以说是中华文明上古时期的黄金时代，也是中华文明最重要的源流。说它是“流”，因为它承继了三代的文化，并成为集大成者；说它是“源”，因为从它开始，华夏世界在“经”和“史”上的架构最终定型，以后的中华文明的发展，都是按照它的架构拓展开来的。此外，它还是中华文明得以延续的最重要的精神支持——士大夫精神的萌芽，它的贵族精神，和民国时期的知识分子精神，是中华文明史上无可超越的巅峰。生活在这一时期的女性地位，和唐朝女性地位也是古代中华文明的并峙双峰；而这一时期的战争，则是中华文明古往今来最有“义”的。

这就是我的春秋印象。

# 孟子生平与主要思想

付岩芹

孟子（前372—前289年），名轲，字子舆。战国时期邹国人，儒家代表人物。主要思想收在《孟子》一书。孟子继承并发扬了孔子的思想，成为仅次于孔子的一代儒学宗师，被封为亚圣，其思想与孔子思想合称为“孔孟之道”。本文重点探讨两个问题：一是孟子思想的形成过程；二是孟子主要思想及其影响。

## 一、孟子思想的形成过程

大家可能都知道这样一句话：“半部《论语》治天下。”其实，《论语》更多探讨的是人内心的修炼，《孟子》才是治国安邦的最佳读物。因此，作为孟子故里的邹城人我们更应该读《孟子》，研究孟子思想，领略孟子的做人之道、谋事之道、为政之道。

### （一）孟母教子

孟子思想的形成首先得益于他有一位伟大的母亲。

孟母是历史上著名的“四大贤母”之首，她以一位母亲的智慧，启发教育了一代圣贤，为我们留下了诸多的教子佳话，如三迁择邻、断机喻学、杀豚不欺子等，这些故事生动形象、发人深思，包含着丰富的母教文化内涵。

首先，孟母三迁择邻，注重环境影响。三迁择邻的故事大家耳熟能详，孟母之所以不辞辛苦，三迁其居，就是因为她看到孟子在坟地旁跟大人学哭丧，在闹市中又随商人学吆喝叫卖；最后孟母迁于学宫之旁，看到孟子跟着先生学“揖让进退”，演习宾主相见的礼仪。孟母意识到环境对孩子的成长有着潜移默化的影响，她最终定居于学宫旁，给孟子选择了一个良好的学习环境，也为孟子以后学儒习礼、成为一位儒学大师创造了前提条件。

其次，孟母断机喻学，注重把握时机。看到孟子逃学，孟母把正在织的布以刀割断，以断布的无法接续来比喻学习的不可中断，生动形象，使孟子领悟到了读书不能半途而废、应该持之以恒的道理，同时，孟子也深深体会到了母亲的良苦用心，从此旦夕勤学，终成大儒。

最后，孟母杀豚不欺子，注重以身作则。有一天，邻居正在杀猪，孟子看到后问母亲："他为什么要杀猪呢？"孟母随口说了一句："杀猪是为了能让你吃到猪肉啊。"说完之后，孟母就后悔了，以他们当时清贫的家境，是无法让年幼的孟子经常吃到猪肉的。可是，为了教育孟子要以诚信为本，孟母还是买了肉做给孟子吃，以此来教育孟子要"言必信，行必果"，做人要一诺千金。这件事对孟子影响深远。孟子成年之后，在他的伦理思想中提出了人际关系"五伦"说，也就是"父子有亲、君臣有义、夫妇有别、长幼有序、朋友有信"，把"诚信"上升到"五伦"之一的高度，成为儒家伦理道德规范中极为重要的一个范畴。

（二）周游列国

孟子学成以后，也像至圣先师孔子那样周游列国，开始宣扬自己的仁政王道思想。

首次赴齐　孟子四十岁左右时，带着屋庐子等几个学生离开邹国，从此踏上了周游列国的征途。他们经由平陆（今汶上）、范（今定陶一带）来到齐国国都临淄。

孟子见齐威王很不是时候，那时齐威王已经老迈昏庸。当时齐国在诸侯国中很强势，可以说是求贤若渴，而孟子学富五车，有安邦定国平天下的雄才伟略，按理说君臣应该合作愉快，但事实并非如此。孟子注重民生，提出"民贵君轻"思想，当时任何一个国君都难以接受。孟子反对兼并战争，而齐国一心要称霸诸侯，正所谓"道不同不相为谋"，孟子的仁政行不通，久留无益，遂生去齐之志。

离齐赴宋　孟子离开齐国要到哪里去呢？此时的宋国刚完成了一次权力的更迭，都城也由商丘一带迁到徐州，国君偃新登大位，很想有一番作为，并且声言要实行儒家的仁政，大约源于此，孟子遂决定带领弟子们到宋国去碰碰运气。宋国在春秋后期曾一度和齐楚争霸，但很快就败落了下来，孟子时代的宋国实际上已成为一个难有作为的小国，国君偃也并非要实行仁政，他充其量只是一个崇尚武力却力不从心的野心家。

孟子在齐期间，特别是后期，把主要精力用在了讲学授徒上，因此身边聚集了很多学生，孟子离齐赴宋时，相当一部分人选择了追随孟子，因此出现了一个相当壮观的场面：几十辆牛车，数百名学子，在孟子的率领下蹚起一路烟尘，浩浩荡荡行进在南下赴宋的大道上。

沿途的百姓驻足观望，所到城邑的官员们热情安排食宿，以至使学生彭更心生愧意，惴惴发问：老师，我们这样是不是有点过分？孟子说：过分吗？不该接受的一顿饭也不能接受，该接受的，像尧把天下让给舜，舜照样接受。我们这些人以传承仁义为己任，“守先王之道，以待后之学者”，这样的人得到社会的承认，受到欢迎和接待，有什么过分的呢？孟子对自己的人生很自信。

现今孟庙大门内两侧有木坊两座，左书“继往圣”，右书“开来学”。

在来宋的路上，学生万章还提醒他宋是个被夹在齐楚中间的小国，随时有被吞并分割的危险。那时孟子还是满怀信心的，并引经据典地对万章说：最初的商汤也好，周武王也好，都是从很小的地方开始统一天下的。国不在大小，关键是要实行王道政治，真正实行了王道仁政，齐楚虽然强大，那也并不可怕。

想象和现实永远存在距离，宋国的现实让孟子不得不放弃最初的希望。

到宋的第二年，孟子决定离开宋国，在还未考虑好去处的情况下，打算先回自己的家乡邹国待上一段时间。临行前，宋君赠七十金。

孟子赴魏　上次周游列国的经验让孟子明白了在小国行仁政行不通。于是孟子来到魏国。《孟子》七篇中开篇就是“孟子见梁惠王”，梁惠王就是魏惠王，因为迁都大梁而得名。梁惠王之后不久就去世了，继位的正是孟子称“望之不似人君，就之而不见所畏焉”的梁襄王。孟子善于识人，历史上的确有许多不像国君的职业国君，尤其生下来就是太子的人，常有不像样的，据野史记载：朱元璋统一全国以后，有一次拿起元朝后代皇帝的画像看，说：“左看右看只像个牛医，哪里像君临天下的帝王相？”孟子不喜欢梁襄王这位“不似人君”的君主，于是师徒一行离开魏国，奔东北方向直接进入齐国。

在齐为卿　此时是齐宣王继位的第二年，孟子这次还算顺利，齐宣王也算一个英明的君主，他任命孟子为卿。

孟子在齐国与齐宣王有过一次长谈。对于这次谈话，宣王希望孟子能告诉他如何打破眼下群雄争霸的格局，从而使齐国脱颖而出，独步天下。孟子是怀抱着他的仁政王道而来，对这次的谈话自然十分重视，早有准备。谈话开始后，宣王单刀直入：“齐桓、晋文之事，可得闻乎？”给我讲讲齐桓公、晋文公称霸天下的事吧。

孟子的回答是：没听说过！我还是说说怎么样才能称王的道理吧。一下子就把谈话的方向引向了自己的思路。

孟子用“以羊易牛”的故事鼓励宣王施行仁政。孟子认为，仁政并不复杂，一个是富裕，一个是教育。富裕就是让老百姓过上衣食无忧的生活，正常年景吃罢喝罢略有盈余，老年人逢节有肉吃，灾荒年月不至于受冻挨饿。教育就是把学校办到村社，用孝悌教育百姓。如果能做到这些，想不天下称王都不行，因为天下的老百姓都往你的国家里跑啊，都愿意归顺你，天下归仁嘛！反之，你若想用武力征服各诸侯国，齐国虽大，也不过占天下的九分之一，以一抵八，是胜是败还用我说吗？因此说，武力征服全中国的想法无异于缘木求鱼，不光达不到目的，还会带来灾难。

孟子的这篇谈话可以说是孟子几十年学习、观察、思考之后的一次厚积薄发；是一次试剑，宣王是他的试金石。从内容上看，孟子的这篇谈话主要是继承了孔子的仁学，并有所发展。孔子的仁主要是讲人的道德修养，属伦理道德的范畴，孟子在这个基础上扩大了，扩大至政治、经济、社会各领域，把原本属于道德范畴的仁发展为一种政治哲学，这就是所谓仁政。对仁政内容孟子也做了阐述。从谈话技巧上，或者说谈话艺术上看，这篇谈话，已经具有了鲜明的孟子特点：一是雄辩（逻辑），二是善用比喻，三是步步为营，让谈话对手不知不觉间进入瓮中。这些特点我们在读《孟子》时能强烈地感受到。

拥楹而叹　孟子与齐宣王的融洽关系保持的时间似乎不是太长，有一则流传下来的关于孟母的故事透露出了孟子此时的不得意。说是有一天孟母见退朝回来的儿子倚门叹息，便问孟子：有什么忧心的事瞒着母亲吗？孟子回答说：不敢瞒着母亲。孟母说：那我看你精神不对啊？孟子告诉母亲说想离开齐国。母亲问为什么？

孟子说在齐国很难实现自己的政治理想，既然如此，留在这里就有贪图荣禄之嫌了，因此想离开齐国。

母亲问道：那为什么不赶快离开呢？

孟子说主要考虑到母亲年纪大了，刚过上两年安稳日子，不愿让母亲再回到以前的生活。

孟母不赞成孟子的说法，讲了在家从父，出嫁从夫，夫死从子的“三从道理”，告诉孟子不用为自己担心，该怎么做就怎么做。听了母亲的话之后，孟子“遂决去齐之志”。但就在这个时候，孟母病逝，离齐的事被搁下，孟子返鲁葬母。

## 二、孟子主要思想及其影响

### （一）孟子的性善论

在孟子看来，作为一个人首先要有四种德行：“恻隐之心，仁之端也；羞恶之心，义之端也；辞让之心，礼之端也；是非之心，智之端也。”孟子认为恻隐、羞恶、辞让、是非四种情感是仁义礼智美好品德的萌芽，人们可以通过内省去保持和扩充它。对社会民众而言，人性本善，可以启迪人们向上的心智，激发向上的精神，不光要肯定它，还要坚守它，并为之积极修为。对社会管理者而言，其意义尤为重要：首先要以善自修，处处做民众的表率；还要爱民、富民、教民，只有这样，社会才能稳定、和谐与发展。

### （二）孟子的仁政思想

“民为贵，社稷次之，君为轻。”孟子的“民本”思想至今散发着经久不衰的思想光辉。首先，“民贵君轻”思想突出了“民”的重要性。孔子讲“仁”，重视的是人的生命，孟子在此基础上更进一步，他关注的是人的生存状态和权利。孟子说：“民事不可缓也。”呼吁统治者要“救民于水火之中”，“博施于民而能济众”，要求统治者克制私欲，实行“仁政”，慎刑罚，薄赋敛，广施恩泽，以让人民安居乐业。其次，“民贵君轻”思想要求统治者进行自我道德约束。孟子说：“惟仁者宜在高位，不仁而在高位，是播其恶于众也。”既然人民是国家的主体，那么如果君主想要保证邦固国宁的话，就必须得民心，顺民意，乐以天下，忧以天下。孟子提到上古先民对周文王和夏桀的不同态度，可谓振聋发聩。文王借助民力修台建池，老百姓很高兴。王说不急，百姓却更卖力。这是因为：“古之人与民偕乐，故能乐也。”而夏桀暴戾，人民诅咒道：“时日害丧，予及女偕亡。”夏桀你何时才能死掉啊，我宁愿和你一起去死。因此孟子说：“得其心，斯得民矣。得其心有道：所欲与之聚之，所恶勿施，尔也。民之归仁也，犹水之就下，兽之走圹也。”给予人民他们想要得到的，而不是把他们所厌恶的强加给他们，就会得到民心，人们就会像水向下流一样自然而然地去归依施仁政的君主。

正是基于以上思想，孟子倡导统治者在治国之道上要施“仁政”。思想上要重民、爱民；军事上要避免战争，安民、救民；在经济上要“制民恒产”，做到富民、利民。孟子认为“民之为道也，有恒产者有恒心，无恒产者无恒心”。人民有了赖以生存的财产、赖以创业的物质，就会日出而作，日落而息，安居乐业，就不会为非作歹。人民丰衣足食，有了稳定的物质生活基础，那么，在“仁政”下，就会出现良好的社会道德风尚，“人人亲其亲，长其长，而天下平”。因此孟子认为“仁政”是一种“德”，一种“道”，“得道者多助，失道者寡助”就是这个道理。

### （三）孟子的大丈夫性格

> 居天下之广居（仁），立天下之正位（礼），行天下之大道（义）；得志，与民由之；不得志，独行其道。富贵不能淫，贫贱不能移，威武不能屈，此之谓大丈夫。
>
> ——《孟子·滕文公下》

宋代理学家程颢曾说孟子具有“岩岩泰山之气象”，赞颂孟子的气度和风范犹如泰山一般巍峨高大，令人景仰。孟子倡导的“正气论”是中国民族精神瑰宝中的闪光亮点，对塑造民族之魂功莫大焉。

# 阳明心学系列讲座之情绪管理

景　超

明朝王守仁（号阳明）的阳明心学讲究的是“吾性自足不假外求”，即心外无物，心外无事，心外无理。他认为，所谓理也就是心之条理，发之于亲则为孝，发之于君则为忠，发之于朋友则为信。心学的“心”是什么呢？心是一切情绪的发源地，不论是内疚、羞愧、愤怒、急躁、冷漠、骄傲、嫉妒、喜悦……这些情绪皆由心生，生成的这种情绪，会直接驱动我们的举止，在一定程度上，左右了每个人的行为方式，进而影响到生活状态。一切困扰，答案尽在此心。境无好坏，唯心所造，内心的强大才是真正的强大。

我们正处在一个物欲横流、纷杂错乱的现实社会里面，在诱惑面前，往往会“雾失楼台，月迷津渡”。平常被那些诸如恐惧、怯懦、自卑、自大、骄傲等不良因素影响，封闭了本来状态，导致很多人感觉压力大，活得很累。

为什么人们会面临这么多的问题？

有个人很容易动情绪责备人，阳明先生提醒他说：“探索心学最需要反省自己；如果只是责备他人，则只见得他人的不对，却看不见自己的错误；如果能反省自己，方见自己有许多事情做得并不完善，如何还有闲暇去责备他人？舜能化解掉象的骄傲，其关键点只是不去看见象的不对。如果舜只想要端正象的奸恶，就会看见象的不对，凭着象如此骄傲待人的态度，必然不肯屈服，舜如何能感化象呢？”这个人听了很有感悟，对自己的行为做了反省。阳明先生又说：“你今后只不要去议论人家的对错，只要想责备或议论他人的时候，就把这个念头当作一件自己的大私欲，只有克制去除才能罢休。”

阳明先生这段话，就是对事上磨炼和意上磨炼的最佳注脚。当我们的眼睛看见他人的错误，我们的情绪立即发作，很想要加以指责，我们对此要很警觉：那想要指责他人的意念，到底真是他人的错误，还是我们面对事情的不顺，想要借由发作来掩饰自己的错误？如果是后者，我们就应该即时打住自己的情绪，不要让自己成为情绪的奴隶。如果我们无法控制自己的情绪，任由情绪泼洒，就会让事情的发展反而越来越失控，毕竟我们不只在伤害他人，更在借由指责他人来伤害自己。因此，诚意不是“有话直说”，不是看见他人的过失立即说出来，诚意应该是“遇事自问”，将观察到的现象内化，彻底厘清自己的意念，不要放过自己的过失。

生命的罗盘如果消磁，那往往就是来自情绪的干扰，当良知尚未全然隐没，最简易的功夫就是反省自己，不让意念有纤毫受情绪控制的机会。情绪是意念正在起伏动荡的波流，只要意念会起伏动荡，就无法保守住感性良知，精确体证存在的深意。感性绝不是情绪，情绪出自个体的主观，感性则来自超越主体的绝对善，这只有无遮蔽地反省自己才能体证。

美国心理学家艾利斯提出情绪 A-B-C 理论，认为产生不同的情绪的原因是人对同一事件的看法或评价不同。因为对待事物的心态不同，由此产生的情绪就会不同。不同情绪对人产生不同的作用：如果用乐观的态度看待事物，我们就会产生积极健康的情绪；如果我们用悲观的态度看待事物，我们就会产生消极的情绪。

情绪的产生是一种自然的反应，本身没有好坏，我们不需要谈“情绪”色变，但是不同的情绪所引发的行为则会带来不同的后果。

假如您的烦恼是因别人引起的，您非常可怜；假如您的痛苦是因自己造成的，您非常可悲。人之所以不快乐，就是不该得的东西想得，不该做的事想做。同样的生活环境，人与人为什么如此不同？有的人很成功，才能很出色，人际关系融洽，身体健康，生活品质很高；而有的人整天忙忙碌碌却无所作为，经济拮据，只能维持生计。

这些差异源于人的心态。我们的心态才是我们真正的主人。就如同一位伟人说过的那样：要么你去驾驭生命，要么让生命驾驭你。你的心态决定谁是坐骑，谁是骑士。米卢执教中国队的时候说过：态度决定一切！人的内在素质分为智商、情商和逆境商。20/80 法则告诉我们，成功 20% 靠智商，80% 靠情商。情绪是一种能量，同时也是一种选择。

情绪是塑造我们一生的基础，它激励或限制我们。快乐、幸福伴随愤怒、恐惧及无价值构成我们整个人。一首歌叫《痛快》，很好听。痛苦和快乐原本就是孪生兄弟，不能分开。人类天生是遵循快乐、逃避痛苦的，但为何快乐少见，而负面情绪常常占据支配地位？是什么原因导致幸福指数下降呢？

我们要做情绪的主人，就要学会调节情绪，比如愉快使人重复有利的行为，恐惧使人回避危险，愤怒使人克服阻力等，都可以达到趋利避害的目的。

人的一切心理活动都带有情绪色彩，并以不同的状态显露出来。情绪反应有不同表现，如快乐时微笑、生气时皱眉、伤心时哭泣、恐惧时发抖。什么是情绪？正如血液流动使肌体维系活力一样，情绪的自然流动是精神的活力，没有情绪的人是死气沉沉的。情绪没有好坏之分。恐惧所导致的心理问题可谓缤纷多彩，如疑病症、强迫症、焦虑症、恐惧症等，这通常与当事人幼年及青春期经历和挫折体验有关。罗素说：只要你坚持面对最坏的可能性，并怀着真诚的信心对自己说“不管怎样，这没有太大的关系”，你的恐惧情绪就会减少到最低限度。

情绪掩盖了我们真实神圣的自我。我们的生活离不开情绪，它是我们对外面世界正常的心理反应，我们所必须做的是不能让我们成为情绪的奴隶，不能让那些消极的心境左右我们的生活。消极情绪对我们的健康十分有害，科学家们已经发现，经常发怒和充满敌意的人很可能患有心脏病，哈佛大学曾调查了 1600 名心脏病患者，发现他们中经常焦虑、抑郁和暴躁的人比普通人多三倍。

情绪甚至对人的本能产生影响：如果一个人面前仅有的食物令他作呕，那么他宁愿饿死也不会吃下这种食物，尽管在别人看来那也许是美味佳肴——情绪能够战胜饥饿。性欲在情绪面前更是不堪一击，当一个人觉得恐惧或者恶心时，他也许根本不会有兴趣进行性接触，或者根本无法完成一次性行为——情绪能够战胜性欲。绝望会使人崩溃，甚至自杀——情绪也能战胜求生的欲望。

但情绪有时则是对我们的一种保护。“在动物园南非大毒蛇馆的厚玻璃外面，我把头靠得很近，决心当蛇攻击我时决不后退。但蛇真的攻击时，我的决心已化为乌有，我大吃一惊，快速向后退了一两米远。面对这种从未经历过的想象中的危险，意志和理智显得无能为力。”达尔文的经历告诉我们，再理智的头脑也敌不过与生俱来的对恐惧这个主题的反应。恐惧会保护我们，我们之所以死里逃生，就是因为能够不假思索地对潜在的威胁做出自卫反应，厌恶让我们不至于沉迷于毒害身体和精神的活动中而无法自拔。

情绪中携带着每个人内心深处最真实的信息，而且人每时每刻都会有情绪，就连平静也是一种情绪。人们常常以自己的信念和假设来看世界，很多时候我们透过自己信念和假设的有色眼镜，去诠释和判断外在的世界，实质上我们看到的仅仅是自己假设的事实，然而我们却把它当成是真实的东西。

社会心理学书中有这样一个寓言故事：一群孩子在一位老人家门前嬉闹，叫声连天。几天过去，老人难以忍受，于是，他出来给了每个孩子 25 美分，对他们说："你们让这儿变得很热闹，我觉得自己年轻了不少，这点钱表示谢意。"孩子们很高兴。第二天，孩子一如既往地在这嬉闹。老人出来，给了每个孩子 15 美分。他解释说，自己没有收入，只能少给一些。孩子仍然兴高采烈地走了。第三天，老人只给了每个孩子 5 美分。孩子们勃然大怒，"一天才 5 美分，知不知道我们多辛苦！"他们向老人发誓，他们再也不会为他玩了！

这个寓言用心理学原理解释就是内部动机的外化。

"二战"时，纳粹德国对英轰炸，伦敦居民胃出血发生率增加。持续的心理压力会导致大脑皮层向下丘脑发出警告，下丘脑再向交感神经系统发出指令，引起体内内分泌系统变化。现代医学已经发现，像胃溃疡、高血压、冠心病、神经性皮炎等许多疾病都与情绪压力有着千丝万缕的关系。

面对高考时，同样的压力源，有的考生会产生兴奋、愉悦的感受，而有的考生则可能产生恐惧、沮丧的感觉。

压力早已不再是个体化的问题，而成为一个社会问题，这个问题渗透到了我们的工作和生活中。职业压力是职业心理健康问题的主要来源，导致人们事业停滞，使人们在工作中感到厌倦无力、不满足和不快乐。过大的压力甚至让一些不堪重负的人选择了自杀。目前压力在工作领域的最大影响体现在员工的职业倦怠上，工作对于个体成为一种折磨，相伴随的则是工作效率低下、事业发展受阻，在工作中的自信也会受消极的影响。各种研究表明，压力是造成夫妻矛盾和最终离婚的主要原因。家庭生活又会成为额外的压力源。

查尔斯·汉迪教授在一本书中写道：我们时刻站在一个十字路口，寻找我们的未来之路。这是一个相互冲突的区域，存在许多不能预期的因素，我们在同时出现的相反事物面前感到手足无措。我们以为可以经营公司，然而今天的公司需要太多我们还不知道的东西。我们感到手足无措是因为事情并不是按照我们预期的模式在发展，上次管用的东西并不能保证下次还能奏效。

因此，我们要学会如何调整好自己的情绪：驯服内心的魔障。所有情绪的产生都在寻求表达，如果我们长期压抑它，压力最终会以疾病的形式表达。快乐是我们愿意表达的情绪，而另外一些情绪，如恐惧、愤怒、仇恨、嫉妒，是我们不愿意表达的情绪。比如恐惧的情绪，很少有人愿意表达。之所以不敢表达恐惧，是因为另外一种恐惧，恐惧别人评判我。恐惧导致愤怒，对自己及对他人的愤怒；愤怒不表达的话，导致仇恨；当恐惧、愤怒、仇恨三种情绪占据着你的内心后，你就会对周围的人产生嫉妒。这四种情绪会腐蚀我们的心灵。

平衡压弹就是做到压与弹的完美结合。用俗话讲，面对生活的挫折与压力时，人既需要有耐挫折力，也需要有排挫折力。其中，耐挫折力会使人勇于承受各种生活压力，不因一时困境而丧失斗志，放弃自我的信念；而排挫折力则使人善于化解各种生活压力，达到化险为夷，转危为安的目的。

人的一生在几个区域巡回，对我们来说一个积极的心态能够不断扩大乐观进取的区域，盖过其他负面的区域，这就是压弹追求的境界。

乐观进取，比如英国著名的物理学家霍金以及桑兰、张海迪等，人残志坚。

逆来顺受，举鲁迅《阿 Q 正传》里的阿 Q，这个人最大的本事是只能摆平自己，不能摆平别人。

烦躁勇进，举项羽，一生七十余战，每战必胜，垓下一战，一战即溃，死的时候留句话：无颜见江东父老。不像他的对手刘邦，几上几下，最后一统天下。

自我挫败，举马加爵，他接连杀害了四名同学。

所以这个压弹有个很形象的比喻，叫弹簧效应。弹簧如果承受压力太大，就会压扁；如果东西太轻，弹簧不动，不起作用；如果压力适中，它的压力与反弹互动起来，压力越大反弹越高。这就是压与弹的良性互动，如上面所举的第一种类型。

那么怎么实现压弹的平衡呢？其实就是培养一个人的心理素质，培养完善的人格，其中包含训练五种能力：

主观幸福感

乐观人格

认知调整力

幽默感

主动求助能力

王阳明是个完全的乐观主义者，他永远以一颗静心来面对世间的得失进退，永远以一份激情来化解人生的悲欢离合，生活起落只是人生的教科书，而宦海沉浮是其中的作业与考试。久而久之，王阳明练就了一颗非同寻常的平常心，可以不因宦海沉浮而自暴自弃，不因生活波折而怨天尤人。

最后把情绪管理的小技巧分享给大家：

1. 保险箱技术。通过打包封存，可以帮助当事人学会掌控自己的创伤性经历，从压抑中解放出来。办法是请打开你的保险箱，把所有给你带来压力的东西统统装进去。有些当事人一点都不费事，有些则需要帮助，因为他们不知道怎么样把感觉可怕的画面装进保险箱。此时，我们应该帮助患者把心理负担“物质化”，并把它们不费多大力气地放进保险箱。这是一种用想象法改善自己情绪的心理学技术。当压力造成负面情绪时，可以找一个内心的世外桃源暂避一下。

2.“安全岛”方式。通俗地说，就是找一个自己感觉最安全、最舒适的地方，这个地方可以在你内心深处，也可以是你曾经到过的地方（如家中的沙发、床，户外的丛林、沙滩、海岛等曾经让自己安心惬意的地方），甚至可以是任何一个你能想象的地方。当一个人碰到突如其来的变故，或者情感受到挫折时，脑海里可以不断回想自己身处安全岛时的心情，想象自己并没在经历痛苦，而是身处在一个保护性的、充满爱意的、安全的地方，这样焦虑、惊慌、压抑等情绪可以得到一定程度的缓解。

3. 调整认知。使人疲倦的往往不是远方的高山，而是鞋里的一粒沙子，一直以来我们都忽略了心灵。平时不妨问自己：有多久没倾听自己的内心了？心灵如同飞机一样：当上升到一定高度，进入平流层时，往下看去，尽管云层下面电闪雷鸣、乌云密布，而云层之上却云淡风轻，阳光明媚。这时的飞机却丝毫不受环境影响，平稳飞行。在一定层面下，会有种种乌云遮蔽心性的光明。同理，当我们的心灵达到了一定的高度，变得足够强大，就能得到一种全新的自由，获得内心的充实与幸福。我们心灵的能量之所以没有发挥出来，是由于它被遮蔽了。如果我们能摒弃“自我”的束缚，保持我心不动，顺应万物之自然，心灵就能根据客观规律做出准确的判断，将别人看似异常神奇的良知妙用发挥出来。抓住修身养性这一关键的所在，通过磨炼，还原平常被各种负面因素扭曲了的心灵，达到喜怒哀乐“发而皆中节”的境界。

下面简要总结一下王阳明的心学体系与情绪管理的关系，即两个原理、三个定律。

原理一：如果去除情绪，所有人都能表现出极高的智力；

原理二：没有人能做到原理一。

定律一：偏见与真实成反比；

定律二：情绪与智商成反比；

定律三：情绪与偏见，构成认知本身。

我们的心经常处于妄动状态，这些没有被觉察的“妄动”就是潜意识，当被潜意识所控制时，我们就会处于程度不同的失控状态。“此心不动，随机而动。”心为空，没有欲念，而你的心一动，我会知道，会理解，而同时会洞察到其中的一切虚妄，并对此做出行动。所以，学习王阳明的心学，可以使我们更能洞悉情绪本身，更加自由而清醒地生活在当下。

# 国学·政德——曾国藩修身之道

武 玮

民间有句话流传深广：从政要学曾国藩，经商要学胡雪岩。自近代以来，曾国藩就被政界人物奉为“官场楷模”。众人何以对其评价如此之高？我们在下文中略做探讨。

## 一、生平简介

曾国藩初名子城，字伯涵，号涤生，生于湖南长沙府湘乡荷叶塘白杨坪，祖辈以务农为主。6 岁入塾读书，16 岁参加长沙童子试，名列第七。之后参加院试，接连七次都名落孙山，22 岁中了秀才，同年乡试中了举人，28 岁会试中贡士，之后殿试取中第三甲，赐同进士出身。朝考列第一等第三名，道光帝拔置第二名，授翰林院庶吉士，成为国家储备人才。1840 年人才考核，曾国藩列二等十九名，授翰林院检讨，自此供职京师。36 岁升内阁学士兼礼部侍郎，成为朝廷二品大员。曾国藩仅用 10 年时间，从七品一跃而为二品大员，在清朝独此一人。

1851 年太平天国起义席卷半个中国，朝廷的八旗和绿营军不堪一击，于是清政府试图利用各地地方武装来遏制太平军。当时朝廷共任命 43 位团练大臣，曾国藩就是其中的一位，自此曾国藩由文官转为武将，1853 年，在家乡湖南一带，依靠师徒、亲戚、好友等复杂的人际关系，建立了一支地方团练，称为湘勇。曾国藩“带兵如带子弟”，将湘军打造成为一支忠义血性的部队，以结死寨、打硬仗闻名。历经了无数次浴血奋战，湘军从各地团练武装中脱颖而出，成为朝廷作战的一支主力部队。1864 年，曾国藩带领湘军攻下天京，朝廷敕封一等毅勇侯，曾国藩成为清朝文人封武侯的第一人。

在接触西方列强过程中，曾国藩从传统儒学的世界观和为人处世的理论出发来看待新的形势，他与当时的有识之士发起洋务运动，并进行了许多有益的实践，被称为中国近代化之父，在一定程度上推动了中国近代化的进程。

1872年，曾国藩卒于两江总督任上，朝廷赐其最高等级的谥号：文正。可见当时统治者对曾国藩的评价之高。有一副赞美曾国藩的对联："立德立功立言三不朽；为师为将为相一完人。"曾国藩一生功名显赫，取得了很多人难以企及的成就，但其实曾国藩并非生来完人。

## 二、不完美的曾国藩

（一）资质平平。

民间流传一则曾国藩与窃贼的故事：曾国藩幼时举止笨拙，资质不高。一日有贼潜入，想等其睡后行窃，不料等了多个时辰，一篇《岳阳楼记》曾国藩还未背熟。窃贼急了，从房梁上跳下来说："你这小子怎么这般笨！且让我背与你听。"窃贼顺畅背完，扬长而去。梁启超曾言："文正固非有超群绝伦之天才，在并时诸贤杰中，称最钝拙。"由此可见，曾国藩并非神童，只能称得上是勤能补拙的中等之才。

（二）心性浮躁、坐不住。

曾国藩天生乐于交往，喜欢热闹。在北京头两年，他用于社交的时间非常多，每天都要"四出征逐"，走东家串西家，酒食宴饮，穷侃雄谈，下棋听戏。社交时间太多，静心读书的时间自然就很少了。

（三）为人傲慢，修养不佳。

28岁曾国藩进入翰林院成为国家储备人才，如古诗所言："昔日龌龊不足夸，今朝放荡思无涯。春风得意马蹄疾，一日看尽长安花。"自负了得，"凡事见得自己是而他人不是"，他的几个至交都曾直言不讳地指出他的"傲慢"，"谓看诗文多执己见也"。固执己见，脾气火暴，甚至到北京头几年，曾国藩与朋友还打过两次大架。

（四）待人虚伪，不真诚。

普通人在社交中最容易犯的错误是言不由衷，语涉虚伪，人性中这些常态在早年的曾国藩身上一样存在，甚至更突出。畏友邵懿辰曾称其"伪"，"对人能作几副面孔也"。

由此可见，曾国藩年轻时不论是性格还是道德上都存在缺陷，但他以自己的实践证明，一个有不少缺点的中等才能的人，通过不断修身、不断完善，可以成为一个道德完人，并成就丰功伟业。

**三、做人之道**

（一）勤能补拙。

曾国藩少时喜睡懒觉，一次睡过头被父痛骂，于是他“于窗前置一铜盆，又以线系秤锤，悬于铜盆之上，更点香一支，系于线上，与线交叉做十字形。其香点至交叉处，则线断锤落，铜盆铿然作声，公乃一惊自醒。每晨如是，行之一月，已成习惯，无声自惊，不惊自醒。自此早起之习，至老不改。后辄与人言及，犹津津自道其往事云”。曾国藩凭借秤砣铜盆闹铃法，养成了早起的习惯。30 岁后，曾国藩拜唐鉴为师，每天静坐半时辰，经过深入思考，悟出了天下“最败人”两个字是“傲”与“惰”。“天下才人，俱以一傲字败；天下庸人，俱以一惰字败。”

“百种弊病，皆从懒生。懒则弛缓，弛缓则治人不严，而趣功不敏。一处迟则百处懈矣。”曾国藩有最简单的治懒法，就是早起，并总结了三点早起的好处：学习的时间多了；思路清晰，工作有效率；可以养成一个人优良的品格。在给两个弟弟的家书中，他曾写道：“每日临睡之时，默数本日劳心者几件，劳力者几件……此劳字工夫也。”从字里行间可见曾国藩勤劳为国为民之心。

（二）俭可养廉。

曾国藩在给儿子的家书中说：“余服官二十年来，不敢稍染官宦气习，饮食起居，尚守寒素家风，极俭也可，略丰也可，太丰则吾不敢也。凡仕宦之家，由俭入奢易，由奢返俭难。尔年尚幼，切不可贪爱奢华，不可惯习懒惰。无论大家小家、士农工商，勤苦俭约未有不兴，骄奢倦怠未有不败。”为官二十多年，不染官宦气习，坚守寒素家风，如此谆谆教导兄弟子侄。俭朴，绝不只是家书中的几句话，曾国藩本身就是身体力行的表率。穿衣方面，曾国藩平素穿着家人为其织的土布衣服，不着绸帛。一件天青缎马褂是其最好的衣服，这件衣服只在新年和重大庆典时才拿出来用，平素便放在衣橱里，因此用了三十年依然如新衣。吃饭方面，曾国藩亦不讲究，通常他每顿饭只有一个菜。时人因曾国藩吃饭简单，每食仅菜一品，戏称之为“一品宰相”。居住条件上，其弟曾国荃见家中人口众多，房屋不够居住，于是拨银三千两，增建房屋数间，曾国藩对此极为不悦，直至临终也未踏入半步。受祖父耕读传家的观念的影响，曾国藩提出勤俭治家“八字诀”：“书、蔬、鱼、猪、早、扫、考、宝。”即读书、种菜、养鱼、喂猪、早起、扫屋、祭祖、睦邻。曾国藩将此八字诀奉为圭臬，要求家人严格遵守。并要求家中子女自己打扫房间，不吩咐佣人去干，出门不坐轿，不讲排场，吃穿用度，按量发放，不奢侈浪费。女子在家洗衣、煮饭、纺布、做针线活，男子除读书之外还要干农活，饲养家畜。在曾国藩勤俭家风的教育下，曾氏子孙一百多年来没有一个纨绔子弟，而且代代有英才，在中国历史上是一种罕见的现象。曾国藩写过一副对联："养活一团春意思；撑起两根穷骨头。"他以此激励自己一生做个"文不贪财，武不怕死"的好官。

（三）恒，戒浮躁。

曾国藩在32岁时给自己定了十二条日课，可以归纳为两类：一类是行为准则，如主敬、谨言、养气、保身、一书读不完不读新书；另一类是实际行动，如早起、静坐一个小时、每天读书、练字、写日记、每月写诗文、晚上不出门。粗略读来，平淡无奇，一天做到这些不难，难的是长年累月的坚持。

曾国藩崇尚"好汉打脱牙和血吞"，与太平军作战十一年，曾历大小战事无数，败多胜少。除了战事不利，政治上的限制更让曾国藩举步维艰。曾国藩长期没有实权，筹不到军饷，湘军客军孤悬，甚至被一些地方怀疑是伪军。一直到1860年，他才被授职两江总督，名正言顺地统帅湘军。

（四）敬，戒骄。

青年曾国藩有个缺点就是傲慢、自以为是。所以在日课十二条中，放在首位的就是敬：整齐严肃，无时不惧；无事时心在腔子里，应事时专一不杂，如日之升。曾国藩在给儿子曾纪泽的家书中写道："敬则无骄气，无怠惰之气。"心中有敬畏，无论何时都不会自满骄傲，不会做事迟缓懈怠。曾国藩认为，"天地间唯谦谨是载福之道"，只有心存敬畏，才能有如履薄冰的谨慎态度。1860年，曾国藩升任两江总督，作为亲率三四十万人马的湘军最高统帅，面对三千里长江水面，迎风招展的全是"曾"字帅旗，他丝毫没有飞扬跋扈、洋洋自得之态，反而处处小心，慎之又慎。"居高声自远，非是藉秋声。"自敬方能自尊，敬亲方能齐家，敬人方能使人敬己，敬业方能事业有成。

（五）诚，戒虚伪。

晚清政治腐败，圆滑、虚伪的官场风气盛行。曾国藩本也有虚伪的毛病，经过不断地修身，他深刻认识到，"伪"对个人、对社会、对国家有百害而无一利。以伪待人，只是小聪明，只会得利于一时，总有被人识破之日；拙诚才是大智慧，方可奠基于长远。所以曾国藩倡导一个“诚”字，“去伪而守拙”，以天下之至诚应对天下之至伪，以天下之至拙应对天下之至巧。曾国藩要求自己对人要真心坦诚讲信用，对国家君主要忠诚，选人用人时亦如此。他选兵时选诚笃的农民，而那些“油头滑面、有市井气者、有衙门气者”，则概不录用。在其影响下，湘军形成了一种坦诚相待、相互信任、相互支持的组织文化。曾国藩意欲改变腐败的官场风气，他多次向咸丰帝上疏，但从未被采纳。1851 年 5 月他再次上疏《敬陈圣德三端预防流弊》，其锋芒直指咸丰皇帝，结果咸丰批阅未毕，即“怒摔其折于地，立召军机大臣欲罪之”，后因为祁寯藻的“主圣臣直”的妙答才免于罪。几天以后咸丰帝再次看奏折，才心悦诚服，接受了曾国藩的建议。正是这种对国家和君主的一片忠诚，使曾国藩在困难面前不肯退避，不怕得罪权贵，甚至敢冒触犯龙颜的风险。

**四、为政之道**

（一）自省精神，批评与自我批评。

对于曾国藩而言，自省贯穿其一生。后代的学者也普遍认为，曾国藩是两千多年来儒家知识分子中最具自省精神的一个典范，是自省实践最彻底的一个。曾国藩的自省融入了日常生活，而自省的方法就是写日记。他自打 29 岁开始写日记，终其一生，基本上没断过。晚年一只眼睛看不见了，手哆嗦得握不住笔，依然没有停过。在曾国藩的家书和日记中，“自省”占了很大的篇幅，对于自己的缺点，曾国藩向来都是毫不隐讳地直接记录。其日记中随处可见“荒诞”“可恶”“真禽兽”等自我批评之语。甚至连梦中得利、多看朋友内眷几眼也是狠狠批判，毫不留情。正因如此，我们也就有幸看到了曾国藩从一个有着很多缺点的普通人最终成长为一代大儒的心路历程。

最为关键的是，一般人写的日记不愿给别人看，他却把日记抄录多份送给朋友传阅，朋友们会在其日记后批注，谈自己的感想，然后再交给曾国藩。这样，曾国藩又多了许多朋友的提醒。有了这种每时每刻的自我反省，曾国藩的修养进步可谓一日千里。

（二）无一日不读书。

晚年曾国藩曾对儿子说，我这一辈子没有什么可以骄傲的事情，要说有一件，那就是无一日不读书。曾国藩笑称自己是个书痴，一辈子都喜欢读书。喜欢到什么地步？带湘军打仗，遇到凶险的情况，写好遗书，别的东西都可扔掉，但一本书还带在身边。死了还要带着书走，曾国藩就是这样的书痴。他说：“吾辈读书只有两事：一者进德之事，讲求乎诚正修齐之道以图无忝所生；一者修业之事，操习乎记诵词章之术以图自卫其身。”读书有三条最为曾国藩看重：第一，读经典。知识会随着时代的翻新而不断翻新，但是越是经过沉淀的越有智慧。第二，读书专一。一本书没有读完，不读新的，不能泛泛浏览，读一本书就要有读一本的收获。第三，培养个人的读书兴趣和方向。曾国藩的两个儿子都不愿意为科举读书，一个喜欢西方社会科学，一个喜欢西方自然科学。曾国藩都支持他们，帮他们请来了老师。两个儿子也没有辜负曾国藩的一番苦心，后来曾纪泽成为早期少数了解西方的人，成为清代著名外交家，对收复新疆伊犁等地做出了重要贡献。曾纪鸿把圆周率推到了一百多位，在数学方面取得了不凡的成绩。

（三）淡泊名利。

在家训中，曾国藩多次表达了对名利的看法：“予自三十岁以来，即以做官发财为可耻，以宦囊积金遗子孙为可羞可恨。故私心立誓，总不靠做官发财以遗后人。”“三年清知府，十万雪花银”，两江总督管辖的是最富庶的江南地区。曾国藩在两江总督任上去世后，曾家从金陵两江总督府搬回湖南老家的遗物不是万贯家产，而是汗牛充栋的藏书。曾国藩用事实践行了自己的诺言，让那些怀疑他作秀的人汗颜不已。

“凡人多望子孙为大官，余不愿为大官，但愿为读书明理之君子。”曾国藩毕生追求是成为圣贤，并不是什么升官发财、封王拜相之类。对待名利，曾国藩以“淡”处之，官越做越大时，人反而越清醒。盛时不忘俭朴家风，教子不沾官宦之气，抵住声色犬马、金银财宝等极大诱惑，实乃人生之大智慧。

（四）豁达胸襟。

曾国藩给儿子遗嘱中写道：“孔门教人，莫大于求仁，而其最切者，莫要于欲立立人，欲达达人数语。”

以李鸿章为例，李与曾多次分合，甚至三进三出。当年李科举失意，投于曾门下，第一次李反出师门，自己单干办团练，但一番折腾后没办好，回到曾这里，曾一笑置之。第二次反出师门，曾祁门老营被围困时，李怕连累自己性命，借机开溜，曾脱困后李复返。第三次太平军攻破江南大营，眼看就要打到上海，李主动请缨，曾将亲兵两个营4000人拨给他，加上李鸿章自募的2500人，组成6500人的淮军，驰援上海危局。李鸿章自此一战成名，开启了李鸿章时代。李鸿章频频反出师门，面对这样精明得有些过头的学生，曾国藩并没有与之斤斤计较，反而是青睐有加，一手成就了李鸿章。当然，后来李鸿章接过曾国藩的衣钵，继承了曾国藩的思想，坚持把洋务运动推行下去。

（五）积极入世，勇于创新。

平定太平天国时，清王朝已病入膏肓，难以救药。对国内环境，曾国藩说："国贫不足患，惟民心涣散，则为患甚大。"他首先倡办新式机器工业，大造西方器物，拉开了洋务运动的序幕。1861 年开办了中国近代第一家军工厂——安庆内军械所，"制造洋枪洋炮，广储军实"，次年派遣幕僚容闳去美国采办百余种机器，使江南制造总局渐渐有了规模。1868 年 8 月，江南制造总局造出了中国第一艘真正意义上的现代化火轮，曾国藩以"恬吉"为之命名。在湖北建立第一所兵工学堂湖北兵工学堂，开启中国近代高等教育。安排第一批赴美留学生，为国家培养了大批栋梁之材，其中民国第一任总理唐绍仪、中国"铁路之父"詹天佑、清末外交部尚书（部长）梁敦彦、清华大学第一任校长唐国安等就是此中佼佼者。

曾国藩是两千多年传统儒家文化的结晶，从他的身上，我们更加深刻地领悟到修身的重要性，国家的命运与个人的命运和道德修养有着极其紧密的联系，一个人的修身关乎国家的命运，国家命运在不同程度上受个人修身的影响。而更为重要的一点，修身是基础，修身的目的是内圣外王，是"有为"，这种"有为"不仅是齐家，更要治国平天下。

# 冯氏世家

刘建国

临朐冯氏家族为明清时期山东地区著名望族，明正德至清康熙二百余年间，冯氏家族科甲蝉联，自冯裕始，六代中有九进士、五举人，其中八人正史有传，是盛极一时的科举世家。不仅如此，冯氏家族还有其杰出的家学成就，祖孙绵延，前后相继，形成丰厚的家学积淀。除蜚声文坛外，在理学、史学、医学诸领域都有非凡之举，而其独到的家风、家教不仅为时人所推崇，更对后世产生积极和深远的影响。

## 家　世

冯氏家族的兴盛发轫于明正德年间，始祖冯裕中进士返籍临朐之前，冯氏家世资料较少，有史可考的是：先祖才兴祖籍临朐县仁寿乡盘羊（今盘阳）社红庙村，“生三子，长思忠，迁辽左；次思福，迁临淄；三思孝，迁邳州”。

明洪武二年（1369），冯才兴长子冯思忠应征赴辽东广宁（今辽宁北镇）左卫十三站五家屯驻守边关，任指挥佥事，入军籍。戍守广宁后，冯思忠生福通（1402—1449），冯福通入赘广宁右屯卫盐场小屯吴家，生有四子：冯春（1417—1462）、冯俊、冯旺、冯兴。冯春生子冯振，冯振生子冯裕。冯裕以军籍生广宁，中弘治十七年（1504）举人、正德三年（1508）进士，嘉靖六年（1527），调任甘肃平凉知县，携家眷自南京赴任，路过青州，省先人冢墓，还籍临朐，回迁冶源而侨居郡城益都。因早在元时，冶源就为冯氏“采地”，冯裕还籍乃回迁老家，故冯氏家族一直视冶源为其祖居地，包括此前已迁临淄、邳州的两支冯姓，族谱中也都明确记载迁自冶源。

目前冶源镇境内有冯氏人口近 2 万人，分布于冶源四村、车家沟、冶源西圈、东西宋庄、尧洼、告老庄、红新、白塔桥及王舍一带，主要为冯裕之子惟敏、惟讷后裔。

## 发 端

冯氏家族崛起始自冯裕。冯裕出身进士，官至四品，虽非至显，却奠定了临朐冯氏发迹的基础，家谱记载："嗣是而入词林者二，成进士者八，登贤者一十有八，贡例成均者二十有八，食廪粟入庠序者一百八十有六，登士版四十有一……"其兴盛可见一斑。

## 发 展

临朐冯氏自冯裕奠基后，其后世子孙科第蝉联，文学、理学、史学、医学诸领域成就卓越，家族声望日益提高，家族规模不断壮大，成为山东地区跨越明清两代、影响深远的名门望族。其发展历程，可分五个阶段。

形成期（嘉靖时期） 冯裕生惟健、惟重、惟敏、惟讷、惟直五子，惟直夭折，其余四子均知名于时，被誉为"临朐四冯"。余继登《明通奉大夫光禄寺卿少洲冯公墓志铭》云："宪副公有丈夫子五人，四登科第，并以文章政事擅名于时。东海冯氏遂有声称于天下。""四冯"之中，惟重、惟讷同榜进士，惟健、惟敏皆为举人，且每人都有著作传世，由此奠定了临朐冯氏科举世家的基础。

鼎盛期（万历时期） 这一时期，临朐冯氏在其家族的内外建设中都取得突破性的进展。家族建设方面，冯子咸"修家庙，定祭享仪，立族约"，初步奠定冯氏望族的家族形式。在科举仕宦方面更是人才辈出，涌现出冯子履、冯琦、冯瑗等代表人物。

分化期（明清易代） 明清易代，少数民族入主中原，冯氏第五、六代子孙亲历社会动荡和巨变，或"隐"或"仕"，或反清复明，选择了不同的人生道路。

其一，奋起反抗。冯氏家族中的冯三仕积极投身其中，并在兵败被俘后不得已随从朝鲜人质世子同归朝鲜。即使在朝鲜，他也始终未放弃反清复明大业，只是清朝的统治在其有生之年一直较为稳定，他虽怀大志，却终不得实现。

其二，归隐。"忠臣不事二主。"作为明"遗民"，保持遗世独立的人格，归隐山林，不入清政府的官府供职。冯氏家族中这方面的代表人物就是冯士份，字于质，一字质之，冯瑗次子，惟敏曾孙。士份无心仕途，超然尘世之外。

其三，出仕为官。其代表人物为冯溥。

衰落期（雍正以后） 冯溥在世时，权极一时，是清代整个冯氏家族最为辉煌的时期。这一时期，不仅有一品大员冯溥，还有武进士冯虎臣。此后，冯氏家族不论是在科举仕宦还是在文学方面，都逐渐衰落，再没有出过进士，至于廪、庠、贡、监等生虽不少，但无一与其先人相媲美者。虽仍不失为书香门第，但家族声势已不可同日而语。

复兴期（近现代） 临朐冯氏到清中后期进入衰落的低谷，但到20世纪30年代却再度兴起，迎来近现代医学世家的崛起。扛起冯氏家族医学世家大旗的主要是迁居蒋峪西田峪口的一支，即冯惟敏四子子丰的后裔。1864年，美国北长老会教士狄考文在登州设立文会馆，教授天文、数学等自然科学，广招学生，并于1905年迁到潍县。临朐冯氏十三世冯殿周在赶集的途中遇见潍县乐道院的传教士，并带回一份宣传材料交给当时在村里担任塾师的冯殿升看。冯殿升看后，深受启发，于是约殿周、殿甲、殿才四兄弟前往听道，并受洗入教。继而送其次子冯文修、三子冯文鸿、四子冯文选入教会学校，殿周、殿甲、殿才也分别送子入学，此为临朐冯氏家族以医学复兴的契机。冯氏十四世之“文”字辈家族成员从教会学校毕业后，大多进入教育界，其下一代，即十五世“兰”字辈则大多从医，成为临朐冯氏家族医学大业的奠基者。

## 家学

王士祯认为“二百年来，海岱间推世学者，必首推临朐冯氏”。临朐冯氏的家学成就是多方面的，包括文学、理学、史学、医学等，尤以文学为著。

**文学** 冯氏世家的文学成就表现在诗歌、散曲、杂剧等多个领域，《临朐县志（1840—1987）》第二十九篇《明、清、民国时期临朐县艺文目录选》中，明代共收录20人的著作，临朐冯氏有9人；清代共收录26人的著作，冯氏有2人；民国共收录5人著作，冯氏有1人。

临朐冯氏的奠基者冯裕，一生为官南北，少有诗文创作，嘉靖十三年（1534）致仕之后，与石存礼、蓝田、刘澄甫、刘渊甫、黄卿、陈经、杨应奎等人，在青州北郭禅林寺结为“海岱诗社”，诗酒唱和。八人唱和之作，由冯琦整理汇编成《海岱会集》，其中冯裕的128首诗还别为《方伯集》。

冯裕有子五人，幼承家学，能诗善文，除幼子惟直早卒外，其余四子都有诗文著作传世，世称“临朐四冯”。惟健著有《陂门集》，惟重著有《大行集》，惟敏著有《石门集》，惟讷著有《光禄集》，四人诗作加上《宗伯集》被冯琦收入《五大夫集》和《北海集》中。

临朐冯氏第四代中最杰出的人物是冯琦，他的文章和政事皆为突出，其生平《明史》有传。著作有《宗伯集》81卷，内收诗歌300余首，记、序百余篇，奏、对、策、论百余篇。冯琦之后，冯氏家族最杰出者乃冯溥，著有《佳山堂诗集》10卷。

**理学**　冯氏家族中理学的代表人物无疑是冯子咸。冯子咸中举之后两次会试不第，逐渐失去对科举的兴趣，对社会风气更加失望，于是隐居冶水之上，以绍明道统为己任。并修家庙，定祭享仪，立族约，设敦睦会，把家族作为实施自己理想的阵地。

冯子咸的理学思想体现在其《日进札记》《自警私课》《读礼抄记》《耕余笔谈》等著述中，其内容主要有四个方面：

第一，勤于修身，以庄敬自持。用清心寡欲的自我修养功夫进行修炼，灭去私欲，强调封建道德的自我修养。

第二，究心理学，以绍明道统为己任。冯子咸“究心理学，言必称程朱”，维护封建统治的纲常名教，不因为当时大众流行的喜好而改变自己的原则，在程朱理学受到全面挑战之际，受传统儒家思想的熏陶，面对晚明的社会变革，冯子咸成为程朱理学的坚决守卫者。

第三，格物致知，知行合一。冯子咸认为知先行后，知则必能行，能知不能行，是因为对事物认识不深，知之深则行必至，知与行是统一的。

第四，重礼尚义，推己及人。他认为世风日下起因于“礼亡”，根治的方法就是要编纂礼书，推行礼教，而推行的顺序则应从“宗族始”。

**史学**　临朐冯氏在史学方面最有成就者当属惟讷、惟敏和冯琦、冯瑗两对兄弟，前者有成于方志编修，后者则分别侧重于经国治世和军事谋略。

嘉靖《青州府志》是青州第一部府志，也是一部成于众手的官修方志，该志始于嘉靖四十一年（1562），完成于四十四年（1565），历时三年，由按察副使刘应时和知府杜思等人主持，“纂修”一栏中首列“山西布政司参政郡人冯惟讷”，另有数十人，其中冯子益、冯子临、冯子履等冯氏子弟参与纂修，“同订”一栏中亦列“涞水知县郡人冯惟敏”。这部嘉靖《青州府志》目前仅存于宁波天一阁文物管理所。

冯惟敏除参与编修《青州府志》外，对《临朐县志》《保定府志》用力更多。嘉靖《临朐续志》四卷，为冯惟敏主纂。嘉靖三十一年（1552）刻本，藏宁波天一阁文物管理所。

冯惟敏任保定府通判期间，主修隆庆《保定府志》。目前该志仅有一部藏于日本内阁文库。隆庆《保定府志》与其他成于众手的官修志书不同，每一志前皆作有小序，另加按语，对历史沿革、时事利弊、社会风俗等多有议论和考辨，这种议论在冯惟敏参与编修的嘉靖《临朐续志》中也时有出现，而一般志书中则罕见，这是隆庆《保定府志》的鲜明特点。

《宋史纪事本末》是冯琦的史学著作,也是未完之书,由明朝史学家陈邦瞻续成。《宋史纪事本末》共28卷，110篇，收入《四库全书》。此书继承袁枢的本末体写法，对后世影响甚巨。

《经济类编》是冯琦编纂的一部类书，《明史·艺文志》亦著录。该书100卷，其中历代帝王将相兴衰成败、治乱理政的史实和经验教训占有很大比重，对研究明代以前的历史状况有重要价值。

除《宋史纪事本末》和《经济类编》外，冯琦还著有《唐策》10卷、《明策》3卷。

冯瑗的著述有《晋楚从政录》《使越录》《开原图说》《黄龙纪事》《黄龙焚草》等，现仅存《开原图说》。《开原图说》是冯瑗任开原兵备道时，亲自考察后写成，体现其军事思想，历史价值弥足珍贵，为治东北地方史者视为权威之作，对研究东北军事防务和女真族历史具有重要意义。

**医学**　冯氏向有“不为良相，则为良医”的家训，迁居蒋峪镇西田峪村的冯氏第十三世冯殿升遵祖训，继家学，毕生执教，教子有方，“学而不必博，要之有用”，“须有一技之长”“一以福国利人”，督促子孙就读学业，其后裔深得家学蕴奥，自20世纪30年代至今，从医者50多人，有教授、副教授、主任医师、副主任医师21人，主治医师20多人。

冯兰洲（1903—1972），中国当代著名寄生虫学家、医学专家，是中国科学院学部委员，第四届全国政协委员。一生著述四十余部，颇为国内外医学界推崇。其族兄弟冯兰馨、冯兰滨、冯兰湘等，在外科、寄生虫病学方面也多有成就。

除西田峪村一支外，冶源告老庄以冯岫云、冯传锦、冯天鹏、冯敏为代表的中医痘疹，车家沟村以冯允亮、冯元和、冯吉亭为代表的中医外科，自清末始，代有传人，名闻乡里，进一步丰富了冯氏世家的医学内涵。

## 家　业

冯氏作为科举世家，高官迭出，然家风醇厚，操守清廉，仅以官俸为入，累世家业微薄，只是出于文人山水之好，对湖山池亭多有垂青，留下三处园林。

**冶源老龙湾**　冯裕致仕后除在青州与诸友吟诗唱和外，更多时日则是回冶源隐居读书。三子冯惟敏定居冶源后，将老龙湾修葺一新。嘉靖四十一年（1562）冯惟敏出任涞水知县，隆庆六年（1572）辞官归田，其间老龙湾一直由其诸子打理。冯惟敏致仕后，又隐居于此，建江南亭。万历年间，冯琦两次家居，其间多次盘桓于冶源，并在老龙湾建清漪亭。万历十六年（1588），公鼐至青州访冯氏，游冶源时，冯惟敏长子冯子复接待。除子复外，子升、子渐也常住园中。在冯子复兄弟之后，老龙湾一直为冯氏后人世守。冯琦之外，冯珣、冯瑗、冯士衡等人都常住冶源，留下不少歌咏冶源的诗作。

入清以后，冶源仍然是文人的游观之所。冯溥致仕后，将老龙湾作为其“别业”，在濯马潭中建凭襟亭，不时携友朋、门生游访，毛奇龄、王嗣槐、朱彝尊等都先后到过冶源。冯溥之后，老龙湾依然由冯氏子孙打理，但日渐凋敝，一些建筑至清末已荡然无存。民国期间，老龙湾曾为日军侵占，竹园伐尽，新中国成立后收归国有，几经修葺，1995 年山东省政府批准为省级风景名胜，2007 年被评为国家 AAA 级景区。

**北京万柳园**　万柳园始建于康熙六年（1667），是冯溥在京为官期间的游憩之所。关于万柳园的旧址，一说位于今北京崇文门或广渠门附近，一说在丰台区。前者似较合乎史书记载。

万柳园始称“亦园”，即不是园也算园的意思，当时冯溥已近六旬，准备告老还乡，故无意对其精心营造，也未视之为一人之物，而是作为与民同乐之所，游人可任意进园。

康熙九年（1670），冯溥乞休不允；十一年（1672）冯溥再次乞休，康熙帝再次挽留，许以70岁方可告退。冯溥时年64岁，为消磨在京的岁月，才开始精心营建亦园，并请造园大师张涟父子为之设计。一是园中建堂，名“万柳堂”；二是募人植柳；三是筑山园中，山下为池。亦园建成后，冯溥与友人时常在此盘桓，饮酒赋诗。康熙二十一年（1682）冯溥致仕后，万柳园渐趋荒芜，至乾隆六年（1741）已倾圮凋敝，“凡其所植柳，斩焉无一株所存”。

**青州偶园** 当地人称“冯家花园”，位于青州城南偶园街，冯溥致仕后居此，直至康熙三十年（1691）病逝。

偶园原为衡王府东花园，青州当地一直流传着这样的说法：冯溥任吏部侍郎时上疏言衡王府后裔不遵王法，扰乱地方，康熙帝下令，将衡王府子孙抄斩，并将偶园赐予冯溥。然此说颇有疑处，存之待考。

偶园规模不大，但结构严谨，布局得体，传为明末清初著名园林营造师张涟父子所为。园内亭山布置，以三峰假山为主体，配之以亭阁、怪石、泉水、溪流、竹林、松柏、花木，曲径通幽，确为北方园林胜景。

新中国成立后，偶园收归国有，花园部分辟为“益都人民公园”，宅院部分改建为早期的“益都博物馆”。“文化大革命”期间，园中古木曾遭杀伐，20世纪80年代，当地政府对偶园进行修缮，得以恢复原貌。

三处园林之外，冯氏还有两处祖宅，一处在青州东门街，现仅剩一厅房；一处在冶源老龙湾北岸，毁于民国年间，正恢复重建。据传，明时冯惟讷曾在老龙湾南岸海浮山筑室读书，照理海浮山也归冯氏，然史无所载，不便妄言。旧志和诗作中提到的未园、乐园、七里溪别墅等更已无迹可考。

## 家　风

冯氏家风最值得称道处在于：

**平和内敛，与人为善** 青州偶园附近有条“伙巷街”，至今流传着一个动人的故事。据传冯府与房府毗邻，两家为垒墙发生纠纷，各不相让。两家主人冯溥、房可壮都是朝廷高官，地方官吏不敢决断。冯府家人写信，驰告冯溥。冯溥回信，仅有一诗：千里捎信为一墙，各让几尺又何妨？万里长城今犹在，不见当年秦始皇！冯府见信后，退后数尺垒墙，房府见状，也退后垒墙，两家和好。两府之间便形成街巷，空地变通衢，名“伙巷街”。这个传说与桐城“六尺巷”的传说如出一辙，冯溥与张英也先后为康熙年间朝廷重臣，传说出自谁手，不必细究，然足以看出冯氏家族之风范。

**廉洁自守，简约自奉**　持身守正，一毫不染是冯氏家族的传统。冯氏家族数代以官俸为入，克勤克俭。冯裕初仕华亭县令时，“俭出薄入，持己尤峻洁，俸外一毫不染”。晚年致仕，侨居郡城益都，赁屋而居，家徒四壁，房租也得赊欠。惟健兄弟躬耕陇亩，备尝稼穑艰辛，即便夫人伏氏也要“躬事蚕桑，以业诸子”。

冯惟敏任涞水县令时，“烦里甲者一切废罢，出门则以壶浆箪食自随，延客则以或菜或鱼自办”。冯惟讷也以清廉著称，“仕宦三十年，图书诗卷外无长物”。

冯氏家族不慕钱财，也不恋权位，深谙进退之道。冯子履、冯琦父子同朝为官，很多人羡其父子俱显，唯有子履明白“满招损，谦受益”的道理，他对冯琦说：“自吾入官，未见父子宦于朝而同时三四品者，吾何德以堪之？满易倾，全易缺，吾且归乎，能报国家，是在汝矣。”遂辞官归里。

**忠正刚直，鞠躬尽瘁**　嘉靖十七年（1538），冯惟重中进士，次年“肃皇南狩，公奉命告湖湘，日夜驰驱烈暑中，及庐江而疽发背上”，最终因病而亡，年仅36岁。

惟重之孙冯琦仕于馆阁，深得万历帝倚重，曾“以积瘁致病，十有五疏乞归，上勉留不允。元辅诸公密疏代请，谓公圣世宝臣，宜许暂归就医，他日可赖其用，亦不许”，是冯氏家族唯一一个因不予致仕而病逝于任上的家族成员，享年仅46岁，可谓“鞠躬尽瘁，死而后已”。

冯溥历事顺治、康熙二帝，位极人臣，备极恩宠，康熙皇帝赞其“端敏练达”“勤劳素著”，是“辅弼忠臣”，屡次致仕都被挽留，74岁才告老还乡，世人尊称“冯国老”。

不仅如此，冯氏家族的“忠君”思想还体现在为了朝廷和国家利益不畏权贵，敢于直谏。冯裕为官30年，虽殚精竭虑，却因生性耿直，不阿权贵，故仕宦之路一波三折，最终因谗言解官。

这种刚直不阿的性格在其后代身上得以继承。冯惟敏个性刚强嫉恶，隐居未仕时曾因作散曲讽刺严党段顾言而下狱，任涞水县令时又因得罪豪强而被罢。冯琦立朝持正，屡触中贵，有时甚至触犯“龙颜”。

**父慈子孝，兄友弟恭** 在冯氏家族内部，其家风则更多地表现为和睦与温情。冯氏世家极重孝道，冯裕之后皆为孝子：冯裕罢归后，囊橐无余，生活无着，长子惟健主动挑起家庭生活重担，“以心计经营生产，供二亲甘旨”。父亲思念辽东先人，“念欲往省，苦道路修阻”，次子惟重请行，“匹马独出，间关至广宁，往返数千里。时燕蓟多寇乱，行旅断绝，宛转烽火中，几濒于危”。冯惟敏幼时即知孝道，父亲在贵州做官，偏远孤苦，因此随父前往。冯惟讷“天性孝友，历官所至，皆奉太夫人以行，即倥偬夜归，必徐候户外问寝食，然后退”。上行下效，第三代的冯子履、冯子咸等也颇有父风：冯子咸少孤，侍母至孝，母疾，不解衣者逾年。其子冯琰依然，母病，侍汤药，衣不解带。而冯玑为侍候生病的父亲，竟忘记参加省试。“求忠臣于孝子之门”，居家孝则谋国忠，冯氏家族对朝廷对国家的忠，正是建立在孝的观念基础上的。

对父母尽孝，兄弟之间又是和睦谦让，可谓兄友弟恭。“临朐四冯”之后，冯氏家族不断发展壮大，家族分支日广，成员日众，但家族成员内部始终保持良好的关系。

冯氏世家所浸染理学的忠孝节义观念不仅造就出一批忠臣孝子，其宗族内也出现了一些烈女节妇。

忠臣、孝子、烈女、节妇是传统文化孕育的独特果实，有糟粕也有精华，特别是妇女殉情和极端压抑个性的做法固不可取，但传统理学重视整体利益和价值的精神对冯氏家族的绵延起着极大的维护作用。

## 家　教

良好的家风来源于严格的家教。冯氏家族的家教来自多个方面和角度。

**建祠堂** 祠堂是宗族制度的物化象征，也是供养祖先神主的场所。有据可考的冯氏祠堂有四处，其中青州城中的冯家祠堂有三处，即总祠、二支祠堂、五支祠堂。

按时间顺序，三个祠堂建立时间前后相差约 50 年。

冯溥在康熙八年（1669）以后开始整合营造偶园，同时建设府第和祠堂。冯氏祠堂建成后，康熙帝御赐其大门额“清白世家”，二门额“东辽世业”。御赐大门联：“天语：家世蝉联奏补衮调羹之业；纶音：祖风绵邈称说诗敦礼之宗。”御赐祀厅联：“天语：序昭穆以笃天伦式怀嗣续；纶音：仰几筵而思世德勿忝高曾。”该祠虽曰“五支祠堂”，实际上其中祭祀冯氏先祖若干人，包括其他支的先祖。冯溥所建祠中，祀以冯裕、冯惟讷及其兄弟、冯子临及其叔兄弟、冯珣及其堂叔兄弟、冯溥之父冯士衡兄弟等。冯溥殁后，其后人又将他作为重点祭祀。该祠现已重建，然格局有变。

此外，冶源镇宫家坡、车家沟两村也分别建有冯氏祠堂，新疆还有敕立昭忠祠堂，专供祭祀冯忠庆，御赐大门匾额“功盖西域”；大门联为左宗棠亲拟：“雪满山头思勇烈，月明城下想忠勋。”

**祭先祖**　《礼记》曰：“凡治人之道，莫急于礼。礼有五经，莫重于祭。”祭祖仪式的核心就是“祭”的礼俗，即“祭之以礼”。为此，冯子咸专门制定《祭礼事宜》，对祠祭和墓祭作出规定。

1. 祠祭

冯子咸《祭礼事宜》中规定冯氏祠祭的祭期、祭器、祭品、祭主。冯氏祠堂的祭祀每年达九次之多，有“端阳、仲秋、重九、七月十五日、十月十三日、冬除、年除、元旦（旧时新年）、元宵”。最隆重的是年除和元旦。除此之外，每月朔，即每月初一，冯氏族人还要到祠堂上香。每月祠堂行香之后，冯氏族人都要设宴，召开敦睦会，联络家族成员之间感情，处理一些家族事务。敦睦会是附属于冯氏祠堂的一个家族组织，由冯子咸倡议建立，有详细的组织原则和规章制度。参与者是全体家族成员，不可无故缺席。

2. 墓祭

冯裕高祖冯思忠至其父冯振前后四世，都葬于辽东，冯裕时刻记挂着远在辽东的祖宗之墓，并先后派惟重、惟敏前往祭祀。

冯氏返籍临朐后，一部分子孙居于临朐冶源，一部分侨居郡城益都。死后葬于临朐者称南坟，葬于益都者多在尧王山东麓，称北坟。

墓祭程序也由冯子咸固定下来，《祭礼事宜》中对祭期、祭品、祭拜礼仪、祭后分胙、墓地维护等都有明确而严格的规定。

**修家谱** 冯氏家谱包括《冯氏世录》《冯氏世谱》和《冯氏家乘》。现存最早的一部族谱修于清道光二十八年（1848），在此之前扮演家谱角色的是《冯氏世录》。

《冯氏世录》是临朐冯氏家族最初记载家族情况的资料，虽然可以视同家谱，但在内容和编纂形式上与家谱不同。《世录》采用的是分篇记录形式，按照不同要求整理家族信息，是家族资料的汇编。就内容而言，《世录》侧重对家族有功名成员的记载，包括个人事迹、诗文、墓志铭、皇帝诰封等。《冯氏世录》历修8次，约每20年一修，内容涵盖了从始祖到第九代的事迹。之后《冯氏世录》由《冯氏世谱》代替。

总之，修家谱、建祠堂、祭祖先、设立敦睦会，都是为强化宗族凝聚力和约束力，联络感情，规范行为，激励后人奋发努力，承续家风。

**家庭教化** 内容以学问为主，辅以立身处世、为人等方面。其形式除老师教诲，主要是家庭内部成员之间的相互传授。

冯氏家族《敦睦会条件》十条，其中几条就带有家族教育的性质，如第一条是对节俭的规定："以俭素传家，吾子孙所当恪守。"另有对为学、为人方面的要求，"一曰：德业相劝；二曰：过失相规；三曰：礼俗相交；四曰：患难相恤"。除以家法形式出现的教育内容，冯氏家族最具特点的教育方式就是"家训诗"。家族内部成员尤其是长辈对晚辈的教诲以诗歌的形式体现出来，这方面冯惟敏最具代表性。

在冯氏家族教育中，女性也扮演着极为重要的角色。冯惟讷侍奉双亲甚孝，曾携母伏夫人到任所，以便照料。"公（惟讷）历官州郡，母伏夫人必戒之曰：'儿当以清白自立，无忝尔父，吾之朝夕不足念也。'又曰：'民皆赤子，慎勿滥笞。'公所至皆有惠政，奉夫人之教也。"

冯惟重英年早逝，其妻蒋夫人含辛茹苦抚养幼子子履，对其严格要求，"子履稍有识，检父书教之，训诫甚严"，"公少嗜酒，尝夜饮达旦，蒋夫人怒，泣不食，卧不起，公伏地泣谢后不敢，由是感厉，下帷读书"。

冯惟直妻陈氏"躬纺绩，劝直力学，每校艺冠多士，陈辄喜。稍不扬，即叹曰：'子今废学矣！奈之何无以庇终身也。独不念诸伯仲为当世名儒耶？'"用"四冯"的成就来激励惟直，可谓用心良苦。

**环境熏染** "方以类聚，物以群分"，交良友，结善缘，良好的社会关系和交际圈，促使冯氏家族良好家风的形成。冯裕辞官回家后，与石存礼、陈经、蓝田、刘澄甫、刘渊甫、黄卿、杨应奎等结成"海岱诗社"，八人皆为才学俱佳之士，除刘渊甫外，均为进士。冯惟健随父宦游南京时，“与南都人陈元举、杨全卿、卢国贤、金子有、子坤、马承道、陈孟锡、许仲贻为师友”，“结文社青溪之上，诸人皆早负盛名，而推惟健为祭酒”。冯惟重少负文名，清河令蒋公对他很是器重，就将女儿许配给他。之后，他随父兄到南京参加文社，同南京士人建立了亲密的关系。冯惟敏不仅与隐士雪蓑、郭第相交甚笃，还与王世贞、王家士、李开先等人联系密切。

“四冯”之后，冯琦身处馆阁，所接触的多是朝中有影响的文臣，如于慎行、王锡爵、余继登、朱赓等，他们之间往来酬唱，诗文赠答，相互探讨文学政事，李维桢还为冯氏家族立传，作《冯氏家传》《冯氏家乘》。公鼐与冯琦生同年，学同窗，相交最为莫逆。冯琦临终，则以行状相托。蒙阴公氏与临朐冯氏也是山左文坛屈指可数的世家。冯溥作为顺治、康熙两朝重臣，提拔了一批在清初文坛卓有影响的人物，并在一定程度上影响了清初文风。

以文会友外，冯氏的姻亲也门当户对，其后代多婚配于仕宦之家。当时益都、临朐一带的文人高官，如石存礼、陈经、冀炼、李用敬、钟羽正、赵秉忠等与冯氏都有姻缘关系。

冯氏家族与当时文坛、政坛的交往，以及良好的姻缘关系，一方面给冯氏家族的家族文化注入了新的因子，使之具有强大的开放性；另一方面扩大了冯氏家族的影响力，使之成为闻名海岱乃至全国的文化名门、科举望族。

# 民族“文化自信”的根源

## ——试探易文化的当代价值

高会学

目前，正值全民族弘扬传统文化，建设和践行社会主义核心价值观的热潮滚滚而来之际，本文拟从易文化的问世命名、体系架构和卦意解读三个方面，探讨我们中华民族“文化自信”的根源，以彰显《周易》为代表的易文化之当代价值。

### 一、“易”之问世是无神论的断然宣示

在人类的早期，限于认识水平和生存手段的低下，面对莫名其妙的重重灾难，人们自然会想：“会不会有什么上帝、鬼神在主宰着人类的吉凶祸福呢？”随之而来的，便是向神灵祈求福佑的活动，诸如祭神、卜筮之类。

以《周易》为代表的易文化，尽管长期作为卜筮活动的工具，但它的问世与命名，恰恰是对有神论的反思——“易者，变也”，效法自然变化而已，没有别的。——这就是研究事物变化及其规律性的学问。那么为什么说它是对“有神论”的反思呢？请看这个学说体系所透露出的信息：

其一，易文化是：“仰以观于天文，俯以察于地理，是故知幽明之故。”“圣人有以见天下之动，而观其会通……以断其吉凶。”（《系辞传上》）可见，易文化的问世足以表明，古人的“趋吉避凶”，已经由迷信神灵的“求神”，转向了认识和探讨事物变化的“求物”。就是说，古人已经觉察到天地间万事万物，及其一切现象和遭际，是自然的存在和变化，并没有谁（诸如什么神灵）在主宰和安排。

其二，八卦〔 ☷⇒☳⇒☵⇒☶ ☱⇒☲⇒☴⇒☰ 〕的设置、组合（依次生成）、命名及其象征意义（卦象、卦德）的规定告诉我们：

1. 古人已经知道，事物是依其性质的不同而相聚相分，这对于人类生存发展的不同需要或许是利，或许是害，即所谓吉与凶。岂有什么“上帝”“鬼神”在操纵！正如《系辞传上》所说：“方以类聚，物以群分，吉凶生矣。”

2. 古人也已经知道，一切事物的性质，都在不断发生着变化，从而属于一种性质的事物，最终要变为其他性质的事物。这种变化有其自身的规律，而且事物变化的规律，人类是可以逐渐认识的。所谓“趋吉避凶”，就是对于规律的认识和驾驭。正所谓：“神而明之，存乎其人。”（《系辞传上》）“存亡祸福，皆己而已。”（《孔子家语》）

3. 古人已经发现，事物变化的根本原因，不是其外部的什么力量或因素，而是在事物的内部。至于外部的任何作用和影响，都只是变化的促成或阻止的条件。——前者，可以明显地从上面“八卦生成的顺序”看出；而后者，则需从重卦的解卦得知。——正是后者，成为人类能够化凶为吉、转危为安的关键依据之所在。

易文化的问世，是“无神论——唯物论”的断然宣示，是中华民族认识史上的一次了不起的飞跃。我们的“文化自信”，之所以不是盲目的自诩和狂妄的吹嘘，正是由于《周易》学说建立在“唯物论的宇宙观”这第一块人类智慧的基石之上。

**二、“易”之架构是辩证法则的形象展示**

那么，易文化告诉人们，事物的变化有一些什么规律呢？

1. 由阴爻⚋、阳爻⚊的设置和八卦的组合推演〔 ☷⇒☳⇒☵⇒☶ ☱⇒☲⇒☴⇒☰ 〕可以看出，古人已经知道：任何事物的内部都存在着既对立又统一的两个方面。由于它们的统一（相互依存），使得事物能够保持性质上的相对的稳定；而它们的对立（此消彼长），则改变着事物的性质，推动着事物的变化。这便是事物发展变化的内在的根本原因。

2. 由重卦的设置、命名和解卦，如䷂屯、䷃蒙等可以看出，古人已经知道：一事物与他事物的相互作用（相互联系、相互影响），是事物变化（被促成或阻止）的外部条件。所以：

䷂屯，雷入水，其性不变，其爆发却遇到艰难（屯意）。

䷃蒙，泉水遇山所阻，其性不变，其状态却成雾而蒙。

3. 下面是八卦的生成图示：

〔 ☷⇒☳⇗☵⇗☶ ☱⇘☲⇘☴⇒☰ 〕

由此可以看出，古人已经知道事物的变化有一个从量变到质变的过程。量变过程中，对立的双方还有个态势（位次）的变化，谓之“势变”。

从整体看：量变，是指阴或阳的生长和消退；质变，则是指性质的改变，比如由纯阴〔☷〕（实际是尚在孕育着其对立面阳性，而暂时近于纯阴）经过阳长〔 ☳↗☵↗☶ 〕、阴消〔 ☱↘☲↘☴〕，最后变为纯阳〔☰〕（实际也是尚在孕育着其对立面阴性，而暂时近于纯阳）。

4. 事物的变化，还有一个“否定之否定”（或叫“螺旋升降”）的过程。八卦生成图〔 ☷⇒☳⇒☵⇒☶ ☱⇒☲⇒☴⇒☰ 〕之中，“纯阴”（坤卦）是阴性，被“阳长”过程中的阳性所否定；再被“阴消”过程中的阴性所否定；最后又被“纯阳”（乾卦）的阳性所否定。在这个“否定而又否定”的过程中，每一种属性的再现，都较之上次显现时，发生了质的上升或下降的变化。

易文化的架构，是对“辩证法则”的形象展示。这些法则，系统地反映了万事万物发展变化的规律。运用这些规律，可以预见事物的变化，判断吉凶祸福，从而或趋之或避之，乃至驾驭之。这些规律，与“无神论”一起，彰显了中华民族在认识领域的高度智慧，使我们的“文化自信”得以立足于“唯物辩证法”这第二块人类智慧的基石之上。

### 三、“易”之解读是“人事”智慧的不竭源泉

中华民族的智慧在于趋吉避凶、致福禳祸，不只须致力于“天道”（法自然），以力争驾驭和治理外部世界；更为重要的是致力于“人事”，以驾驭和修治自身，力争与外界协调而和合。

古人已经知道，人类立身于天地之间（包含个体发展的实现），其真正力量唯其社会性；而每个人的健康发展，又是社会健康发展的基础和归宿。因此，个体的发展和社会的治理，两者犹如人类生存前进的左右腿，不可偏废，这便是所谓“人事”的全部内容。或云：“易之六十四卦，三百八十四爻，效天道，勉人事而已。”

下面仅就“个体发展”和“社会治理”两个大的方面，借用《大学》所谓“本末”之先后，来解读易卦对于“人事”的劝勉：

1. 致知——做学问方面 7 卦：

●做学问应有厚德做基础。

䷢晋卦【先德后文，方犹旭日东升。】

●做学问要密切联系实践。

䷶丰卦【文见于行，则根深叶茂。】

●做学问旨在服务于民众。

䷣明夷卦【文施于众，方为圣明。】

●做学问要善于创新。

䷱鼎卦【入门，且有创新，是谓鼎新。】

●做学问要以传统文化为根基。

䷙大畜卦【多识前言往行。】

●做学问要与时偕行。

䷕贲（斑）卦【文以时止，方斑斓成章。】

●做学问是天然乐事。

䷔噬嗑卦【做学问之乐，犹享大羹美味。】

2. 修身——为人方面 10 卦：

●做人的精神境界。

䷀乾卦【自强不息。】

䷁坤卦【厚德载物。】

●为人处世。

䷗复卦【行为厚实，复。】（仁厚为人，人亦复之）

䷟恒卦【我助他人，恒。】（乐于助人者，久安）

●谦受益，满招损。

䷎谦卦【高贵者逊于民众之下，是谓谦虚。】

䷩益卦【行以逊，益。】（谦受益）

䷨损卦【悦以满，损。】（满招损）

●艰难困苦，玉汝于成。

䷾既济卦【遭际艰难，成就人才。】

●见危授命，见义勇为。

䷄需卦【君子赴险，需。】（见危授命）

䷯井卦【顺以险（自愿赴险），犹赴淘井之义事。】（见义勇为）

3. 处事方面 4 卦：

●凡事预则立，不预则废。

䷏豫卦【顺以行，必豫（预）。】

●要照客观规律办事。

䷘无妄卦【动以天道，必无差妄。】

䷅讼卦【违以天律，必招狱讼之祸。】

●从实际情况出发，具体问题具体分析。

䷳艮卦【行止有时，知止则止。】

4. 理政（民本、社会理想）方面 11 卦：

●尊重民众。

䷊泰卦【重民轻君，则国泰民安。】

䷋否卦【重君轻民，则国衰民惨。】

䷫姤卦【民访朝廷，要热情接待。】

●执政为民。

䷬萃卦【泽及民众，民心归聚。】

䷉履卦【泽及天下，人心归向，乐于跟进。】

●与民休戚与共。

䷤家人卦【上助下，亲如家人。】

䷵归妹卦【君同民乐，犹一家之喜庆。】

●还政于民。

䷟恒卦【下助上，长治久安。】

䷰革卦【民罹君乐，革。】

䷪夬卦【泽唯朝廷，夬（决）。】

●造福全人类。

䷍大有卦【天下为公（大有），乃世界大同。】

以上，做人原则和理政理念，经过了历史的检验和选择，体现着易文化劝勉“人事”的智慧。它与前两条一起，构成易文化之“文以化人，理政为民”永世不竭的历史价值。这就使得我们的“文化自信”，立足于“人民性立场”这第三块人类智慧的基石之上。

# 《大学》释“诚意”章总述

黄启素

《大学》释“诚意”章，主要谈的是“诚意”。要做到真诚，最主要的是做到“慎独”，即独处的时候也能严格要求自己，不做任何不道德的事情。用通俗的语言来讲就是“人前人后一个样”，人前真诚，人后亦然，均发自内心。无论是自欺欺人，还是掩耳盗铃，都只是暂时的障眼法而已。中国清朝一代君王康熙将“慎独”概括为“暗室不欺”，并告诫子孙：“《大学》《中庸》俱以慎独为训。”可见，“慎独”是多么重要。时至今日，哪怕你拥有再多的钱物，也不过是身外之物。真正装点自己的还是修养身心，提高品德。可以说，品德修养是一个人无形的名片，它展现在脸庞上，流淌在语言间，体现在行动中，甚至是在举手投足、一颦一笑之间。而要做到这一切，还得回到初始——君子诚其意。

现在，很多父母抱怨孩子爱撒谎，不听话，可是，很少有父母去想自己为什么会有个这样的孩子。优秀的孩子总是别人家的！学习经典很重要的一个目的就是提高自身素养，通过学习古人先贤的智慧来给我们现代人以精神的启迪。那么如何让孩子做到“诚其意”呢？

先来说一下朱熹的理解：朱熹非常重视“诚意”，认为“更是《大学》次序，诚意最要”。从朱熹的章句中可以大致看出，《大学》对“诚意”的阐释和界定是基于三个基本的概念：“毋自欺”“自谦”“慎独”。《大学》对“诚意”的解释是：“所谓诚其意者，毋自欺也。如恶恶臭，如好好色，此之谓自谦，故君子必慎其独也！”这里有三个关键字，即“毋自欺”“自谦”“慎独”，《大学》就是用这三个词给“诚意”下了一个定义，将“诚意”与“毋自欺”“自谦”“慎独”诸概念贯通起来，共同构成“诚意”概念的全体。

## 第一节

所谓诚其意者，毋自欺也。如恶恶臭，如好好色，此之谓自谦，故君子必慎其独也！

【翻译】

意念真诚的意思是说，不要自己欺骗自己。要像厌恶腐臭的气味一样，要像喜爱美丽容颜一样，一切都发自内心。所以，品德高尚的人哪怕是在独处的时候，也一定要谨慎。

【解读】

本章第一句就讲出了作者眼中的“诚其意”。“意”即意念、意识；“诚”即诚实信用、心在当下，《中庸》认为“诚”是天的根本属性，努力求诚以达到合乎诚的境界则是为人之道。

在这一小节里，作者还讲到了三个至关重要的“诚意”的概念：“毋自欺”“自谦”“慎独”。无论在何时何地，跟什么人在一起，都要做到“毋自欺也”。内心知道什么是善、什么是恶，知道要行善去恶，但最重要的是落到实处，绝对不能“自欺”。“自谦”可以说是真性情的自然流露。工作或者生活，都要倾听自己内心深处最真实的声音。喜欢做什么，不喜欢做什么，不自己欺骗自己，不自己勉强自己，顺应自己的独立思想，不听命于别人。但是，值得注意的是，我们这里所说的喜欢做的事和不喜欢做的事，都是建立在法律许可的基础之上。“慎独”是“诚意”的修炼之路，东汉郑玄解释“慎独”为“慎其家居之所为”。在独处无人注意时，自己的行为也要谨慎不苟，“他人所不及知而己独知”，必须小心谨慎，将社会规范与约束转化为自己的道德自觉，提升自己的“慎独之德”。

【拓展阅读】

### 曾子杀彘

曾子之妻之市，其子随之而泣。其母曰：“女还，顾反为女杀彘。”妻适市来，曾子欲捕彘杀之。妻止之曰：“特与婴儿戏耳。”曾子曰：“婴儿非与戏也。婴儿非有知也，待父母而学者也，听父母之教。今子欺之，

是教子欺也。母欺子，子而不信其母，非以成教也。”遂烹彘也。（《韩非子·外储说左上》）

译文：曾子的夫人去集市上赶集，他的儿子哭着也要跟着去。他的母亲对他说：“你先回家待着，待会儿我回来杀猪给你吃。”曾子的夫人从集市上回来，看见曾子捉猪去杀。她就劝止说：“我只不过是跟孩子开玩笑罢了。”曾子说：“这可不能开玩笑啊！小孩子没有思考和判断能力，凡事都是向父母亲学习，听从父母的教导。现在你欺骗他，这就是教孩子骗人啊！母亲欺骗儿子，儿子就不再相信自己的母亲了，这不是正确教育孩子的方法。”于是把猪杀了以后煮熟吃了。

## 第二节

小人闲居为不善，无所不至，见君子而后厌然，掩其不善，而著其善。人之视己，如见其肺肝然，则何益矣。此谓诚于中，形于外，故君子必慎其独也。

**【翻译】**

品德低下的人在私下里无恶不作，一见到品德高尚的人便躲躲闪闪，掩盖自己所做的坏事而自吹自擂。殊不知，别人看你自己，就像能看见你的心肺肝脏一样清楚，掩盖有什么用呢？这就叫作内心的真实一定会表现到外表上来。所以，品德高尚的人哪怕是在独处的时候，也一定要谨慎。

**【解读】**

如果是一个小人，无论怎么掩饰自己的行为，都抹不掉真相的丑陋。自吹自擂只会增加别人尤其是君子对自己的厌恶。透过你的言行，就知道你在想什么，打算做什么，“诚于中，形于外”，自然而然就被别人看穿了。有句话说得好：“要想人不知，除非己莫为。”不要以为四周没有人，就不会有人知道你干了什么事。仰望天空——人在做，天在看。所以说，一个人的时候要“静坐常思己过，闲谈莫论人非”。群居防口，独居防心，毕竟是“喜怒哀乐形于色”。内心所想所思，都会表现出来。

【拓展阅读】

大将军邓骘闻其（杨震）贤而辟之，举茂才，四迁荆州刺史、东莱太守。当之郡，道经昌邑，故所举荆州茂才王密为昌邑令，谒见，至夜怀金十斤以遗震。震曰："故人知君，君不知故人，何也？"密曰："暮夜无知者。"震曰："天知，神知，我知，子知，何谓无知！"密愧而出。（《后汉书·杨震列传》）

译文：大将军邓骘听说杨震贤达，于是征召他（为官），推举他为茂才，经多次升迁，官职到了荆州刺史、东莱太守的地位。当他赴郡途中，经过昌邑时，他从前举荐的荆州茂才王密担任昌邑县令，到了夜里前来拜见，为了感谢当年的举荐，王密怀揣十斤黄金送给杨震。杨震说："我了解你，你不了解我，为什么做这种事呢？"王密说："夜里没有人知道。"杨震说："上天知道，神明知道，我知道，你知道，怎么说没有人知道呢！"王密于是羞愧而去。

## 第三节

曾子曰："十目所视，十手所指，其严乎！"富润屋，德润身，心广体胖，故君子必诚其意。

【翻译】

曾子所说："十只眼睛看着，十只手指着，这难道不令人畏惧吗！"财富可以装饰房屋，品德却可以修养身心，心胸宽广则身体舒泰安康。所以，品德高尚的人一定要使自己的意念真诚。

【解读】

曾子所说"十目所视，十手所指，其严乎"，可以说是对自己做事的严格要求。即便是独处，也要像有其他人监督自己一样来严格要求自己。在自己思想深处，自觉消除一切不良念头，不能有半点苟且和侥幸心理，这样才能保证行为的真诚无伪，事事皆善，这就是儒家强调的要在"慎独"上下功夫，可以说这是儒家修身理论的一大特点。有了钱财可以丰富自己的物资生活，但是精神的富足则需要高尚的品德来修养身心。自己的精神境界提升了，那么自然而然心情就会愉悦。做到这些，最根本的出发点就是意念真诚。

【拓展阅读1】

### 诚实的孩子

一个国王因为没有继承人，就发了一大堆种子给国内的所有孩子，说谁种的花漂亮就把王位传给谁。到了秋天，孩子们的花盆里开满了各种各样的鲜花。只有一个小孩的花盆里什么都没有，并不是他不热爱劳动，他每天也向花盆洒水、施肥，可种子就是没有发芽。令人意外的是，国王却选了这一个小孩作为王位继承人。原来，国王给的种子都是煮熟了的，是不能发芽的。

【拓展阅读2】

### 江家良心秤

作为已有200余年制秤史的江家手工秤的第五代传人，江玉珍、江远斌姐弟几十年来坚持纯手工制作杆秤，工艺要求很高。江家人做一杆秤需经挑木材、刨木、制粗坯、打磨、包铜管、定刀口、定星位等十多道工序，五六个小时才能完成一杆秤。为防止他人买秤后做手脚，江家秤的刀口做得特别牢靠，做好后的每杆秤都反复校量，一天下来最多只能做两杆秤。由于江家人一直坚守诚信家风，自觉抵制不良商贩的金钱诱惑，做出来的秤毫厘不差，坊间商贩口口相传，称其为“良心秤”。

# 解读《治家格言》

张　强

朱柏庐，清朝著名的理学家、教育家，提倡“知行并进，躬行实践”，今江苏省昆山市玉山镇人。主要作品有《删补易经蒙引》《四书讲义》等。其中《朱柏庐治家格言》世称《朱子家训》，流传甚广。自问世以来，被后世士大夫尊为“治家之经”，清朝至民国年间一度成为童蒙必读课本之一。《朱子家训》精辟地阐明了修身治家之道，通篇意在劝人要勤俭持家，安分守己。其中“一粥一饭，当思来处不易；半丝半缕，恒念物力维艰”等句，尤为脍炙人口。

家庭是社会的一个最小单位，但是这个最小单位五脏俱全。俗话说：麻雀虽小，五脏俱全。首先这个最小单位有老有少，有男有女，有里有外，有主内的，还有主外的，有当家的，还有下力的，有挣钱的，还有花钱的。

飞一天的麻雀，最后得回到自己的窝里去栖息。一个人不能没有家，有家才能有国，有国方能有家，所以切莫轻视家庭这个社会的最小单位，如果这个最小单位出了问题，就犹如人身上的某个细胞出了问题一样，时间长了就会影响身体健康。一个国家的最小单位问题多了，国家的安定就会受到影响。所以古人讲究“修身、齐家、治国、平天下”。一个人必须先修养自己的品德，管理好自己的家庭，然后才有资格、有能力参与管理天下。反之，一个人如果连自己的家庭都管理不好，那怎么能够治国平天下呢？所以，我们有必要来学习《治家格言》。

## 一

黎明即起，洒扫庭除，要内外整洁；既昏便息，关锁门户，必亲自检点。

译文：每天黎明早起床，先用水来洒湿庭堂内外的地面然后扫地，使庭堂内外整洁；到了黄昏便休息，休息前亲自查看一下要关锁的门户。

这是一个人、一个君子、一个长辈或者一个家庭里的当家人每天必须做的两件事。一是要打扫室内室外卫生，泼水净化庭院空气，清理前一天的生活垃圾，保持室内室外环境整洁，让家里人生活舒心。二是到了晚上睡觉以前，要检查外出的儿女或其他人回来了没有，如果没有回来，就要问问没有回来的原因，决定是否派人去找一找，现在就是要打个电话问一问了。检查大门、屋门、窗户关好没有，特别是临街窗户关好没有，如果没有关好，就要亲自关闭。庭院墙里墙外栽植的大树和比院墙矮的建筑物，都要加强防范措施，严格检查，严防财产等夜里被盗。现在住在楼中的，就要检查楼门、防盗门、窗户关好没有，住在一层的还要检查一下楼道门关好没有。俗话说，年年防盗，夜夜防贼，小心没有过火的。这一切都做完了做好了再去睡觉，保你晚上做个家庭幸福美满的好梦。

## 二

一粥一饭，当思来处不易；半丝半缕，恒念物力维艰。

译文：一碗粥，一顿饭，都应当考虑来之不易。半根线半条丝，我们都要常想着这些物资生产的不容易。

庄稼从种到收，再到做成粥饭盛到碗里是多么不容易。我的小外甥闺女，鸡蛋都不好好吃，往往咬一口就不吃了。我就给她讲：你知道鸡蛋是怎么来的吗？鸡蛋是老母鸡生出来的。小鸡从拳头大小慢慢喂养，养成大鸡，需要快一年的时间，才能生蛋。从小到大，300 多天的时间，耗费多少饲料之后，才能生出这个蛋来。以后虽然每天都能生蛋，但每天也得吃很多饲料。你想是多么不容易啊！为了让她知道鸡蛋来之不易，我给她买了两只小鸡，让她养着，从让她知道鸡蛋来之不易开始，进而让她知道一粥一饭来之不易。

半根丝，半条线，都要考虑工人煮茧抽丝、纺棉织布的艰难。如果说上一句是要求人们勤劳，那么这一句就是要求人们节俭了。据说宋朝的时候，官宦人家举行歌会，美女唱一首歌，主人就赏给她一匹绫罗绸缎。美女把绸缎接到手里，摸一摸，掂一掂，似乎觉得这礼太轻了。寇准的侍妾蒨桃看到这情景，创作了下面两首诗呈给寇准，希望人们学会珍惜。

**呈寇公**

**（其一）**

一曲清歌一束绫，
美人犹自意嫌轻。
不知织女萤窗下，
几度抛梭织得成。

**（其二）**

风劲衣单手屡呵，
幽窗轧轧度寒梭。
腊天日短不盈尺，
何似妖姬一曲歌。

这两首诗主要用来告诫人们要珍惜物力，不要浪费！

## 三

嫁女择佳婿，毋索重聘；娶媳求淑女，毋计厚奁。

译文：嫁女儿，要为她选择贤良的夫婿，不要索取贵重的聘礼；娶媳妇，需求贤淑的女子，不要贪图丰厚的嫁妆。

聘礼再多，只是一洼死水，用净了就没有了，而找一个好女婿，一辈子都会有用不完的财富。娶媳妇看重的是对方的品德，不必计较嫁妆多少。娶一个好媳妇，是爹娘、自己、儿女三辈人的幸福。周朝 800 年的历史，多亏了三位太太：太姜，吃苦耐劳，夫唱妇随；太妊，眼不见恶事，耳不听淫闻，心不想邪事，生下儿子周文王，贤德智慧；太姒，相夫教子，亲自教育十个儿子，培养出了周武王这么优秀的儿子。“太太”一词据说就是为了纪念周朝的三位有功的夫人。

## 四

见富贵而生谄容者，最可耻；遇贫穷而作骄态者，贱莫甚。

译文：见了富贵人就用语言巴结讨好人家，拼命说人家的好话，这样的人最可耻了；遇见穷人就摆出一副傲慢的姿态，看不起人家，这样的人再下贱不过了。

## 五

居家戒争讼，讼则终凶；处世戒多言，言多必失。

译文：居家过日子，应当禁止诉讼，一旦发生争讼，无论胜败，结果都不吉祥；处世不可多说话，言多必有失。

生活当中尽量避免打官司，只要打官司，就要耗费精力、财力和时间，打官司导致倾家荡产、家破人亡古今有之。一个家庭最忌讳的是打官司，一个国家最忌讳的是战争，战争是最能消耗国力的。

## 六

毋恃势力而凌逼孤寡；勿贪口腹而恣杀牲禽。

译文：不要依仗自己有势力，欺凌威逼孤寡等弱势群体；不要因为贪图口腹之欲，随意杀害牲畜禽鸟等生灵。

鳏寡孤独是弱势群体，千万不要仗着势力欺负人家，不要做坑人家钱财、霸人家房产之类的事。这样的人家有事，如果有能力，尽量出手相助，自己良心上过得去，众人也看得清楚。

鸡、狗、猫、鸭、猪、牛、马、羊都是生命，都需要我们尊重。即使其中有一些是我们的食物来源，我们也需要善待它。据说动物临死时，如果产生恐惧、怨恨、悲痛的情绪，就会释放肾上腺素，让人吃了中毒。这些毒素潜藏在体内，一旦有了适应的条件，就会兴妖作乱，让人得病，严重的还会致死。一个动物所产生的毒素收集起来，会药死一个同样体重的动物。现代科学证明，一只鸡在死的时候因恐惧所释放的毒素收集起来，相当于60根烟的尼古丁。一匹再大的马，八滴尼古丁就能致死。一只活蹦乱跳的狗，一滴尼古丁注入静脉就会死亡。所以不到过年过节，不是来客人，就不要因为自己的嗜好任意宰杀它们。

## 七

施惠无念，受恩莫忘。

译文：对他人有所帮助，过去就算了，别老是想着，等人家报答；接受过人家的帮助，不要忘了人家的恩德。有能力报答就报答，没有能力报答，也要心中有数。俗话说，滴水之恩，当涌泉相报。常记他人之恩，以感恩之心看待周围的人和事，则人间就是天堂；以忘恩负义之心看待周围的人和事，则人间就是地狱。

## 八

凡事当留余地，得意不宜再往。

译文：无论做什么事，都应当留有余地；得意之后，就要知足，不要再往前一步。

说话做事都要留有余地，沾了一回光或者占一回便宜，就适可而止吧。如果再往前一步，准没有好事。前些年地瓜淀粉畅销，经营地瓜淀粉的都发了财。有的人贪心上来了，在地瓜淀粉中掺滑石粉、石灰等，一个跟一个学，都发了财，可是收淀粉的都赔了钱。第二年再去卖淀粉，连人加车都扣那里了，一分钱不给，还罚了很多钱，致使淀粉行业遭遇灭顶之灾。羊毛也是这样，羊毛原来比现在要贵得多，现在为什么贱了，反而卖不出去了？就是因为有人在羊毛里掺假，人家不要了。

## 九

人有喜庆，不可生妒忌心；人有祸患，不可生喜幸心。

译文：他人有了喜庆的事情，不可生嫉妒心；他人有了祸患，不要幸灾乐祸。

街坊邻居、亲戚朋友的孩子考上大学，或者升官发财，听说了就要前去祝贺。等咱的孩子有了喜事，人家也是一样来祝贺，不要嫉妒人家。人生在世，天灾人祸那是难免的，无论谁家摊了事，都要有个同情心、怜悯心，该帮忙的帮忙，该资助的资助，有钱的帮个钱场，没钱的帮个人场。千万不要幸灾乐祸，在一旁看人家的热闹。否则，等咱有了事，人家也一样。

## 十

善欲人见，不是真善；恶恐人知，便是大恶。

译文：做了好事，总想让他人看见，就不是真正的善人。做了坏事，总怕他人知道，就是一个恶人。

做了好事，不必大肆宣扬，如果大肆宣扬，那就是有企图、有目的，或者说目的不纯，不能算是真善。随着宣传力度的加大和影响范围的扩大，你做好事的福报也就烟消云散，荡然无存了。人做了恶事，不要怕人知道。别人知道了，你受到了批评指责，让你认识到了错误，自觉改正，你可能有的恶报也就没有了。如果怕人知道，妄图掩过饰非，自欺欺人，那就是大恶。

## 十一

见色而起淫心，报在妻女；匿怨而用暗箭，祸延子孙。

译文：无论在街上或其他场合，见了年轻妇女，特别是美女，不要有任何不良想法，一旦有了，报应就会在妻子女儿身上体现出来。俗话说得好，见了女性，一看是君子，再看是小人。若盯着人家仔细看，看得人家都不好意思了，那就是不怀好意，不讲道德了。

与人家有冤有仇，能忍则忍，忍则为安。不能忍的就诉诸公堂，让官府责罚论罪。千万不要背后里下毒手，暗刀子伤人。如果背后里捅人一刀子，这一刀子祸根的报应就会延至子孙后代。

# 从《西游记》看儒家成功文化

马振全

拿什么来喂养我们的心灵？这是物质生活发展到一定程度，人们对精神层面提出的更高的需求，这是在多元文化共存的背景下如何构建和谐社会必须思考的问题。所谓多元文化共存，应该是传统文化与现实生活的共存，应该是现实文化与虚拟文化的共存，应该是民族文化与外来文化的共存，应该是主流官方意识形态和我们百姓的习俗文化的共存，应该是雅文化与俗文化的共存。在这个多元文化背景下，应强调中国特色的民族文化。

社会主义核心价值观的根源来自哪里？它来源于我们具有中国特色的民族文化。这就要求我们必须探究儒家四书五经的经典精神。四书五经读不懂，就读历史，历史著作是对中国文化形象的阐释。如果历史读不懂，就读小说，小说是以大家喜闻乐见的形式阐释中国儒家文化的内涵。

《三国演义》演绎的是历史的沧桑，《水浒传》展现的是英雄的末路，《红楼梦》是不能修身齐家的反面典型，唯有《西游记》是大圆满结局。

所以我们在这里解读《西游记》，探讨人生和事业的成功。

## 一、要学做唐僧式的好领导

第一，目标要明确坚定。《西游记》这个团队的领导是唐僧，他的目标只有一个，就是一路向西。唐僧表面文弱，但目标极其坚定，有极强的承受能力。他跨过了一道道山越过一道道岭，路上遇到无数妖魔鬼怪，一旦从困难里走出来，第一句就说走吧，一路向西。唐僧目标极其明确，所以在他带领下的团队历经十几年取得了事业的成功。

《三国演义》中的刘备开始把“匡扶汉室”当作人生的目标，所以尽管落魄，也招揽了大量的人才。可是建立蜀汉后，不再重视人才引进，虽然当了皇帝，但人生目标明显小了很多，这给蜀汉最后被吞并埋下了伏笔。《水浒传》中晁盖当首领时把“替天行道”作为事业的追求目标，开会的地方叫“聚义厅”，而宋江做首领后，把“聚义厅”改成了“忠义堂”，一字之差，就改变了人生的目标，也造成了英雄的末路。所以说，目标坚定很重要。

第二，有目标，格局还要大。唐僧西天取经是为了弘扬佛法，是为了解救受苦的众生。

第三，学会搭建平台，学会示弱。唐僧给所有的人搭建了一个成功的平台，带领团队实现了共同目标。每次遇到妖魔鬼怪，他总是哭哭啼啼，然后孙悟空就往前冲，说师父看我的，我去降妖除魔。如果妖怪一来，唐僧第一个往前冲，那孙悟空他们就没事干了。比如项羽，总是冲在前面，显示个人英雄主义。而刘邦则不同，刘邦说：“夫运筹策帷帐之中，决胜于千里之外，吾不如子房；镇国家，抚百姓，给馈饷，不绝粮道，吾不如萧何；连百万之军，战必胜，攻必取，吾不如韩信。此三者，皆人杰也，吾能用之，此吾所以取天下也。项羽有一范增而不能用，此其所以为我擒也。”刘邦就是帮助韩信、张良、萧何、陈平等人搭建一个平台。

有人说，唐僧这个团队目标很明确，孙悟空本事又那么大，一个跟头十万八千里，孙悟空背着师父，一个跟头就到西天了，为什么还要经历九九八十一难，岂不多此一举？这就是要告诉我们，要想事业的成功必须脚踏实地地干。

第四，做个孝子忠臣。唐僧的父亲陈光蕊在上任时被歹徒刘洪和李彪杀死。在唐僧十八岁后，他知道了自己的身世，找到母亲，请示唐王，带兵抓住了两个歹徒，为父报了仇，是个孝子。之后，他为唐王分忧，西天去取经，可以说是忠孝两全。

### 二、我们要学做孙悟空式的好员工

孔子讲“志”，孟子讲“气”，合在一起叫“志气”。志是目标，气就是人的动力，就像汽车的油，有车没有油不行。

孙悟空的一生是从兽到人最后成佛的践行。

首先，我们要学习孙悟空勇敢的精神。孙悟空是天产石猴，本来和其他猴子没啥区别，食野果，饮山泉。有天玩耍时，发现了一条小溪，有猴子提出问题来：溪水的源头在哪里？有时提出问题比解决问题更重要。于是大家溯流而上，发现一处瀑布。有猴子提议，如果谁能进得去出得来，探究出它的源头，就拜他为王。这时孙悟空说我去，飞身进去，原来是一个石洞，写着：花果山福地，水帘洞洞天。悟空一看非常高兴，这样群猴就有地方住了，不受风吹雨打，不受老天的欺负。于是，孙悟空成了王，过着自由自在的生活。

其次，学习孙悟空善于学习的精神。孙悟空和群猴无忧无虑地生活，突然有一天一个老猴死了。群猴都哭，悟空问，我也能死吗？大家说是。悟空说，那怎么办？有无长生不老之法？有经验的老猴说，要学得长生不老之法，需要漂洋过海行程几万里去海的那边。说了马上做，孙悟空扎个筏子就走了。孙悟空在海上不知漂了多久来到一个岸边，他看到很多人穿着衣服戴着帽子，他做个鬼脸把人吓怕，穿上人的衣服，戴上人的帽子，学人走路。开始志心朝礼学做人的第一步，这也是孙悟空由猴变成人的第一步。在饭店学人吃面条的样子，多像一个孩子的小时候，站在桌子上，把面条一拖很长。

学了十几年，感觉没有达到长生不老的目的。他继续走，到了西牛贺洲，来到了灵台方寸山斜月三星洞，跟菩提老祖学道。灵台方寸山就是心，小说用此暗示孙悟空是唐僧的心。又经历七八个年头，孙悟空还没学到真本事，在菩提老祖敲了三下头之后，明白老师要半夜三更教他真本事。于是孙悟空学会了七十二变、腾云驾雾。七十二变的意思是什么？每五天叫一候，三个候就是十五天，叫一个气。一年是二十四节气七十二候，也就是说七十二变是自然的变化。之后，孙悟空在同学们面前卖弄腾云驾雾的本领，被老师赶下山。这就像大学毕业的年轻人，刚学了点本领就感觉了不起，在别人面前卖弄。老师说学本领不是来卖弄的，以后出了事不许说老师的名字，否则让你挫骨扬灰。

孙悟空回到了花果山，靠本领打败了群山的妖魔鬼怪。然后去东海龙王那里拿到定海神针，也就是金箍棒。定海神针关键在于定，让猴子定下来。之后孙悟空又去阎王那里销了冥籍，死不了了，达到了长生不老的目的。后来孙悟空又上了天，玉皇大帝封他做弼马温。开始，孙悟空像其他年轻人刚工作一样很有热情，把马养得膘肥体壮，干了一段时间，他问别人弼马温是多大的官，当孙悟空知道弼马温是没有品最小的官时，就猴性发作，跳离天庭回到花果山，自立为王。这不是像很多年轻人感觉本事大工资待遇低官职小吗？然后自己单干，处处碰壁。更可怕的是两个独角鬼王给他出了鬼主意，让他当齐天大圣。玉皇大帝派天兵天将打他打不过，太白金星出个主意，就封他做个齐天大圣，有职无权，还修了齐天大圣府，意思是人要有城府了。还建了两个司：安静司，宁神司。意思是该安静宁神了。《大学》说："大学之道，在明明德，在亲民，在止于至善。知止而后有定，定而后能静，静而后能安，安而后能虑，虑而后能得。"

之后，因为蟠桃会没请孙悟空，他偷吃了蟠桃，然后大闹天宫。这是孙悟空闹心的过程。你本事再大能跑出如来佛手心吗？结果被如来压在五行山下，一压就是五百年。这五百年就是收心的过程。五百年中，渴了土地公给送铜汁，饿了吃铁丸。就像儒家的"天将降大任于是人也，必先苦其心志，劳其筋骨，饿其体肤，空乏其身"，像年轻人自主创业很久吃了很多苦，该定心了一样。

再次，学习孙悟空知过必改的精神。菩萨找西天取经的人，路过五行山，发出感叹说：不知这猴子五百年后怎样了？孙悟空五百年来第一次听到知道他底细的，就叫菩萨。菩萨说：想让你这泼猴取得正果，又怕你不安分。这时孙悟空说了一句话，感动了菩萨。悟空说：菩萨我知悔了。就这一句话感动了菩萨，以后唐僧把山上的六字真言拿掉，孙悟空就和唐僧走上了取经的路。这是悟空修心的过程，最后成了斗战胜佛。这是告诉人们，修身养性是成就一个人事业成功的根本。

最后，学习孙悟空对事业一心一意的精神。取经路上遇到一皇帝要吃小孩心，孙悟空为了挽救这些孩子，在胸膛开一刀，跳出无数的心，有红的黄的蓝的，象征着嫉妒心名利心等，就是没有黑心。这是告诉我们，一个人可以有多个心，就是不能有黑心。尤其那些有黑心的员工，千万不能共事。

真假美猴王是什么？六耳猕猴和悟空模样一样，本事也一样，也是想拿到通关文牒去西天取经，为啥不成功？因为六耳猕猴不合法，唐僧取经是唐太宗批准的。所以不合法度的事不要做。这件事还告诉我们，做事不能有二心，有二心会直接阻碍你的成功路。

这是作为文学形象的孙悟空，其内在意义是象征唐僧的心，象征从闹心、定心到修心的过程。白龙马象征唐僧的意，即心猿意马。要控制住心猿意马，是虎要卧着，是龙要盘着。

**三、要成功，就要克服自身的不足**

首先，要有约束。唐僧怎么约束孙悟空？大家都知道是紧箍咒。紧箍不就是成年后人戴的帽子吗？十八岁了，要受到社会的约束了，要对自己行为负责了。孙悟空取经成功后，一摸头，紧箍没了。什么意思？这告诉我们如果人遵纪守法，那些规章制度对你来说就形同虚设。紧箍咒其实叫定心真言，这个咒可能就是《心经》或者六字真言。因为压在五行山下时那个符就是六字真言：唵嘛呢叭咪吽。《心经》就是唐僧翻译的。菩萨就拿这一个咒吗？菩萨总共有三个咒。还有个禁箍咒给黑熊怪，观音禅院老和尚见财起意，羞愧难当自己撞死。黑熊怪来救火，结果趁火打劫，最后被菩萨降服。黑熊怪代表的是熊性，就是做事莽撞，人要禁止莽撞做事，不计后果做事。第三个咒叫金箍咒，给了红孩儿，红孩儿是赤子，代表的是孩子的幼稚性。一个人的成长过程要脱离孙悟空的猴性、黑熊怪的熊性，戒除红孩儿的孩子性，但要保有童心。有人说成功需要有狮子的勇猛心、骆驼的坚韧性，还要有童心、爱心。信奉尼采哲学的希特勒有狮子的勇猛心，也有骆驼的坚韧，就是缺少童心、爱心，从而成了一个杀人的恶魔。

其次，要有食色等八戒。孙悟空保唐僧的第一关是打死六个贼：眼见喜、耳听怒、鼻嗅香、舌尝思、身本忧、意见欲。这是告诉我们，人要修行，就要先消灭眼耳鼻舌身意这六个贼，这是走向成功的第一步。

我们知道欲望是一切苦难的根源。饮食男女，人之大欲。这是提醒我们，一个是饮食，一个是男女，最容易给我们带来凶灾！猪八戒象征唐僧的性，即动物性。关于动物性，文学作品的形象里没有比猪八戒塑造得更好的了。猪八戒就是因为调戏嫦娥被贬，投胎到猪的肚子里变成了猪。猪八戒贪婪，耳朵眼里都塞几两银子。有一次师徒一行到了一个村庄，全村人都信佛，对远道而来的高僧非常恭敬，人家准备了很丰盛的饭菜，旁边还站个人上菜，上菜的人端一碗饭，猪八戒一扬手就没了，一扬手就没了。上菜的人很奇怪，说听说有装馒头的，没看见往袖子里装米饭的啊？八戒说，谁装米饭了？上菜的人说，那你倒哪里了？八戒说倒肚子里了。怎么没看见你嚼啊？八戒说，我吃饭还用嚼吗？另一次是吃人参果，别人有滋有味地吃，八戒拿起来往嘴边一放，没尝到啥味就进去了。这个细节我当时没看懂，后来想想，大有深意，你看现在多少贪官，贪了一仓库的金银财宝，没尝到啥味道就进去了。只是一个进了肚子里，一个进了局子里。

八戒还好色，在取经路上，黎山老母和观音菩萨、文殊菩萨、普贤菩萨四个人，变成了母女四人，准备色诱这师徒四人。那个当妈妈的是黎山老母变的，对唐僧说，我家里有良田千顷，别墅无数，我年轻守寡，带着三个女儿，大的二十，老二十八，小的十六，无依无靠，就想找个男人嫁了。你看西天路途遥远，你们师徒四人那么辛苦，就别去了，我们母女四个，你们师徒四个正好配对。唐僧一听，这是色诱，就闭上眼睛不吱声了。老母又问孙悟空，你留下吧。孙悟空说，我在五行山下压了五百年，好不容易受到观音菩萨救助走上正路去取经，我不能半途而废，不干这事。当时八戒守着师父的面也没答应，说高老庄家里还有兰儿等着我呢。可一会儿就自己走到后院内宅，说我要留下来当女婿。黎山老母说好啊，那你师父同意吗？这时八戒贪色忘义的本性暴露出来了。什么师父啊，半道认的，又不是我亲爹，我自己做主了。黎山老母说，三个姑娘你看中哪个了？八戒说了一句话，太符合现实了。他说我都看好了，多一个也没关系。这多像那些贪官，有无数的情妇，最终倒在了石榴裙下。黎山老母说，那里的珍珠衫，你穿上谁的就娶谁吧。八戒套了一层又一层，套了三层，可刚穿上，没想到珍珠衫变成了绳索，捆得紧紧的。这不也是贪官的结局吗？

八戒代表的是动物性，人的丑陋性。前面说过他的贪吃好色，作者为了极力刻画这个形象，给八戒一个武器九齿钉耙，不属于十八般武器行列。九代表最大，代表最能搂。食色是人的丑陋性，八戒最后到了凌云渡，说脾胃虚了，不想吃了。脱离肉身还要吃饭吗？还有性别吗？还有色吗？也就是说，一个人要不断压缩自己的动物性，把动物性的东西压缩到零，使文明性越来越多。逐渐增加文明性，量变引起质变，最后具有文明性，达到佛性，即最高觉悟的人，也是一个纯粹的人，一个毫不利己专门利人的人。所以我们要远离动物性，趋向于佛性。

最后，要情绪平和。《西游记》还有一个不被人注意的形象，那就是沙僧沙和尚，沙和尚象征唐僧的情。我们一般认为沙僧没有特点，其实没有特点才是最有特点。沙僧指沙为姓，恒河的沙就是芸芸众生里的一粒沙子，能有什么特点？在一路的降妖除怪的过程中，他的表现都不如八戒，他最常说的一句话是：大师兄，妖怪来了。孙悟空不在，就喊：二师兄，妖怪来了。沙僧这个人代表的是唐僧的情，情绪平和，虽然没有多大的能力，但只要跟对了一个团队，那也能成功。试问如果取经路上唐僧不幸牺牲，谁是这个团队的唯一领导人选？孙悟空、猪八戒都不行，只能是沙僧。沙僧叫沙和尚，和尚是以和为上，代表的是中国文化的中庸。中庸是用中，不偏不倚，执其两端，用其中，做事要有度，适度恰好。

《西游记》告诉我们，西天取经的是一个人。孙悟空是唐僧的心，白龙马是唐僧的意，八戒是唐僧的性，沙僧是唐僧的情。其寓意是：找对了一个目标，控制住心猿意马，要一心一意，还要控制食色等八戒，情绪还要平和，那么跟对一个团队，一直走下去，你的事业一定会取得最大成功。

成功是人的追求，但我们更重要的是做好一个人，立德树己。我们要坚持社会主义核心价值观，加强传统文化的学习，做一个好公民。

# 林黛玉与薛宝钗之比较

仇翠欣

在金陵十二钗的人物判词中，林黛玉和薛宝钗是并列第一名，没有伯仲之分。“可叹停机德”，主要是运用了乐羊子妻的故事，这里指的是薛宝钗，如果我们要用一个字对薛宝钗进行评价的话，就是“德”；“堪怜咏絮才”，运用的是谢道韫的典故，指的是林黛玉，如果我们要用一个字对林黛玉进行评价的话，就是“才”。“玉带林中挂，金簪雪里埋”，这两句就暗示了这两个人物的最终的命运，玉带作为一种宝物，不是放在宝匣中，而是挂在了枯木上；金簪的归宿也不是宝匣，而是被埋在了大雪里。枯木、雪、挂、埋等就暗示了这两个人物的悲剧命运。

因为在图谶和判词中，林黛玉和薛宝钗是合在一起的，所以有学者就提出了“钗黛合一”这样的观点。那么林黛玉和薛宝钗到底是在哪一方面实现了合一？

**【总论】——贬钗扬黛**

在对林黛玉和薛宝钗的评价上，不同时代、不同层次的人都出奇一致地指向了同一个结论，那就是“贬钗扬黛”。林黛玉一直都被认为是真性情、性灵、纯真的代表；薛宝钗一直都被认为是虚伪的、造作的，被认为是封建势力的积极维护者。今天，我们就先把这个结论放在一边，从如下五个方面，对二人进行一下比较，看一看我们能得出什么结论。

## 一、外貌和气质的比较

### （一）林黛玉——风流袅娜

如果我们要用一个词来描述林黛玉的外貌和气质的话，“风流袅娜”这个词应该是最恰切的。我们来看一下《红楼梦》中有关林黛玉的外貌和气质的描写。

1. 在第三回中，当林黛玉第一次出现在众人面前的时候，她的外貌没有引起众人的关注，只是觉得她“举止言谈不俗，身体面庞虽怯弱不胜，却有一段自然的风流态度”。也就是林黛玉的“言谈不俗”“自然的风流态度”，在阅人无数的贾府众人看来是特别突出的；同样在这一回中，当王熙凤看到林黛玉的时候，对她有过这样的评价：“天下真有这样标致的人物，我今儿才算见了！”王熙凤对林黛玉的评价，虽然有讨好贾母的成分，但是王熙凤作为荣国府的大管家，自认为“普天下的人我不笑话他也就罢了”。她对林黛玉做这样的评价，确实也说明林黛玉是非常漂亮的。还是在这一回中，当贾宝玉第一次看到林黛玉的时候，我们才借助贾宝玉的眼睛，第一次看到了林黛玉的五官：“两弯似蹙非蹙罥烟眉，一双似泣非泣含情目。态生两靥之愁，娇袭一身之病。泪光点点，娇喘微微……心较比干多一窍，病如西子胜三分。”蹙、泣、愁、泪、喘、比干、西子等词语就突出了林黛玉多愁善感、灵巧聪慧的特点。

2. 第二十六回中描写林黛玉外貌的词有：绝代姿容、稀世俊美、才貌世应稀。林黛玉一哭，天地都为之变色。

3. 第二十五回中写呆霸王——薛蟠，忽一眼瞥见了林黛玉风流婉转，已酥倒在那里。“酥倒”这个词用得太妙了，真是活灵活现。薛蟠这样的人一见林黛玉就酥倒在了那里，足以证明林黛玉的美是雅俗共赏的。

下面，我们再来看一下薛宝钗。

（二）薛宝钗——鲜艳妩媚、安分随时

如果我们要用一个词来形容薛宝钗的外貌的话，“鲜艳妩媚”这个词就最合适不过了。如果用一个词来形容她的气质的话，那就是“安分随时”。林黛玉似乎是慢慢地向我们走过来的，她的眉眼是逐渐进入我们的视野的；但是薛宝钗的眉眼是一下子就特别鲜明地突出在我们眼前的。

1. 第四回描写薛宝钗“生得肌骨莹润，举止娴雅”，第五回又说她“品格端方，容貌丰美”，并且在钗黛二人外貌上做出了这样的判断：“人多谓黛玉所不及。”

2. 第八回，在贾宝玉的眼中，薛宝钗的外貌是这样的：“唇不点而红，眉不画而翠，脸若银盆，眼如水杏。罕言寡语，人谓藏愚；安分随时，自云守拙。”这样的眉眼真是鲜艳妩媚，并且说明她的身体是非常健康的。

3. 当第二十八回，贾宝玉跟薛宝钗要红麝香串看的时候，他就注意到了宝姐姐的“雪白一段酥臂”，不觉动了羡慕之心，产生了要摸一摸的念头。并且看着看着，不觉就呆了。这说明在林黛玉和薛宝钗这两个人中间，吸引贾宝玉产生情欲念头的是薛宝钗而不是林黛玉。

总之，钗黛二人在外貌和气质上是各有千秋的。贾宝玉在梦游太虚幻境的时候，对他进行启蒙教育的秦可卿，其鲜艳妩媚大似宝钗，风流袅娜又如黛玉。“鲜艳妩媚”是宝钗的特征，“风流袅娜”是黛玉的特征，这两个都是女神级的人物。就像兴儿在六十五回中对尤二姐所讲的那样：“我们鬼使神差，见了他两个，不敢出气儿。”“生怕这气大了，吹倒了姓林的；气暖了，吹化了姓薛的。”但是，在贾府众人眼中，大家普遍认为，单单就外貌而言，薛宝钗的外貌“人多谓黛玉所不及”。

## 二、健康状况的比较

其实这一项的比较，没有什么悬念，大家都知道，林黛玉体弱多病，薛宝钗非常健康。我给大家再补充一些细节。

### （一）林黛玉——体弱多病

1. 在第三回中，林黛玉一出场就告诉我们：“从会吃饮食时便吃药，到今日未断，请了多少名医修方配药，皆不见效。”林黛玉身体是有病的，什么病？是肺病，也就是我们平常所说的痨病。这是一种很遭罪的病。林黛玉是从会吃饮食时便吃药的，她吃的药叫什么名字？人参养荣丸。

2. 我们再来看看林黛玉吃饭和睡觉的情况：有一次贾宝玉问林黛玉晚上睡觉的情况，黛玉道：“昨儿夜里好了，只嗽了两遍。却只睡了四更一个更次，就再不能睡了。”其实林黛玉是有失眠症的。一个更次就是两个小时，大家现在每天晚上都睡几个小时？我们说最低要八个小时。大家想一想，如果你常年睡不着觉，睡一晚上只能睡两个小时的话，会是什么感受？

3. 林黛玉“平素十顿饭只好吃五顿”。林黛玉本来身体就不好，再加上睡不好觉，吃不好饭，她的身体状况真的很糟糕。

### （二）薛宝钗——丰腴健康

薛宝钗很健康，并且有点胖，贾宝玉曾经就薛宝钗的胖打趣过她，惹得薛宝钗唯一一次发怒。但是薛宝钗也是吃药的，她吃什么药呢？冷香丸。那么薛宝钗有什么样的病症需要吃药呢？“也不觉什么，只不过喘嗽些，吃一丸也就罢了。”喘嗽些，谁不咳嗽呢？我想我们在座的每一位都喘嗽过，但是薛宝钗要吃药。

冷香丸制作起来非常繁琐：春天的白牡丹花蕊十二两、夏天的白荷花花蕊十二两、秋天的白芙蓉花花蕊十二两、冬天的白梅花花蕊十二两；在和药的时候，又要雨水这日的雨水十二钱、白露这日的露水十二钱、霜降这日的霜十二钱、小雪这日的雪十二钱。冷香丸有着很深的寓意：薛宝钗很端庄，但她也像其他妙龄少女一样有着青春的萌动，但是她在时间的推移中，在礼教的洗礼中，不断地压制自己内心的冲动，成为一个举止娴雅、品格端方的大家闺秀。吃冷香丸的过程也就是她成为一个大家闺秀的修炼的过程。

## 三、身世家族的比较

大家对钗黛二人在这一项的比较上也是没有什么悬念的，都知道林黛玉是家族没落寄居在贾府的，而薛宝钗出自本省的四大家族之一。但是我想在这里跟大家做一下补充：

### （一）林黛玉——家业飘零

1. 林黛玉的家族绝不是普通的仕宦之家。“原来这林如海之祖，曾袭过列侯，今到如海，业经五世。起初时，只封袭三世，因当今隆恩盛德，远迈前代，额外加恩，至如海之父，又袭了一代；至如海，便从科第出身。虽系钟鼎之家，却亦是书香之族。”林家只是后来才逐渐没落的。到林黛玉的时候，又没有男孩，人丁不旺，便再也无法扭转衰落的趋势。

2. 在第七十二回，当贾府已经内忧外患、开始没落的时候，贾琏曾经发出这样的感慨：“这会子再发个三二百万的财就好了。”“三二百万”，也就是“二三百万”，贾琏很可能曾经发过这样的财。林黛玉的父亲去世的时候，是贾琏去料理的丧事，因此就有人认为贾琏曾经发过的这二三百万的财就是林家的财。

3. 孤身来到贾府的林黛玉的日子并不好过，在四十五回，当薛宝钗建议林黛玉吃燕窝的时候，林黛玉说了这样一番令人心酸的话：“那些底下的婆子丫头们，未免不嫌我太多事了……原是无依无靠投奔了来的，他们已经多嫌着我了。”“我是一无所有，吃穿用度，一草一纸，皆是和他们家的姑娘一样，那起小人岂有不多嫌的。”而薛宝钗因为家里有雄厚的财力，所以她就安慰林黛玉：“你放心，我在这里一日，我与你消遣一日。”当天晚上就给林黛玉送了一大包上等燕窝来，还有一包子雪花洋糖。

（二）薛宝钗——四大家族之一

护官符里是这样描述薛家的："丰年好大雪，珍珠如土金如铁。"除了给林黛玉送燕窝外，薛宝钗还利用薛家的经济财力，帮助了很多人：帮助经济拮据的史湘云摆下螃蟹宴，帮助贫寒的邢岫烟悄悄地赎回当掉的棉衣。当贾府只剩下一个空架子，内囊已经翻上来的时候，薛家雄厚的经济实力对贾府来讲就非常重要了。贾宝玉与薛宝钗的结合真的是"金玉良缘"。

## 四、学问和才学的比较

在钗黛二人的人物判词中，薛宝钗最突出的是"德"，林黛玉最突出的是"才"。那么在才学上是不是薛宝钗就比林黛玉差很多呢？林黛玉身上的才主要是什么才呢？

（一）林黛玉——诗才

1. 林黛玉身上的才主要就是"诗才"。林黛玉非常看重她的诗才，元妃省亲的时候"黛玉安心今夜大展奇才，将众人压倒"。

2. 透过刘姥姥的眼睛，我们看到林黛玉的潇湘馆："窗下案上设着笔砚，又见书架上磊着满满的书，刘姥姥道：'这必定是那位哥儿的书房了。'""这那像个小姐的绣房，竟比那上等的书房还好。"因此，作诗、看书在林黛玉的日常生活中占据了非常重要的地位。

3. 那么林黛玉的诗才到底怎样呢？大观园中起了两次诗社，集中作了四次诗。作诗的胜负结果如下：第三十七回，海棠社：《咏白海棠》，蘅芜君第一，潇湘妃子当居第二。第三十八回，海棠社：做菊花诗，黛玉的《咏菊》《问菊》《菊梦》连中三元。并列第二的有 5 首，薛宝钗占了 2 首。第三次，海棠社：芦雪庵《即景联句》，主要是史湘云显示出了敏锐的诗才，林黛玉和薛宝钗没有什么特殊的表现。第七十回，桃花社，作《柳絮》词。这次填词，以薛宝钗的作品为尊，林黛玉和史湘云并列第二。因此仅就诗才而论，林黛玉与薛宝钗几乎是并驾齐驱的，薛宝钗得了两个第一，林黛玉连中三元。林黛玉的才仅限于诗才，但是诗才在当时的价值观中，并不是一种被看重的才能。

4. 从对李纨的介绍中，我们可以看出当时的世家大族对她们这些贵族女子的要求："女子无才便有德"，"认得几个字，记得前朝这几个贤女便罢了。却只以纺绩井臼为要，因取名为李纨，字宫裁"。

5. 那么林黛玉针线做得怎么样呢？贾宝玉佩戴的玉上边穿的穗儿是林黛玉给穿的，贾宝玉戴的一个香囊是林黛玉做的，不过后来又铰了。整部《红楼梦》对林黛玉做针线的描写只有一处，林黛玉是边跟贾宝玉怄气边做的针线。袭人曾经这样说道："他可不做呢。饶这么着，老太太还怕他劳碌着了。大夫又说好生静养才好，谁还烦他做？旧年好一年的工夫，做了个香袋儿；今年半年，还没见拿针线呢！"

（二）薛宝钗——博学宏览

薛宝钗在作诗、绘画、制药、女红等方面都有着出类拔萃的才能，"博学宏览"这个词，她是当之无愧的。

1. 在第七回，当薛宝钗第一次出现在读者面前的时候，就是"穿着家常衣服，头上只散挽着纂儿，坐在炕里边，伏在小炕桌上同丫鬟莺儿正描花样子呢"。在这之后，很多场面薛宝钗都是以做针线的形象出现的。

2. 林黛玉很重视她的诗才，但是在薛宝钗看来，"就连作诗写字等事，原不是你我分内之事，究竟也不是男人分内之事"。这就是当时的主流价值观。

3. 第四十二回，贾惜春要画大观园，薛宝钗给她开列了一张准备材料的单子，真是长篇大论。亏她怎么想得出来，大观园的姊妹们都佩服不已。

## 五、性格的比较

当薛宝钗刚来到贾府的时候，贾府众人对二人的性格也是有过评价的。在第五回中，认为宝钗"行为豁达，随分从时"，而黛玉呢，"孤高自许，目无下尘"，因此宝钗"比黛玉大得下人之心。便是那些小丫头子们，亦多喜与宝钗去玩"。

（一）林黛玉——多愁善感

一提起林黛玉，大家想到她的典型形象就是"哭"。在神话传说里，林黛玉是要下界报答神瑛侍者灌溉之恩的，所以要把一辈子的眼泪都还他。在现实生活中，林黛玉动不动就哭，情绪起伏很大，这实在不是一个大家闺秀应该有的举止。林黛玉的性格往好了说是多愁善感，其实就是使小性儿，动不动就恼了，说话还尖酸刻薄。

1. 周瑞家的是王夫人的陪房，在荣国府中的地位是很高的。在第七回中，当周瑞家的给林黛玉送宫花的时候，林黛玉就问："还是单送我一人的，还是别的姑娘们都有呢？"周瑞家的道："各位都有了，这两枝是姑娘的了。"林黛玉就冷笑道："我就知道，别人不挑剩下的也不给我。"其实，这些话是很伤人的。因此周瑞家的一声儿不言语。

2. 贾宝玉的奶妈李嬷嬷曾经这样说道：“真真这林姑娘，说出一句话来，比刀子还尖。”

3. 第二十二回，生气的史湘云曾对贾宝玉说过这样的话：“这些没要紧的恶誓、散话、歪话，说给那些小性儿、行动爱恼的人，会辖治你的人听去！”史湘云认为林黛玉的性格：“小性儿、行动爱恼的人”。你喜欢不喜欢让这样一个人当你的男朋友或女朋友呢？

（二）薛宝钗——稳重和平

在前面进行外貌气质比较的时候，我们已经说了，贾府众人认为薛宝钗“安分随时”，就是小丫头子们也多喜跟宝钗玩。贾母认为薛宝钗“稳重和平”。

1. 薛宝钗的妈妈这样来评价自己的女儿：“你这姐姐就和凤哥儿在老太太眼前一样，有了正经事就和他商量，没了事幸亏他开开我的心。我见了他这样，有多少愁不散的。”

2. 在贾府里边很不着调，连小丫头都敢欺负的赵姨娘曾经这样评价过薛宝钗和林黛玉：“怨不得别人都说那宝丫头好，会做人，很大方，如今看起来果然不错。他哥哥能带了多少东西来，他挨门儿送到，并不遗漏一处，也不露出谁薄谁厚，连我们这样没时运的，他都想到了。若是那林丫头，他把我们娘儿们正眼也不瞧，那里还肯送我们东西？”

**【结论】——未形猜妒情尤浅，肯露娇嗔爱始真**

当我们抛开“贬钗扬黛”的定论，将钗黛二人做一个客观比较的话，孰优孰劣，我想每一个人都会有自己的判断。我想大家至少不会一边倒地都去喜欢林黛玉。在我上课的时候，大部分的学生喜欢的是薛宝钗。说句实在话，我也非常喜欢薛宝钗。可以说薛宝钗是一个真正的大家闺秀，她有着显赫的家世，鲜艳妩媚的外表，端庄娴雅、安分随时、稳重平和、博学宏览，她身边的人都能得到她经济上的帮助和精神上的安慰。这样的薛宝钗谁不喜欢呢？但是贾宝玉就是不喜欢，他喜欢的是林黛玉。虽然一开始，贾宝玉首先是对薛宝钗产生的男女之间的情愫，但随着时间的推移，他逐渐发现他跟林黛玉才是心心相印的精神伴侣。薛宝钗再好，贾宝玉就是对她没有感情。

第六十三回“寿怡红群芳开夜宴”，是《红楼梦》中非常重要的一回。花签上的花和诗就暗示着抽到这根花签的女孩子的命运。薛宝钗是第一个掣花签的，她的代表花是牡丹，众人也都认为“你也原配牡丹”。花签上是一句唐诗“任是无情也动人”，这句唐诗出自诗人罗隐的《牡丹花》。“任是无情也动人”，确实表明薛宝钗这位端庄的“冷美人”不管怎样都很美。但是这首诗还有这样两句：“可怜韩令功成后，辜负秾华过此身。”这就暗示了薛宝钗的悲剧命运。韩令指韩弘，唐元和十四年曾为中书令，因此称为韩令。当时“京城贵游尚牡丹三十余年矣。每春暮，车马若狂，以不耽玩为耻。……元和末，韩令始至长安，居第有之，遽命斫去。曰：‘吾岂效儿女子耶？’”牡丹花虽然能解语，虽然倾国，虽然整个京城都为它举城若狂，但是在韩弘看来就是不喜欢，就要把它砍掉。大家都喜欢薛宝钗，但是贾宝玉就是不喜欢，这也是没有办法的事情！

大家之所以不喜欢薛宝钗，有三个典型事件：一个是第二十七回中的“嫁祸说”，薛宝钗听到了红儿和坠儿的悄悄话，她把偷听者的罪名嫁祸给了林黛玉；第二个是第三十二回，金钏跳井后，薛宝钗开导王夫人的那番话；第三个就是第六十七回，当听闻尤三姐自刎、柳湘莲出家后薛宝钗的反应。作为一个现代人，我们到底应该怎样看待这三件事？我想我们应该避免人云亦云，而应该自己去做大量的客观公允的分析。我的结论是：这三个事件并不能证明薛宝钗工于心计、冷酷无情，我们很多人做的事情要比她过分得多。薛宝钗是一个不折不扣的大家闺秀！

反而如果以大家闺秀的标准来衡量林黛玉的话，她似乎不太符合标准：我们在前边已经说过，在言行举止上，史湘云认为林黛玉是“小性儿、行动爱恼的人”，这确实与端庄文雅的豪门闺秀的举止不符。在第二十八回，薛宝钗羞笼红麝串的时候，林黛玉进来了，她当时“蹬着门槛子，嘴里咬着手帕子笑呢”。什么叫蹬着门槛子？过去的门都有门槛，比较高，人站在上面根本站不稳，并且非常不雅观。在整个《红楼梦》里，蹬过门槛子的还有一个人，就是王熙凤，一次“蹬着门槛子拿耳挖子剔牙”，一次“把袖子挽了几挽，跐着那角门的门槛子”。这真的不是一个大家闺秀应该有的举止。

贾府是一个礼教森严的诗礼簪缨之族，礼教是维持整个家族日常运作的纲常法纪。第六十三回，当荣国府的管家娘子林之孝家的，听贾宝玉叫袭人、晴雯的名字而不叫姐姐的时候，她是这样来教导贾宝玉的：“便是老太太、太太屋里的猫儿狗儿，轻易也伤他不得。这才是受过调教的公子行事。”第五十六回，当江南甄家打发四个婆子来贾府请安的时候，贾母说了这样一番话：“可知你我这样人家的孩子们，凭他们有什么刁钻古怪的毛病儿，见了外人，必是要还出正经礼数来的。若他不还正经礼数，也断不容他刁钻去了。就是大人溺爱的，是他一则生的得人意，二则见人礼数竟比大人行出来的不错，使人见了可爱可怜，背地里所以才纵他一点子。若一味他只管没里没外，不与大人争光，凭他生的怎样，也是该打死的。”贾府里到底是怎样管教子孙的，第四十五回，贾府中资格最老、地位最高的赖嬷嬷曾经这样教导过贾宝玉：“当日老爷小时挨你爷爷的打，谁没看见的。老爷小时，何曾像你这么天不怕地不怕的了。还有那大老爷，虽然淘气，也没像你这扎窝子的样儿，也是天天打。还有东府里你珍哥儿的爷爷，那才是火上浇油的性子，说声恼了，什么儿子，竟是审贼！”贾府确实是礼教森严，是我们这样的现代人无法想象的。

通过刚才的分析，我们发现，林黛玉的一些行事确实是不符合闺秀的标准的。但是贾府礼教森严，如果林黛玉一味这样的话，那么贾府岂能容她？但是林黛玉在贾府里又是享有特权，特别受宠爱的。这到底是什么原因呢？

其实我们从全书的角度来看，林黛玉并不是一直都这样。在第三回，刚进荣国府的时候，她“步步留心，时时在意，不肯轻易多说一句话，多行一步路，惟恐被人耻笑了去”。当晚休息的时候，袭人过来开导林黛玉，她是这样回答的：“姐姐们说的，我记着就是了。”多么地乖巧可人呀！

在第四十五回，当薛宝钗晚上打发一个婆子来给黛玉送燕窝和雪花洋糖的时候，黛玉跟这个送东西的婆子之间有过一场愉悦的对话。通过这个对话，我们可以看出林黛玉是深谙世故人情的，对婆子很体贴：“难为你。误了你发财，冒雨送来。”又赏给了婆子几百钱。这绝对不是“我说呢，别人不挑剩下的也不给我”的那个时候的林黛玉了。林黛玉似乎一下子成熟了、懂事了。林黛玉为什么会发生这样的变化呢？林黛玉说话尖酸刻薄、小性儿、行动爱恼人，这样的一些言行主要集中在第七回至三十四回。在第七回之前，和三十四回之后，林黛玉都是一个出身诗礼簪缨之族的标准的大家闺秀。薛宝钗是大家公认的大家闺秀，实质上，林黛玉也是一个出身于钟鼎之家、书香之族的大家闺秀。我认为“钗黛合一”就是在这个基础上的合一，虽然她们的个性各不相同，但是在本质上她们都是恪守礼教的大家闺秀。

是什么使林黛玉的举止表现得不像一个大家闺秀呢？通过文本分析，我们发现，她情绪上的起伏波动主要是因为她跟贾宝玉之间的情感纠葛。薛宝钗太优秀了，而贾宝玉又是一个“情不情”的人。他“看见燕子，就和燕子说话；河里看见了鱼，就和鱼说话；见了星星月亮，不是长吁短叹，就是咕咕哝哝的”。更何况是那些美丽的少女呢？“且是连一点刚性也没有，连那些毛丫头的气都受得。”林黛玉对贾宝玉一直不放心，都是这个不放心让她惹了一身的病。当第三十二回“诉肺腑心迷活宝玉”的时候，贾宝玉对林黛玉的一番肺腑之言，终于让林黛玉明白了贾宝玉的心，心中的疑虑得到了肯定的回答。第三十四回，宝玉赠给了林黛玉两方旧帕子，这两方旧帕子实际上是宝黛二人之间的定情信物。在这一回中宝黛之间的感情定了，林黛玉的心也就定了。因此林黛玉又恢复了她大家闺秀的举止。林黛玉前后举止的变化，这也证明了她对贾宝玉感情的真挚：这正如脂砚斋在第二十九回的批语中所讲的那样：“未形猜妒情犹浅，肯露娇嗔爱始真。”

# 忠厚传家远　诗书继世长

袁爱祥

“忠厚传家远，诗书继世长”，这是一副著名的对联。上联一开始就教导人们要忠厚为人。“忠”是尽心竭力做事，比如帮人做事时，不偷懒不耍滑，对得起别人的信任或工钱；工作中任劳任怨，尽职尽责，甘于奉献。“厚”是厚道做人，与人为善。厚道做人体现在生活中，就是要以善意的思想、善意的行为与人相处。有个人说过一个例子，一个人掰了我种的棒子，让我碰见了，我不但不骂他祸害庄稼，还问他够不够吃，不够吃的话再多掰几个给他。为什么这么做？用善意的思想来考虑，他掰棒子，说明他想吃。我真心诚意送给他几个棒子，他便不会因为掰我的棒子让我碰见而心里别扭。他掰我种的棒子，不掰他自己地里的，说明我种的棒子比他种的好。这样一想，我心里也平衡了。这样处理，两人关系不会因为这几个棒子闹僵了。相反，为了几个值不了多少钱的棒子，如果我骂他一顿，我生气，他也生气，两人反而会结下矛盾，造成更多的损失。这就是一个在善意主导下厚道做人的很好的例子。

我们常说远亲不如近邻，一个人活在社会上，能力再强，遇到大事急事，也需要别人的帮助。什么样的人最容易得到别人的帮助？当然是厚道做人的人。厚道之人，平时乐意帮助别人，别人自然就喜欢来帮助你。

忠厚做人、与人为善的道理，我们大家都明白，关键是平日里怎么能做到。这就要提高自己的道德修养，尽力减少私欲的影响。每个人都有私欲，在私欲的干扰下，一般人都是首先考虑自己的利益，看看是吃亏还是赚便宜，再决定做还是不做，多做还是少做。这样一来的话就会只看眼前利益，不看长远利益，只想多拿，不想多做，这就出现损人利己的情况了。损人利己的人或做事方式，当然是不受欢迎的。

记得小时候，夏天下雨后，孩子们常用一根粗铁条玩一种“插鳖”游戏。一种是从里往外插，一圈一圈，越插范围越大；一种是从外往里插，圈子越插范围越小，最后憋住了。一个过分追求自我利益的人，就如同从外往里插鳖，越插范围越小，最后必然被憋住。

要提高自己的道德修养，提高生活的智慧与能力，就要做到下联所说的——读《诗》读《书》。这里的“诗书”不是指唐诗宋词，而是指《诗经》《尚书》。《诗经》《尚书》同《周易》《仪礼》《春秋》并称“五经”。想把五经全精通当然很好，但有些不太现实，但起码要读通《诗经》《尚书》。

尤其是《诗经》，我们现在多把《诗经》当文学作品来读，古人不是这样认为的，古人把《诗经》当作通达事理、涵养性情的重要经典。一次，孔子独自站在庭院中，看见他儿子孔鲤快步走过。就问：“学《诗》了吗？”孔鲤回答：“没有啊。”孔子教导儿子说：“不学诗，无以言。”不学《诗经》，就不会懂得说话。后人对这句话的理解是：学诗能让人通达事理，事理通达了就心平气和，心平气和才能恰到好处地说话。一个人通达事理，他在思考问题、处理问题时就会心态平和。同样是被人家掰了棒子，阳光的人就不去怪罪他，使问题得到善意的处理；不阳光的人就会认为你这是在祸害庄稼，偷我的东西。如果这样偏激，两人之间必然会产生争吵，问题就来了。所以通过读《诗经》来涵养性情，通达事理，非常有必要。

古人还把《诗经》当作言辞应对、学习政务的教科书。孔子说：“诵《诗》三百，授之以政，不达；使于四方，不能专对。虽多，亦奚以为？”《诗经》三百篇读得很熟，让他处理国家政务，他不会；让他当外交使节，不能恰到好处地说话。读得再多，又有什么用呢？古时候，人们在交往中或出使别的诸侯国时，经常不直接说出自己的意见，而是通过朗诵诗来表达自己的观点，告诉对方自己想什么，这就是专对。如果对诗不熟悉，不知道对方在说什么，你就不能从《诗经》中选出一首最能代表自己意见的诗，回过头来朗诵给对方。晋国公子重耳，因为内乱逃亡在秦国，秦穆公宴请重耳时，席间朗诵了《采菽》这首诗。《采菽》描写的是天子与诸侯相见的情景。重耳听了马上下堂拜谢。重耳此时还是一个流亡的公子，秦穆公用这首诗婉转地表示，我愿意帮助你回国主政。所以重耳心领神会，接着朗诵了《黍苗》这首诗，用它来表示自己就像黍苗渴望甘雨一样需要穆公的帮助，既抬高了穆公的身份，又不着痕迹地表达出了自己的想法。两人的一唱一和非常得体。《左传》中记载了好多这样的例子。

阅读经典，汲取道德力量，不仅是为了个人的建功立业，还要着眼于整个家族着眼于儿孙后代，形成一种学习《诗》《书》、忠厚做人的良好家风，就会使整个家族充满正能量，后世子孙代代出英贤，达到传家远、继世长的目的。正如《三字经》所说：“人遗子，金满赢。我教子，唯一经。”所以当我们抱怨孩子不听话不好好学习时，做父母的首先应该反思有没有哪里做错了。比如，当孩子在里屋做作业的时候，你在做什么，如果你在看电视、上网，孩子心里会不平衡的。朱熹小时候，晚间在油灯下读书，祖母在旁边纳鞋底陪着。这让朱熹从小就明白，读好书，是小孩子的责任；做好鞋，是大人的任务。各自都力争做好自己的那一块。因此，想要孩子提高，首先要提高自己，优秀的父母才是孩子最好的老师。要提高自己，还是要学习《诗》《书》。

学习《诗》《书》在于明理，明白做人做事什么是对什么是不对的道理。明理不是我心里知道就行了，而是照着这种道理认真地去做，孜孜不倦地去做，直到使忠厚成为自愿自觉无知无觉的自然行为，这才算明理，古人将这种学而时习之的践履方式叫知行合一。儒家的道理并不复杂，关键是怎样做。

最后，我与大家共享一下《三国演义》八十六回中，西蜀学士秦宓用《诗经》舌辩东吴使者张温的故事。书中提到，夷陵大战，刘备战败，诸葛亮派使臣到东吴修复关系，东吴孙权派使者张温回访西蜀。张温在刘禅面前傲慢无礼，惹恼了西蜀众人。回国前诸葛亮设酒宴相送，西蜀学士秦宓闯入宴席，与张温展开了一场精彩的舌战。

> （张温）乃问孔明曰：“此何人也？”孔明答曰：“姓秦，名宓，字子敕，现为益州学士。”温笑曰：“名称学士，未知胸中曾学事否？”宓正色而言曰：“蜀中三尺小童，尚皆就学，何况于我？”温曰：“且说公何所学？”宓对曰：“上至天文，下至地理，三教九流，诸子百家，无所不通；古今兴废，圣贤经传，无所不览。”温笑曰：“公既出大言，请即以天为问：天有头乎？”宓曰：“有头。”温曰：“头在何方？”宓曰：“在西方。《诗》云：‘乃眷西顾。’以此推之，头在西方也。”温又问：“天有耳乎？”宓答曰：“天处高而听卑。《诗》云：‘鹤鸣九皋，声闻于天。’无耳何能听？”温又问：“天有足乎？”宓曰：“有足。《诗》云：‘天步艰难。’无足何能步？”温又问：“天有姓乎？”宓曰：“岂得无姓！”温曰：“何姓？”宓答曰：“姓刘。”温曰：“何以知之？”

宓曰：“天子姓刘，以故知之。”

张温看到难不倒秦宓，便又问了一句两难并带有陷阱的话语：“日生于东乎？”

孙权东吴在西蜀东方，秦宓假如回答“是”，则承认东吴奉天命为上为尊，西蜀为下为卑；假如回答“非”，则是违背了客观天象，证明秦宓只不过是一个无真才实学的书呆子。

没想到秦宓却对道：“虽生于东，而没于西。”——太阳虽是出在东方，但最后还是落回到西方。拥有天命的是我西蜀，你东吴还是俯首称臣吧！

秦宓以他渊博的知识和雄辩的口才，打掉了张温的傲慢无礼，让张温心服口服，为大败后的西蜀赢得了受人尊重的地位。这也是《诗经》的活学活用。

# 说文解字话“四端”

殷延禄

汉字是世界上唯一的从古代一直演变过来没有间断过的文字形式，汉字形成完整系统文字至少有三千多年了。三千多年来，汉字从字形上经历了几次大的变化：

甲骨文—金文—小篆—隶书—繁体字—简化字，这从“车”字的字形演变中可以清晰地看出来。

我们为什么要选择从汉字的角度去讲解儒家文化呢？这跟我们汉字本身有关系。关于汉字的起源，主要有三种传说：八卦说、结绳说和仓颉说。传说只能是传说，不是历史的真相。历史的真相是：汉字的起源是一个社会的、集体的行为，每一个字都承载了文明的进程、文化的特性、民族的发展。一个字为什么这样造？都有着当年的社会文化背景，不是随便造出来的。著名的历史学家陈寅恪先生说过，“凡解释一字即是做一部文化史”。通过对文字字源的探求，可以让我们了解孕育孔孟儒家思想的文化源头，为认识孔孟儒家思想提供了一个非常简便的媒介。

大家生活在孔孟的家乡，我想最应该了解的一个字，就是儒家的“儒”。“（儒）”描绘的是人在沐浴时的样子。沐浴对现代人来说，是一件稀松平常的事情，但是，为何成为儒家的专用字了呢？这要从儒家的起源说起。

“儒”在孔子之前是一种职业，工作的内容就是为贵族主持祭祀以及婚丧嫁娶的日常仪式。儒者有一个良好的职业习惯，那就是他们对自己从事的职业非常虔敬：

每一次工作前，都要斋戒沐浴。后来，就有了“儒有澡身而浴德”的说法。“澡身”就是清洗躯体，“浴德”就是戒斋、清心寡欲。描写人沐浴的“儒”字，也就成了这一行当的专用名。

“儒”的行当到了孔子那里，发生了质的变化。经过孔子的努力，“儒”渐渐脱离了单纯的谋生职业，被赋予了道德和思想的担当，从此就有了“君子儒”与“小人儒”的分别。“君子儒”志向远大，他们立志“为天地立心，为生民立命；为往圣继绝学，为万世开太平”。

“儒”的历史演变，体现了“儒”从重视形体清洁到重视内在道德修养的蜕变过程。儒者变成了儒家，儒家文化也逐步发展成为中华文化的主体，对中国乃至世界产生了重要而深远的影响。

非常有意思的是，水也从这时开始与儒家结缘。下面我们要讲到的字就与水有关，这个字就是孟子的“孟”。

“孟”在金文中作“”。“”是一个刚刚出生的孩子，“”是盛水的器皿。刚刚出生的小孩子为什么放到器皿中去了呢?

晋代张华的《博物志》中记载古代南方某地习俗：“临水生儿，便置水中，浮则取养之，沉便弃之，然千百多浮。”古人还有把新生的孩子放在林子里冻饿曝晒或让蚊虫叮咬的习俗，折腾不死的，才抱回来养着。这是古人“物竞天择，适者生存”观念的体现。也有人认为“”是把小孩放到水盆里，为他洗去身上黏着的羊水。无论哪种说法，都是小孩子出生后经历的第一件事。所以，“孟”就有了初始、第一、老大的意思。

孟子是否经过水的洗礼我不知道，我知道的是孟子的一生是伟大的、不平凡的一生。

孟子一生做了两件大事：一是以圣人为师。“由孔子而来，至于今，百有余岁，去圣人之世，若此其未远也。近圣人之居，若此其甚也。然而无有乎尔？则亦无有乎尔！”（《孟子·尽心下》）“乃所愿，则学孔子也。”（《孟子·公孙丑上》）二是以君王为徒。他说：“五百年必有王者兴，其间必有名世者。”（《孟子·公孙丑下》）孟子希望出现这样的“王者”，他希望自己成为这样的“名世者”。那样的“王者”没有出现，但孟子却成为“名世者”而流芳千古。

孟子提出性善论，为儒家找到了思想的基石；孟子提出仁政学说，老百姓从此享有了应有的尊重；孟子提出大丈夫精神、浩然之正气，中华文化从此有了岩岩泰山之气象！中华文化从此有了不屈的脊梁！

孟子性善论的立论归纳起来，主要有三个方面：

一、以亲情论性善；二、以同然论性善；三、以不忍论性善。

不忍之心就是善心，这种善心是每个人天生就有的，人既然天生都有善心，人性自然就是善的了。

孟子说“人皆有不忍人之心”。他举了个例子，说如果你突然间看到一个小孩子马上要掉到井里去了，你会怎么样？你会不假思索地把那个小孩子抱离那个井口，在救孩子的一瞬间你想什么了吗？你想要跟孩子的父母结交吗？不会想。你想到朋友那里显摆显摆说我今天救了个小孩吗？不会，你当时没有那个念头。你只是那个不忍人之心瞬间出现。这个瞬间出现的不忍人之心，就是你的良知、良能，你本性的善。我们每一个人都具备这个不忍人之心。孟子把不忍人之心概括为四个方面，他说：

> 恻隐之心，仁之端也；羞恶之心，义之端也；辞让之心，礼之端也；是非之心，智之端也。（《孟子·公孙丑上》）

通过仁、义、礼、智“四端”的修炼，你就会修成一个有道德的君子，一个“文质彬彬”的人。我们今天就来说说这个“四端”。

先看“仁”。

《说文解字》说：“仁，亲也。从人从二。”“亲”是什么？“亲”就是爱。为什么“从人从二”这个字就能表达一种亲、一种爱的意思呢？我们看看古人造字时是怎么想的。

这个“”字就是“仁”。“”是个侧立的人，古人造字太伟大了，不要小看这两笔，这是个人，侧着身子的一个人，但是突出是个直立的人，然后突出人的手，手是用来劳动的。我们人类是怎样走向文明的？一是直立行走，二是自觉地劳动。所以说我们的先人概括人的时候太聪明了。

再回到刚才的那个问题，“从人从二”这个字形为什么能够表达出“亲”，表达出“爱”的意思呢？

老百姓经常说一句话：“两人好得跟一个人一样。”如果你是当年造字的人，我给你出这个题目，你造一个字要表达出“两个人好得跟一个人一样”这个意思来，你怎么造呢？好像想想没有什么头绪，挺为难的。古人太聪明了，伸手就来。你不是说两个人好得跟一个人一样吗？“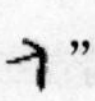”是一个人，再给你加个重复号，变成“”，这就不是一个人，而是俩人。但是后来写字的人不知造字的想法，写错了，把这个重复号写长，就变成了“二”，然后就变成“二人”为“仁”了。“仁”可以表达“亲”的意思，就是这么来的。

那么人和人之间的这个“亲”和“爱”从哪里来？来源于我们本性的善，来源于我们血缘情感的培养。

“孝弟也者，其为仁之本与！”（《论语·学而》）有子认为，孝敬父母，尊敬兄长，是培养“仁”的最初的起点。

甲骨文“老”作“”，是一个人，但是这个人和刚才那个人不一样，那个人是直立的人，这个人有点驼背了，而且他的头发是披散着的。他的手里拿的是什么？是拐杖，是把一段树枝截下来当拐杖用。一个白发苍苍、披头散发、还有点驼背的人，这就是“老”。再看“孝”，金文作“”，“孝”把手里的拐杖变成了子女的“子”。“孝”是什么？“孝”是父母年老体弱，生活行动各方面都不方便的时候，子女成为他的“拐杖”。这就是孝，这就是孝的本义。

后来，到了孔孟那里，对于“孝”的理念、“孝”的内涵，阐释得更加丰富。其中最重要的就是要“敬”，“孝”父母一定要“敬”，所以咱现在都说孝敬孝敬，“敬”是非常重要的。孔子说：

> 今之孝者，是谓能养。至于犬马，皆能有养。不敬，何以别乎？（《论语·为政》）

你要是孝父母，如果心中不敬，那就跟你养个牛马一样，没什么区别。所以说心中有“敬”才是最大的“孝”。

说到“孝”，让我们再看看古文字中的母亲是什么样子的：由女“”而妻“”、由妻而母“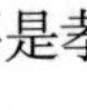”、由母而育“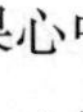”、由育而保“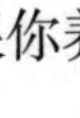”。这就是母亲的一生——勤勉而辛苦。

2015年4月尼泊尔地震灾害中，救援人员从废墟中救出一个小孩和他的母亲。母亲已经奄奄一息了，她说，她想给孩子再喂一次奶。就在孩子吃奶的时候，母亲永远离开了这个世界。

这就是母爱！我们每一个人都享受着母亲这样的恩赐！

这份恩赐让我们如何才能报答？每月给几百元的生活费吗？每隔一段时间做一次匆匆忙忙的问候吗？在痛苦的思念中守孝三年吗？都不够，“谁言寸草心，报得三春晖！”怎样才够？孟子在两千多年前教过我们：“老吾老以及人之老，幼吾幼以及人之幼。”我们要将父母的恩德推己及人，像爱自己的父母那样爱他人的父母，像爱自己的孩子那样爱他人的孩子。只有这样，才能真正回报父母。

儒家的伟大也正在于此，它将血缘亲情推及开来，使之变成人间的大爱！具有了这样大爱之心的人，就是一个具有了“不忍人之心”的人，就是一个仁者。

“仁”的产生，还有另外的一种更加深刻的含义。孟子说过“人皆可以为尧舜”，他为什么这样说呢？因为他认为人性本善，人与人在人性上没有区别，我们每一个人都是相同的，每一个人都可以通过修炼达到尧舜的境界，所以他说“人皆可以为尧舜”。有人说，“人人生而平等”这个理念是西方的，是写在人家美国宪法当中的，其实孟夫子 2300 多年前就已经说过了。

再说“义”。

金文“义”作“”。“义”就是现在说的正义、道义的“义”。繁体字的“義”，上面是“羊”下面是“我”。

《说文解字》说：“義，己之威儀也。从我、羊。”从羊从我即为“義”，有威武之貌。那么大家可能要问，“从羊从我”怎么就有一种威武之貌呢？

先看这个“我”字，“我”在甲骨文当中写作“”，上面横着的是兵器的器身，旁边再加上一个长长的手柄。“我”是什么？“我”是古代一种长手柄的兵器，类似打仗用的戈。“我”既然是种兵器，就和打仗有关系。

在古代的时候，国家的大事不多，所谓“国之大事，在戎与祀”。国家有两件大事，一个是打仗，一个是祭祀。那么打仗之前要怎么样？得要做个祭祀，统一统一思想，鼓舞鼓舞士气。把士兵都召集起来，大家手里都拿着那个“我”的兵器，听长官训话。长官得说明打仗的理由，也就是打仗的正义性。然后士兵一听，群情激奋，大家都拿着那个兵器，同时发一个声音：“俄俄。”“俄俄”这个词的意思，就是威武之貌。“义”的威武之貌，就从这里来。“义”这个字就具有道义、正义的意思。

那么“我”上边为什么挂个羊头啊？有两种解释。

一种解释是，古人打仗前要祭祀，祭祀就得有牺牲，那个挂在“我”上的羊头，就是祭祀用的祭品。另外一种解释，现在听起来好像有点迷信，其实我感觉可能更接近于历史的真实。古代先民认为，羊具有一种很神奇的能力。什么能力？它能辨别善恶。两个人在那里打架，古人就把这个羊牵去，它抵谁谁就没理，揍他一顿就是。我们人类最初就是从对自然、对动物等的崇拜中成长起来的。我们现在写的法律的“法”原来写作“灋”，去掉“三点水”和下面的“去”，剩下的那一部分就是一个独角兽。独角兽是什么？它就是一种具有善恶辨别能力的善兽。它见到那些恶人，那些为非作歹的人，就用它的独角去抵他，跟这个“羊”的用意是一样的。

那么在儒家思想当中，特别是在孟子那里，为什么要强调这个“义”呢？荀子说“人不能无群”。他说人是一种群居的动物，既然是一个群，就必须有分工，有协作，然后把我们这个群变得很和谐。这就需要有我们大家都认可的一套规则，这套规则就是“义”。“义”除了正义、道义的含义外，还有一种意思就是“宜”。做什么事情都是合情、合理、合法的，这个就是“宜”。

“义”有一种作用，那就是对仁的约束。

仁是出于我们人的恻隐之心，它始于我们的血缘情感，所以说它更多的是一种感性的东西。义呢，它是始于我们人的群居生活，更多地具有理性的味道。理性对于感性有一定的约束作用，比如《论语》中有一段对话：

> 或曰：“以德报怨，何如？”子曰：“何以报德？以直报怨，以德报德。”（《论语·宪问》）

有人问孔子，以德报怨怎么样呢？孔子就告诉他说，如果你要是以德报怨的话，你如何报德呢？一个人对你不好，你怎么对待他？你还是对他好，那不是善恶不分了吗？也就等于没有原则。没有原则的老好人，孔子认为是“乡愿”，“乡愿，德之贼也”，没有原则的老好人，对道德是有伤害的。应该怎么办呢？孔子说，要“以直报怨，以德报德”，就是要以一种正当的、正义的方式去对付那些对你不好的人。“直”就是“义”。

我们现在社会上存在很多很多的问题，比如说我们的食品。我们去羊汤馆，想吃点羊肉去，觉得羊肉很好，筷子夹起羊肉来，到了嘴边上，突然想起来昨天电视上报道了，说某个羊肉馆的羊肉是老鼠肉冒充的。你说怎么办？我这个筷子是放进嘴里还是不放进去？

面对这些社会问题，我们最常做的就是抱怨。如果我们每一个人都能像孔子讲的那样“以直报怨”，对所有侵害我们利益的人，我们都拿起法律的武器来，去维护我们的利益，我们这个社会的问题显然就会少得多。这就是我们为什么要去学习传统文化、继承传统文化的原因。

再说“礼”。

甲骨文“礼”作“”，“”即“壴”，就是祭器，“”是祭品。金文“”承续甲骨文字形。造字的本义，就是献祭品，祈福于神灵、祖先。

祭祀是一个非常神圣而且严肃的事情，所以说必须恭敬虔诚，“祭如在，祭神如神在”，“吾不与祭，如不祭”。祭祀的时候你要不到场，跟不祭是一样的。当然，祭祀的时候仅仅有恭敬虔诚还不行，还得要进退有序，分工明确，谁是主祭，谁是助祭，献什么祭品，演什么舞乐等，都有一套严格的规矩，这个规矩就是“礼”。

西周开国之初，周公就将“礼”的理念运用到国家治理，提出了以宗法为核心的礼乐制度，扩大了礼的内涵，使之包含了人生、信仰、制度、器物等各个层次的丰富内容，形成了一套类似于我们后来法律制度的规范条例。

礼，不是空头的道德说教，更不是吃人的恶魔。它既是一套外在的制度（礼制），又是一套内在的观念（道德标准）。“礼之用，和为贵。”它的作用有两个，一是区分：使上下、尊卑、亲疏、远近各明其位；二是和合：使上下、尊卑、亲疏、远近和谐相处。

著名作家夏衍先生临终前，感到十分难受。秘书说：“我去叫大夫。”正在他开门欲出时，夏衍突然睁开眼睛，艰难地说：“不是叫，是请。”随后昏迷过去，再也没有醒来。人的修养到了这个程度，礼还是外在的吗？还是吃人的吗？对于礼的作用，我们要有全面的认识。

“礼”，对我们现在来讲，可能更多的就是一种文明礼貌了，是我们接人待物的普通的规范。一个人如果在社会上一点礼貌没有，那就像孔子说的那样，人无礼那就没法儿在社会上生活了。

再讲“智”。

古代这个智慧的“智”和知道的“知”是一个字。

金文“智”作“”，“”是大小的“大”，然后右边有个小孩“”，中间有个“”。“智”的本义是大人在教小孩子说话。

什么人才是有“智慧”的人呢？古人认为，具有是非辨别能力的人才是有智慧的人。刚才说到“不忍人之心”的四个方面——仁义礼智。孟子说：“是非之心，智之端也。”清代的王夫之解释说：

知字，大端在是非上说。人有人之是非，事有事之是非，而人与事之是非，心里直下分明，只此是智。（《读四书大全说》）

你心里头对人事也好，世事也好，是非都是非常分明的，这才是“智”的“大端”。

我们现在讲“智”，更加有现实的意义。当今社会存在一个很大的问题，就是对于“是非的判断”强调得太少了。现在的教育，更多的是强调分数。孩子考100分，一家人高兴得要命，无论是个小考还是个大考，无论这个孩子是三岁还是更大的年龄。一看得100分，一家人就高兴得了不得；如果考个80，勉强；如果考60，那就不客气了，一巴掌打过去。我们的精力都放在考分上，也就是说我们只强调了“知”，而这个“知”不是古代的“知”，现代的“知”只是知道。我们没去强调“识”，我们把“知识”两个字分裂开来了。“识”是什么呢？“识”是你运用“知”的能力对是非进行判别，也叫“见识”。我们现在教孩子，教了个“知”，把“识”忘了。所以说现在存在一系列的问题。

本来我们应该在初中和高中阶段，培养孩子一生的一个良好的学习习惯，让孩子对学习产生兴趣。结果呢？百分之九十的孩子，经过初中和高中，对学习都产生了厌倦。高三的老师一说今天你们的学业结束了，孩子一听，好啊！书包从教室里扔出去了，书也扔出去了，板凳也下去吧！

那么到了大学是不是好了呢？到了大学也不好。大家还记得复旦大学投毒案吗？到现在我都想不起来林森浩因为什么矛盾投毒黄洋，因为他的理由太小太小了，他们之间的矛盾根本说不上是矛盾。但是，就是这样一个读到大学的孩子，因为一个太小太小的矛盾，用他学的“知”把他的同学毒死了。可怜又可悲！孔子早就说过：

一朝之忿，忘其身，以及其亲，非惑与？（《论语·颜渊》）

因一时的忿怒，把自己忘掉了不说，把自己的“亲”，也就是把自己的父母、家庭忘了，然后就去做坏事，去违法，你那不是“憨”吗？可是我们为什么培养了那么多“憨”孩子呢？这就是在整个知识的传播当中走向了一个偏差，我们只关注了“知”，没关注“识”，没有像古人那样强调“是非之心”。

前两天媒体报道，有一个老人，因为雨大，雨水直没到膝盖，结果骑着车子突然摔倒了，车子一压，老人硬生生地淹死在那个地方。好多的人，都没有一个去救的。我们拥有五千年历史积淀的伟大的文明，积累到今天，难道连一个老人都扶不起来了吗？可悲啊！

正因为这样，我们才要深刻体悟孟子所讲的“不忍人之心”，体悟“仁义礼智”，我们确确实实需要用这个药方，来治治我们的心病，治治我们的世风。

> 人之有是四端也，犹其有四体也。有是四端而自谓不能者，自贼者也；谓其君不能者，贼其君者也。凡有四端于我者，知皆扩而充之矣，若火之始然，泉之始达。苟能充之，足以保四海；苟不充之，不足以事父母。（《孟子·公孙丑上》）

孟子是说：具备不忍人之心，仁义礼智修养得很好了，你要是当个君王，你就可以平治天下；如果你修养不好，你连自己的父母都没法儿孝敬，你在社会上就立不住脚了。

# 国学课堂之古琴知识点滴

青岛市市北第一图书馆尼山书院

## 一、古琴概述

古琴是我国古老的弹拨乐器，在古代只叫作“琴”，或称“玉琴”“瑶琴”，近代为区别于其他乐器，才称古琴。

我国第一部诗歌总集《诗经》里就有许多诗篇把琴和其他乐器并提，如：“窈窕淑女，琴瑟友之”“我有嘉宾，鼓琴鼓瑟”等，那时就出现了很多优美动人的关于琴的故事，这些事实说明在很早以前，琴就已经在古代人民音乐生活中占有了重要的地位。

另外，三千年前的甲骨文“乐”字写成“”，字形表达的意思是以木制其身、以丝为弦的乐器，由此证明中国最早的弦乐器就是琴和瑟。琴历来比瑟重要，琴的出现比瑟应稍早，至少是同时期，所以说古琴有三千年历史也较符合历史发展的实际。

自古琴产生至今，历代都有对古琴的记载。

周朝　作为宫廷伴奏乐器，以右手散音为主，弦数不等，主要作为歌唱伴奏。纯器乐弹奏的有伯牙、子期的故事。著名琴师：春秋时的师旷、钟仪，战国时的伯牙、雍门周。琴曲：《阳春白雪》。

汉朝　七弦琴基本定型，有关琴的文献有蔡邕的《琴操》、桓谭的《新论》。著名琴曲：《聂政刺韩王曲》《蔡氏五弄》。

魏晋南北朝　出现了一批向往超世隐逸的文人琴家，如：阮籍、嵇康。著名琴家：蔡琰（文姬）、阮咸。代表琴曲：《广陵散》《酒狂》《乌夜啼》及现存最早的文字谱《碣石调幽兰》。琴论：嵇康《琴赋》。

隋唐　曹柔发明减字谱，制琴术长足发展。著名琴人：李疑、贺若弼（隋）、赵耶利、董庭兰、薛易简（唐）等人。斫琴家：雷氏家族。著名琴曲：《离骚》《大胡笳》《小胡笳》。琴论：薛易简《琴书正声》。

宋朝　有一弦、二弦、七弦、九弦琴的斫制。浙派流行琴僧系统。文人琴家：欧阳修、苏轼等；浙派琴家：郭楚望、徐天民、毛敏仲。琴论：朱长文《琴史》。

元朝　琴家：耶律楚材。

明朝　琴派兴盛，是古琴大发展的时期，有朱权的《神奇秘谱》。琴家：严天池、徐青山（溪山琴况）。代表琴曲：《渔樵问答》《平沙落雁》等。

清朝　从兴盛走向衰落，弹琴人渐少。

近代　琴家：川派张孔山，诸城派王心源、王露及黄勉之。代表琴曲：《流水》《长门怨》《关山月》等。琴论：杨宗稷《琴学丛书》。

## 二、中国古代四大名琴

中国古代四大名琴指齐桓公的“号钟”、楚庄王的“绕梁”、司马相如的“绿绮”、蔡邕的“焦尾”。

“号钟”　是周代名琴，声音洪大如钟声激荡。传说伯牙曾弹奏此琴，后传至齐桓公手中，他也是好琴之人，收藏了很多名琴，尤其珍爱“号钟”琴，他曾令下属吹起号角，自己奏“号钟”应合。

“绕梁”　古有“余音绕梁，三日不绝”之语，琴以“绕梁”命名，足见其音色特点必然是余音不断。据说“绕梁”是华元献给楚庄王的礼物。楚庄王得到“绕梁”后爱不释手，整天弹琴作乐，竟连续七日不上朝，王妃规劝道：大王过于沉沦于琴乐了，昔夏桀酷爱“妹喜”之瑟招致杀身之祸，纣王误听靡靡之音失去江山社稷，难道大王也愿意丧失国家和性命吗？楚庄王陷于深思，只得忍痛将琴碎为数段，自此“绕梁”绝响。

“绿绮”　是汉代文人司马相如受赠于梁王的一张传世名琴。司马相如精湛的琴艺配上“绿绮”绝妙的音色，使“绿绮”名噪一时，后来“绿绮”就成了古琴的别称，司马相如以琴追求卓文君，被传为千古佳话。

“焦尾”　是东汉著名文学家、音乐家蔡邕斫制的名琴。蔡邕在“亡命江海，远迹吴会”时，曾经于烈火中抢救出一段尚未烧完、声音不同寻常的梧桐木，他依其尺寸制成一张七弦琴，声音果然不凡。因琴尾尚留有焦痕，取名“焦尾”，后闻名四海。

## 三、古琴的构造

琴是由琴体、弦、轸等部件组成。琴体最右边的部分叫琴额，也称琴头，顶端有凤眼、护轸，琴额上嵌岳山，为琴的最高点，岳山一侧为承露，上有七个弦眼，用以穿弦。下有七只用以调弦的琴轸。琴弦从岳山经过琴颈、肩、腰及焦尾而到达龙龈，最后缠绕于雁足之上。琴面有十三个徽位（小圆点），琴底有上下两个长方形音孔，长孔为龙池，短孔为凤沼（也有大小两个圆孔的形制）。

古琴各部位的含义：

古琴面板呈圆弧形，底板平直，象征天圆地方。琴长三尺六寸五分，象征一年有三百六十五天。十三个徽，象征一年有十二个月加一闰月。古琴有七根弦，前五弦代表五行，周文王、周武王各加一根，称文武弦。古琴有三种音色：泛音（天音）、按音（人音）、散音（地音），分别象征天、地、人。

## 四、古琴的文化内涵及文献记载

古琴堪称世界乐器之最：历代琴学论著可谓浩如烟海，唐诗宋词中许多作品与古琴相关。有关古琴的题材大量出现于古代文学作品中，很多成语、词句直接来源于古琴，如：阳春白雪（来源于春秋时琴家师旷）、高山流水（来源于春秋时俞伯牙和樵夫钟子期）、得心应手（来源于《列子》师文弹琴的故事）。

《礼记》记载："士无故不彻琴瑟。"

早在春秋时琴就成为文人必修的乐器，"君子之座，必左琴右书"，尧、舜、周文王、周武王、伯牙、孔子、司马相如、蔡邕、蔡文姬、曹植、阮籍、李白、王维、白居易、欧阳修、苏轼、宋太祖、宋徽宗、明宁王朱权、雍正、乾隆等历史名人都通晓古琴。

琴在历史上是修养心性、体现一个人文化素养的乐器，《史记・孔子世家》中说"于三百五篇孔子皆弦而歌之"，他虚心学琴的故事，成为后人学习的榜样，他所教授的礼、乐、射、御、书、数"六艺"中，古琴是必修课，相传孔子曾经作曲《猗兰》，古琴经典样式中的"仲尼式"相传为孔子所设计。

《墨子・公孟》篇中说："诵诗三百，弦诗三百，歌诗三百，舞诗三百。"

先秦著作《韩非子》曾记述了春秋时期琴家师旷弹琴引来玄鹤合鸣舞蹈的故事。

战国时期俞伯牙、钟子期高山流水遇知音的故事家喻户晓，而伯牙的记载最早见于《荀子》：“昔者瓠巴鼓瑟，而流鱼出听；伯牙鼓琴，而六马仰秣。”

可见两千多年前，人们对古琴表现力的激赏就已经超出于其他乐器，以至于尊崇到了神化的程度。

**五、世界非物质文化遗产名录代表作——古琴**

古琴的历史非常久远，相传伏羲、神农造琴。几千年来古琴始终伴随着中华民族的文明史，从未间断，其式样十分丰富，有近百种不同款式，而古琴谱是最早的记谱体系，自唐开始流传下来一百四十余部琴学文献、三千三百余首不同流派的传谱，给世界音乐文化宝库留下了一笔丰厚的遗产。2003 年 11 月 7 日，古琴被联合国教科文组织宣布为“人类口头和非物质遗产代表作”，有着三千年悠久历史的中国古琴艺术的突出价值，得到世界的公认，这也是世界音乐界对古琴的一种肯定。

# 浅谈围棋与文化

孙文鹏

围棋是起源于中国的古老的文化瑰宝，“琴棋书画”中的棋古时专指围棋。被人们形象地比喻为黑白世界的围棋，是我国古人所喜爱的娱乐竞技活动，是人类历史上最悠久的一种棋类游戏。由于它将科学、艺术、竞技三者融为一体，有着发展智力、培养意志品质和机动灵活的战略战术思想意识的特点，因而几千年来长盛不衰，并逐渐发展成为一种国际性的文化竞技活动。现在世界棋坛呈中、日、韩三足鼎立之势，全世界每年都举办五到十项大赛，如应氏杯、春兰杯、三星杯、LG杯、农心杯等，各种职业、业余围棋比赛数不胜数。

关于围棋的起源有很多有趣的传说，其中流传最广的是“尧造围棋，教子丹朱”。传说尧帝之子丹朱从小顽劣，不爱学习，只爱打架，到处惹是生非。尧为了教育儿子，于是模仿战争发明了可以在棋盘上进行的包围游戏。取天圆地方做成方形棋盘、圆形棋子，法阴阳昼夜做黑白棋子，这就是围棋。他教丹朱先坐到棋盘前，静下心来，然后通过下棋逐步养成肯学习、爱动脑的好习惯，从而成为一个有知识有能力的人。由此可见，发明围棋最初的原因是其具有一定的教育功能，它可以启迪智慧，开发能力。

最早下围棋被称为弈。春秋时期有位叫秋的鲁国人酷爱下围棋，经潜心研究，终成一代国手，被称为通国之善弈者也。大家不知道他姓啥，因其围棋下得好就叫他弈秋。经常有人慕名向他学习下棋。他教过这样两个学生：其中一人认真学习，仔细听讲，研究棋艺，不久也成为一代高手；另一人则一边学习一边却想着天上飞过一只天鹅，他要拿弓箭去把它射下来，最终未能领悟棋艺，进步缓慢。弈秋评论说，二人并非智力有多大差别，只是一人能够专心致志罢了。围棋告诉我们，做任何事情都跟下棋一样须要注意力集中，专心致志。这应该也是“专心致志”这个成语的由来吧。

"烂柯"是关于围棋的另一个较为著名的传说。南朝《述异记》中记载，晋时有个叫王质的樵夫，有一天上山砍柴误入一山中，看到有人在唱歌，有人在下围棋，平时爱好下棋的王质便上前观看，一小孩给了他一个像枣核一样的东西，吃了后便不觉得饥饿。看了一段时间，一个小孩说，时候不早了，该回去了，你看你的斧子都烂了。王质回头一看，果然斧头锈迹斑斑，那木头的斧柄已经腐烂了。他大吃一惊，赶忙回到家里，却发现同时代的人都已经不在了，一打听，原来他在山中看了半天棋，人间已经过去一百多年了。从故事中我们知道围棋具有极强的趣味性，不知不觉时间就从对弈者身边溜走了。在故事的发生地如今的浙江衢州，烂柯山现已建成与围棋有关的风景区。江浙一带自古出围棋高手，世界双冠王马晓春九段、世界冠军俞斌九段都出自浙江，两人还先后担任中国围棋国家队总教练。

《孙策诏吕范弈棋局面》是历史上最早的围棋图谱，这是吴国创始人孙策与手下高级谋士吕范的实战谱，故称"吴图"。很长一段时间，"吴图"成为围棋的代名词。唐朝大诗人杜牧留下了"别后竹窗风雪夜，一灯明暗覆吴图"的优美诗句。三国时期曹操、孙策、陆逊等著名军事家都是围棋爱好者。他们将围棋中的各种技战术与战争很好地结合在一起，体现出了围棋在军事方面的重要价值。脍炙人口的"刮骨疗毒"的故事中也提到了围棋。关羽在打仗时手臂中一毒箭，在接受神医华佗刮骨疗毒的过程中，他一边喝酒一边与马良下围棋，始终神态自若。可见围棋当时在军中已十分流行。

将军们爱下棋，文人也不甘落后。著名的建安七子中的王粲除文学天赋极高外，还是围棋高手。有一次王粲看别人下围棋，见有人不小心将棋局弄乱，便将棋子一子不差地重新摆好，震惊了当时所有人。这是有记载的最早的围棋复盘。在今天，业余 4 段以上的围棋少年们将下过的棋进行复盘，可以说是最普通的基本功了。可见围棋可以显著提高普通人的理解能力和记忆能力。

晋时由于玄学的兴起，当时文人学士阶层谈风甚浓。大家大都以"老、庄、易"三玄为谈资，当时已很流行的围棋作为另一种谈资也深受欢迎，因其具有只动手不须动嘴的特点，故从那时起围棋亦被称为"手谈"，围棋因此具有极好的交友功能。

围棋的其他别名还有黑白、乌鹭、坐隐、木野狐、楸枰等。

与中国象棋比较，围棋发明更早，规则更简单，棋子之间没有力量大小等级高低之分。象棋盘上棋子由多到少，局面逐渐简化。围棋盘则子数由少到多，局势由简单到复杂，由有限到无限。围棋对弈过程更符合天地万物从无到有、发展变化、不断成长的自然规律。

隋唐时期 19 路棋盘已成主流。随着国力的强盛，围棋传入朝鲜、日本等国。围棋传入日本后，日本人不但制作出精美的棋具，还将围棋规则进行一系列的改革完善。例如确定了黑先白后，取消了座子制，取消了还棋头等，围棋在日本得到更快更好的发展。有人说“中国是围棋的生母，日本是围棋的养母”。日本围棋对世界围棋界做出了巨大贡献。

唐宋时期由于帝王们的喜爱，围棋得到了长足发展，对弈之风遍及全国。此时的围棋不仅具有艺术价值和军事价值，更具有陶冶情操、愉悦身心、增长智慧等功能。当时的文人骚客以及名门闺秀，都以弹古琴、下围棋、习书法、练绘画作为修身必备的技能，这就是今天我们常说的“琴棋书画”的由来。人们常以此形容一个人多才多艺，历史上著名的高僧辩才便被人称“博学工文，琴棋书画皆得其妙”。今天的台湾女棋手黑嘉嘉职业七段也属这一类型，因其多才多艺，琴棋书画无所不能，她在任何场合都是一道靓丽的风景线。唐宋八大家之一的苏轼，堪称中国文学艺术史上的全才，他也会下围棋，只是棋力稍逊，所以更喜欢看棋。他认为围棋不仅仅具有竞技功能，更具有交友、益智、修身等功能，遂留下“胜固欣然，败亦可喜”的名句。这种良好健康的心态，更值得我们广大业余爱好者体会学习。

说到中国现代围棋必须要提一位重要人物陈毅元帅，他不仅会打仗、善写诗，还喜下围棋。即使在战火纷飞的年代，他也将棋袋绑在马尾上，利用战争的间隙下棋。他还把围棋的军事价值酣畅淋漓地体现在战场上。元帅有一次下棋，由于过于专注，将一枚棋子当成糖果含嘴里咬了半天，惹得周围人哈哈大笑。鉴于对中日围棋交流做出了巨大贡献，日本棋院赠予陈毅“名誉职业七段”称号。元帅爱下棋，更注重品德，他所说的“棋虽小道，品德最尊”在棋界广为流传。陈毅之子陈丹淮将军，现在仍在围棋界发挥着重要作用。

1984 年由中日棋界共同倡导发起的中日围棋擂台赛成为当时影响力最大的体育赛事。以聂卫平为首的中国棋手在擂台赛上的胜利，极大地鼓舞了中国人民，在神州大地掀起了一股围棋狂潮，培养了一大批围棋爱好者，为中国围棋迅速崛起掀开崭新的一页。由于聂卫平表现突出，中国棋院赠予他“名誉棋圣”称号。擂台赛的胜利和中国女排五连冠一起成为当时最振奋人心和津津乐道的事情。2015 年，中日围棋擂台赛 30 周年纪念赛在中国举行，当年的中日对手重聚在一起，对抗成分少了，叙旧多了，感情深了。围棋将两国棋手的友谊紧紧联系在一起。

下面介绍几位围棋界名人。

吴清源大师，日本职业九段，近现代世界围棋巨匠，福建人。从小在围棋方面表现出特殊的才能，14 岁东渡日本开始职业围棋生涯，后加入日本籍。成名后因在十番棋擂台中将当时日本所有超一流棋手全部打到降级，被称为“昭和棋圣”，一生雄踞天下第一的无冕王位。晚年致力于提携后辈，发展世界围棋，九十多岁高龄还出任应氏杯世界围棋锦标赛裁判长。2014 年在日本去世，享年百岁。在世界围棋界，无论才能还是贡献无出其右者。

世界冠军李昌镐，韩国职业九段，棋风厚实均衡，计算精准，技术全面，基本功扎实，各种战法样样精通，心理素质极佳。在其全盛时期凭借卓越的驾驭全局能力和天下第一的官子功夫，横扫中日韩三国的顶级高手，创多项围棋史纪录。自 16 岁获得第一个世界冠军起，十年间共获 18 次个人赛冠军、13 次团体赛冠军。人称石佛、少年姜太公，被称为上帝专门派来下围棋的人。

世界冠军芮迺伟，中国围棋女棋手，世界围棋史上第一位女子九段，多次获得女子围棋世界冠军，2000 年击败李昌镐、曹薰铉等世界冠军，获得韩国“国手战”冠军，震惊世界棋坛。芮迺伟的强大不仅体现在棋盘上，更体现在心理上。无论在中国、在日本、在美国、在韩国，她从不放弃围棋，一直坚持做最好的自己。如今年过五旬的她依然奋战在第一线，无愧于世界女子围棋第一人。

2016 年举行的围棋人机大战引起了世界轰动，最终人类代表 14 项世界冠军得主李世石九段以 1∶4 输给了由顶尖科学家研究的电脑阿尔法。围棋已经引起科学家们的关注。

围棋不仅具有竞技功能、娱乐功能，更具有不可替代的教育功能，它一直是东方文化的精髓所在。孩子们学习围棋除了提高竞技技术外，更重要的是提高自己的观察能力、分析能力、专注能力，尤为重要的是他们在直面胜负时心理承受能力得到特别大的锻炼。

早在 2001 年，教育部、国家体育总局颁布了三棋进校园文件，说明教育界已经认识到了“琴棋书画”在素质教育中的重要作用，而围棋修身、养性、益智、交友、融合社会的功能是其他项目不可替代的。

围棋经过几千年的发展，早已与儒释道为主的中华文明紧密联系在一起。人生如棋，有进有退；棋如人生，胜负寻常。

# 走近国学

## ——国学为当代和谐社会的构建提供一种精神文化资源

汤　华

改革开放之后，中国上下掀起了一股国学热潮。人不分男女老幼，地不分东西南北，大家都在学国学、谈国学。这里有几个例子可以说明问题：2007年4月22日，国际《道德经》论坛在中国香港和西安同时开幕，这次大会提出的口号是“和谐世界，以道相通”，此处之“道”就是“道可道，非常道”之“道”，这说明富有智慧的道家文化已经走向了世界，正被越来越多的世界人民所接受。在美国，《道德经》成为中文翻译图书中发行量最高的一部书，道家文化中的无为而治、柔弱处下等智慧深深影响了美国人民，里根总统专门把“治大国若烹小鲜”写进国情咨文当中。2009年7月10日，孔子卫视开播，为了扩大影响，编创人员想到了让季羡林先生题词，而此时的季老正躺在医院的病床上，但当老人听说后依然用尽生平最后一丝气力，颤颤巍巍地写下了八个大字“弘扬国学，世界和谐”，第二天，敬爱的季老就永远离开了我们。这八个字可以说是季老生命中的绝笔，是老人一生治学经验的总结，他把国学同和谐社会联系起来，从中我们可以看出国学中的经验和智慧可以为我们今天和谐社会的构建提供一种精神文化资源。2001年中央电视台《百家讲坛》开播，创造了一个又一个收视神话，而国学是其中的主要内容之一。

可见，在向现代化快速迈进的过程中，中国人也在回望传统，感悟古老的中国智慧。作为一个当代中国人了解一点国学常识是非常必要的。

本文的主题就是国学为当代和谐社会的构建提供一种精神文化资源。

“和谐”思想贯穿了中国整个的哲学史、文化史，以孔子、孟子、荀子、董仲舒、朱熹为代表的儒家文化所提倡的“中庸”“和合”思想影响了中国人几千年，成为中国人的一种集体无意识。

在当代，影响社会和谐的因素很多，主要表现为存在着五大危机和三大问题。五大危机是生态危机、社会危机、道德危机、精神危机和价值危机，三大问题是人与自然的关系问题、人与人（包括人与社会、国与国、民族与民族）之间的关系问题、人类自身身心内外的关系问题。

回眸二十世纪，这是一个辉煌但又充满矛盾斗争的悲惨世纪，两次世界大战、两伊战争、海湾战争……战争造成几千万人死亡，文化遗产惨遭破坏，恐怖组织的出现，打破了人类日常生活的安宁，由于对传统的否定，人类中出现了信仰危机、道德真空、金钱拜物教……还有环境污染，面对这些令人头疼的问题，我们何不试着从五千年文明中发掘解决这些问题的资源？

20世纪末期，一大批科学家警告说：人类和自然正走上一条相互抵触的道路。实践证明科技是一把双刃剑，既能造福人类，也是破坏自然的工具、毁灭人类的武器。

西方物质文明发达，得益于文艺复兴后高科技的大规模应用，但西方工业文明的基础是人本主义、人类中心主义，他们将人类视为自然万物的主宰、中心，将自然视为不断满足自己欲望的工具，但人类的欲望无限，地球资源有限，因此就出现了资源枯竭、环境污染等问题，所以这些成就是福还是祸，还有待历史的最终裁决。诺贝尔奖获得者戈尔说：“环境问题不是政治问题，而是一个道德问题。”因此，环境问题的解决观念要改变，西方学者呼吁：在人类物质文明泛滥到无以复加的今天，我们应该深刻学习中华文明“天人合一”。

先来看儒家：

在宗法制社会，儒家思想非常重视代代传承的血缘伦理的亲情关系，尊重前辈和后人的利益是儒家有关自我和群体的思想核心。我是谁？“我是父母的孩子，我是孩子的父母”，人是由延续了几个世纪的关系网界定的，个人与宗族的利益前后延伸几代人，这应该是一种可持续的发展。因此，在对待大自然的态度上，应该是敬畏自然、尊重自然，对大自然的索取应取之有度、取之以时，不要暴殄天物、毫无节制，志不可满，欲不可纵。

儒家不仅讲“仁民”，还讲“爱物”，提倡爱惜大自然、爱惜大自然中的万事万物。

孔子曾称颂天道自然无为，虽然化育了万事万物但从不居功自傲：“天何言哉？四时行焉，百物生焉，天何言哉？”

荀子则主张对大自然应取之有度、取之以时。

> 草木荣华滋硕之时，则斧斤不入山林，不夭其生，不绝其长也。鼋鼍鱼鳖鳅鳣孕别之时，罔罟毒药不入泽，不夭其生，不绝其长也。春耕、夏耘、秋收、冬藏，四者不失时，故五谷不绝，而百姓有余食也。汙池渊沼川泽，谨其时禁，故鱼鳖优多，而百姓有余用也。斩伐养长不失其时，故山林不童，而百姓有余材也。（《荀子·王制》）

荀子告诫人们在捕鱼时不要滥捕，不要竭泽而渔，不要捕产卵的鱼，下的渔网网眼一定要大，在打猎时不要捕喂雏的鸟，春天不打有孕的野兽，不围猎，以便让年轻强壮的能够逃走。

董仲舒主张“天人之际，合而为一”，他的“天人感应”理论是一种典型的天人合一理论。

张载“民胞物与”的理论认为人与物、人与大自然犹如同胞手足、朋友兄弟，整个世界万物一体，应该互仁互爱。

再看道家：

老子主张“道生万物”和“道法自然”，实现人道契合。

> 道生一，一生二，二生三，三生万物，万物负阴而抱阳，冲气以为和。（《道德经·第四十二章》）

——从万物生成和本体上讲“和”，万物包括人本来是统一于道的。（道生万物）

> 人法地，地法天，天法道，道法自然。（《道德经·第二十五章》）

——天地人之间法则相通，并非以人而是以天地自然为依归。（道法自然）

> 以辅万物之自然而不敢为。（《道德经·第六十四章》）

生而不有，为而不恃，长而不宰。（《道德经·第十章》）

——这是讲顺自然，因物性。

老子的这些主张，都表明了人作为大自然的一员，应该因循自然、效法自然、敬畏自然、尊重自然。

而庄子则更彻底地认为，人与自然应是亲密无间的一个整体：“天地与我并生，而万物与我为一”，“独与天地精神往来”。

最后看佛教：

大乘佛教认为万物皆有佛性，“佛性”为万物本源，“山川草木，悉皆成佛”，所以万物是平等的，都可以修得正果成佛，不可随意破坏消灭，否则善恶皆有报应，佛家讲因果报应而让人不敢作恶。

对物欲权力的无止境追求，对自然资源的争夺、占有，使人类野心膨胀，造成人与人、国与国、地区与地区之间的对立与战争，儒家的“仁”的理论可以平息人们之间的矛盾，很好地解决这一问题。

先看“儒”这个字：人+需，即培养社会所需要的人才。再看“仁”：两人为“仁”，这种思想产生在人群里、人际关系里，要时刻想着别人。

儒家对“仁”的解释是“仁者，爱人”，“仁者，人也，亲亲为大”。——仁爱品德是人的本性，而爱自己的亲人是最基本的。

“亲而笃之，爱也；爱父，其继之爱人，仁也。”——由爱自己的父亲扩大到爱别人，才叫“仁”。

“己所不欲，勿施于人”，“己欲立而立人，己欲达而达人”。——这是推己及人，我的所做所为应时刻考虑你的感受。1993年9月世界宗教领袖在芝加哥集会，将孔子的“己所不欲，勿施于人”作为人类行动的终极的、绝对的标准。伏尔泰也说孔子的“己所不欲，勿施于人”应作为每一个人的座右铭。

因此，儒家讲亲亲、仁民、爱物，而爱亲属（孝悌）是最基本的爱，对其他人的“仁”是从爱亲人中推导出来的，“老吾老以及人之老，幼吾幼以及人之幼”，“孝之放，爱天下之民”——由爱亲人、孝敬长辈放大到爱天下的老百姓，让亲情产生更大的稳定社会的力量、安定人心的力量。特别是现代社会亲人相处的时间很短，很多人处于游离、疏离状态，所以，构建和谐社会、和谐人际关系，应该从构建和谐家庭开始，中国的“孝”文化更应该在当代发扬光大。在中国，所有问题都可以归结为家庭，家庭就是社会的细胞。孝是为了家和，家和万事兴，齐家以后才能治国平天下。家庭的核心是夫妻关系、父母子女关系、兄弟姐妹关系，若夫妻、父子、兄弟之间有冲突，从小养成了一种冲突的习惯，走向社会能不与别人发生冲突吗？有冲突就会发生斗争，以至于发生战争。所以，我们应该把亲亲之爱发扬光大，爱兄弟、爱家庭、爱邻里乡党、爱社会、爱国家，最后“凡是人，皆须爱”，这种爱不分种族、民族、地区、国家。爱人怎么会害人，怎么会有战争呢？

道家的智慧为我们今天处理人际关系提供了有益的启示。老子倡导知雄守雌，柔弱处下，以柔克刚。告诫人们作为人不能太刚强，否则就像干枯的树枝、坚硬的牙齿一样容易折断，而至柔不过的水滴则可以把石头穿透。所以，人类不要动不动就大动肝火，挥舞拳头，发动战争。老子一直反对战争，希望人们减少斗争、平息是非，对战争持谨慎甚至哀悼的态度。“以道佐人主者，不以兵强天下，其事好还。师之所处，荆棘生焉，大军之后，必有凶年”，“夫兵者，不祥之器，物或恶之，故有道者不处。……兵者不祥之器，非君子之器，不得已而用之，恬淡为上。胜而不美，而美之者，是乐杀人。夫乐杀者，则不可得志于天下矣。……言以丧礼处之，杀人之众，以悲哀泣之，战胜以丧礼处之”。可见，战争对人类的生命、财产都具有极大的破坏性。

在这个竞争日趋激烈的社会，由于生活节奏越来越快，内外的压力越来越大，人们过度追求感官享受，最终造成了身心失调、人格分裂、心理极度不平衡，引起了精神失常，诸如酗酒、自杀、杀人……这些都是身心扭曲的社会病，严重影响了社会的和谐、国家的安定。中国传统文化中的儒释道各家都给我们开出了医治人类心理疾病的精神处方。

跟儒家学修身，跟佛家学放下，跟道家学知足利他。

先看儒家的修身：

《大学》开篇第一句：“大学之道，在明明德，在亲民，在止于至善。”意思是达到做人的最高境界“善”，才能谈齐家治国平天下。“自天子以至于庶人，壹是皆以修身为本，其本乱而末治者否矣。”每个人，从天子到老百姓，只要道德修养好了，那么家可齐，国可治，天下可平，否则根本没有可能。

《中庸》说：“为政在人，取人以身，修身以道，修道以仁。”治理社会要靠人，取人要看人的道德修养，而道德修养以合不合道为标准，这个标准就是“仁”，这样就把道德修养（修身）同“仁”联系起来了，因此，儒家把和谐社会的理想建立在人的道德修养提高的基础上，特别重视自我身心内外的修养。

孔子说：“德之不修，学之不讲，闻义不能徙，不善不能改，是吾忧也。”“忧道不忧贫。”有志向、有仁德的人，没有为了谋求生存而损害仁德的，相反，他们却能献出自己的生命来成就仁德。“志士仁人，无求生以害仁，有杀身以成仁。”

曾子说：“吾日三省吾身，为人谋而不忠乎？与朋友交而不信乎？传不习乎？”强调的也是自己能不能每天多次自我反省。

孟子说：“存其心，养其性，所以事天也。寿夭不贰，修身以俟之，所以立命也”；“饱食、暖衣、逸居而无教，则近于禽兽”。孟子要求人们要保存恻隐之心，修养善性，以实现天道的要求。寿命长短无所谓，一定要通过对自身的修养保持和天道的一致，这就能安身立命了。

牛根生白手起家，把蒙牛集团打造成了中国的乳业帝国，在企业的经营理念上，他信奉“小胜凭智，大胜靠德”和“财聚人散，财散人聚”的经营哲学，因此，他的选人、用人的标准是：

有德有才，破格重用；有德无才，培养使用；
无德有才，限制使用；无德无才，坚决不用。

再看佛家的放下：

现代人之所以痛苦，是因为我们苦苦追求着快乐，该放下时应学会放下，包括名和利。《菜根谭》中有这么一句话：宠辱不惊，闲看庭前花开花落；去留无意，漫随天外云卷云舒。对现代人来说很有启发意义。

柳宗元的散文《蝜蝂传》，用一种动物作比喻，讽刺了现实中的一些人：

蝜蝂者，善负小虫也。行遇物，辄持取，昂其首负之。背愈重，虽困剧不止也。其背甚涩，物积因不散，卒踬仆不能起。人或怜之，为去其负。苟能行，又持取如故。又好上高，极其力不已。至坠地死。

今世之嗜取者，遇货不避，以厚其室。不知为己累也，唯恐其不积。及其怠而踬也，黜弃之，迁徙之，亦以病矣。苟能起，又不艾，日思高其位，大其禄，而贪取滋甚，以近于危坠，观前之死亡不知戒。虽其形魁然大者也，其名人也，而智则小虫也。亦足哀夫！

这只贪婪的小虫，对于名利不断攫取，最终还是被名利夺走了生命，在现实生活中又何尝没有这样的人呢？因此，人要学会放下，背负必要的爱和责任，丢弃多余的贪欲、奢望，这样才会活得更好一些，活得富有诗意，活得气定神闲。

最后看道家的知足利他精神：

“人心无尽蛇吞象”，人的诸多恶果皆是物欲、妄念种下的。人们没日没夜地追逐名利、奢靡，以至心灵日渐疲痛。诚如老子所说：“五色令人目盲，五音令人耳聋，五味令人口爽，驰骋畋猎令人心发狂，难得之货令人行妨。”

有的人深陷物质、金钱诱惑，从来不知道适可而止、知足而退，造成心灵困顿不安，世风日下，道德缺失。“祸莫大于不知足，咎莫大于欲得。故知足之足，常足矣。”

金玉满堂，莫之能守，富贵而骄，自遗其咎。（《道德经·第九章》）

知足不辱，知止不殆，可以长久。（《道德经·第四十四章》）

老子认为，“有为”“有欲”“有知”“有争”是天下祸乱的根源，而自然无为是“天道”的法则，人应该功成身退、与世无争。欲望是产生各种灾难祸害的根源，避免灾难的发生莫过于无欲，过一种清静恬淡、返璞归真、纯真自然的生活。

“嗜欲深者天机浅”，“以其不争，故天下莫能与之争”，“见素抱朴，少私寡欲”。只要了悟人生，以审美、超功利的心态看待人生，我们的精神就可以逍遥，活得潇洒、气定神闲。

由道家的知足可以自然地推出“利他”。

“上善若水，水善利万物而不争。”水最高贵的品格就是能“善利万物而不争”。

蒙牛人相信：“人不能把金钱带入坟墓，但金钱却可以把人带入坟墓。”因此，秉奉“财聚人散，财散人聚”经营理念的牛根生一直在做慈善。2004 年底，牛根生捐出全部个人股份设立“老牛专项基金”，成为“中国捐股第一人”“全球华人捐股第一人”。牛根生于 1999 年创办蒙牛乳业，在“一无工厂，二无奶源，三无市场”的困境下开拓进取，使现在的蒙牛“一有全球样板工厂，二有国际示范牧场，三有液态奶销量全国第一”。目前，蒙牛已在全国14个省级行政区建起20多个生产基地，产品覆盖全国除台湾省外的所有地区。CCTV2003“中国经济年度人物”对牛根生的颁奖辞写道：“他是一头牛，却跑出了火箭的速度！”蒙牛创造了多项全国纪录。

中国的传统文化深深影响了日本义利合一的企业文化，日本四大“经营之圣”之一的稻盛和夫认为：“君子爱财，取之有道。君子散财，行之有道。”他说：“这是利他之心的回报，为对方着想似乎伤害了自己利益，但却带来意想不到的成果。”因此，郎咸平对稻盛和夫给予了高度评价：“稻盛和夫不仅创办并带领两家企业进入世界500强，还将他的经营和人生哲学传授给众多的中小企业和千千万万的个人。他不仅创造经济价值，还创造普世价值，是我很敬佩的全球企业家。”

总之，提高自己的身心修养，放下过多的贪欲、奢望，背负必要的责任和爱，心存感恩和利他之心，学会回报他人、回报社会，你将会更富有，活得更轻松、更有审美情趣，会“诗意地栖居在此大地之上”。

# 开展传统文化的实践与探索

王光瑞

在顺应国家文化发展大方向的背景下，山东在全省推进“图书馆＋书院”的公共文化服务模式，在各级图书馆建设“尼山书院”，这是创新文化惠民的新举措。下面介绍一下菏泽市图书馆尼山书院的相关情况。

## 一、开展传统文化建设的背景

### （一）历史背景的呼唤

菏泽古称“曹州”，历史悠久，文化底蕴丰厚。历史上，曾数度成为中原一带的文化、政治、经济中心。自古以来为南北通衢，交通发达，商贾云集，许多民间艺术在此荟萃，流布传播，素有“曲山艺海”“唢呐之乡”“古筝之乡”“杂技之乡”“书画之乡”“戏曲之乡”“武术之乡”“民间艺术之乡”等美誉，是水浒文化、黄河文化的游览胜地，是著名的中国牡丹之都和中国平原森林城市。菏泽市充分挖掘文化资源和优势，打出“一都四乡一生态”的文化品牌，知名度不断提升，影响力越来越大，这一文化品牌正被越来越多的人知晓和接纳，成为菏泽对外交流的亮丽名片。

### （二）现实背景的要求

为响应建设文化强市推动文化大发展大繁荣的号召，2014 年 7 月，菏泽市图书馆在中共菏泽市委宣传部、菏泽市文化广电新闻出版局的统筹和指导下，建成尼山书院，旨在借助图书馆窗口单位的优势，发挥公共图书馆的社会教育职能。在弘扬社会正气、宣传社会正能量、塑造社会品德、扎实践行文化惠民的同时，充分宣传、发掘和保护优秀地方传统文化，推动公共文化服务体系建设，开创文化惠民新思路。

（三）实际运行的效果

两年来，菏泽市图书馆尼山书院开展了丰富的传统文化体验活动100场，同时举办了尼山书院“元宵节”晚会、“六一儿童节”国学晚会、经典国学少儿诵读比赛、国学诵读班学员培训等弘扬传统文化的活动，举办国学公益性讲座216场，建立了65人的专家库，惠及群众10万余人，被各级新闻媒体报道150余次，被菏泽市文化广电新闻出版局评为地方传统文化宣传保护先进单位。地方文化讲座档案资料已经开始搜集，准备汇编成册，以作为学习交流之用，并可作为文献资料永久保存。

## 二、尼山书院的服务理念和宗旨

菏泽市图书馆力求尼山书院服务模式与菏泽实际情况相结合，周末、寒暑假的传统文化体验、国学视频的播放、“国学讲堂”讲座以及国学诵读活动，使图书馆成为市民及读者“教化人心、传承文明、引领风尚”的文化加油站，让不同年龄、性别、学历的市民都能在“图书馆+书院”模式中找到感兴趣的主题，进行信息交流和知识分享，图书馆成为一个开放的、没有围墙的国学大讲堂，为菏泽创建学习型城市发挥着积极的作用。“搭交流平台，激心灵火花，播人文精神，扬菏泽文化”是菏泽市图书馆尼山书院的服务宗旨。展开来说，就是为广大市民搭建与传统文化名家面对面交流的平台，丰富广大市民的精神生活，提升城市文化的品位，培养社会公众的图书馆意识，增强国学氛围，强化以文化人、以人育人的功能，使图书馆在提供传统公共文化产品的基础上，成为教化人、培育人、引导人的精神殿堂，引起全社会对图书馆事业的关注。

## 三、尼山书院弘扬传统文化的具体实践与实施情况

（一）强化宣传，打造品牌

品牌建设重在形成自有特色，突出本土文化。“图书馆+书院”的服务模式是菏泽市图书馆新开辟的核心业务，起步伊始，资金短缺，我们一方面争取政府财政的支持，另一方面也积极寻求合作，努力打造国学讲堂品牌，提升讲座带来的社会效应，提高图书馆的服务质量。国学讲堂得到了市文广新局的大力支持，确定了由市文广新局主办、图书馆承办、各相关单位支持的讲座合作模式，解决了部分资金

问题。

通过反复酝酿，在市图书馆二楼设有统一的“尼山书院”标牌、一尊孔子像、一座国学讲堂、三间国学经典阅览室、一个文化活动区，四楼有道德展室。讲堂内容立足“谁来听”“谁来讲”“讲什么”“怎么讲”进行了精心设计，并和菏泽几家知名媒体进行沟通，经过精心策划，确定了事先预告、事后报道、后续采访等流程。

（二）活动的策划与组织

“图书馆 + 书院”服务模式的活动内容主要包括“五个板块”：一是经典诵读。广泛开展群众性经典阅读、经典诵读活动，推动经典诵读进学校、进社区。二是国学普及。通过延请当地专家学者开办国学知识讲座，向群众普及国学知识。三是礼乐教化。通过播放视频、现场表演等形式进行礼仪教育，普及雅乐和礼仪知识。四是道德实践。举办道德模范人物讲座、先贤英模人物展览，深入社区、养老院、儿童福利院，开展敬老尊贤助残等公益活动。五是情趣培养。广泛开展琴棋书画和传统民间艺术传承活动，现场演示碑刻拓片制作、古籍修复等传统文化知识，通过文化体验和专业培训，培养群众高雅的文化情趣。

1. 选题策划

文化是一座城市的灵魂，每一座城市都有自己的文化特色和风格，都有属于自己特有的文化形态和文化个性。因此选题要体现城市文化的个性，找到属于自己内在的特有的文化认同感。菏泽图书馆坚持“尼山书院”的建设和服务遵循以人为本、科学规划、规模适当、整合共享、经济适用的原则，在充分体现该项工作的公益性、基本性、均等性和便利性的前提下，采取以下措施：

（1）因地制宜，充分挖掘本土文化资源，弘扬菏泽地方文化。讲座依托菏泽悠久的历史，通过开设菏泽民俗民风“情趣培养”系列讲座和展览，如“曹州非遗大讲堂”“菏泽老城记忆”“菏泽老照片展”“菏泽民间民俗传统文化艺术”等勾起人们封存已久的记忆，也让更多的年轻人、外来人口了解菏泽、热爱菏泽，激发建设菏泽的热情。

（2）利用节假日举办活动。陆续推出“传承文化国学经典诵读”等活动，向群众普及国学知识。同时利用市民学习活动中心，连续播放《五子说》《三字经的故事》和《中华弟子规》等视频，进行礼仪教育，受众涵盖小学、中学等不同年龄段的学生和家长，已经成为宣传和普及国学的亮丽风景线。

2. 选择讲师

讲堂是否受听众欢迎，除了主题与形式，讲师也是一个重要环节。合适的主题寻找合适的讲师，不一定在于名气，而在于是否适合。菏泽市本地高校不多，师资力量无法和大城市相比，因此我们在选择讲师时把握以下原则：以本省专家为主，结合本地专家，重大活动考虑名家大家。名家大家有广泛的知名度，能扩大讲堂的社会影响力，同时又提升讲座质量。当地的学者名人了解当地的热点话题，为当地人熟悉，取材家乡，讲述家乡，通俗易懂，贴近菏泽人的日常生活，有的讲师用地道的土话、乡音拉近距离，更具有亲和力。讲堂在培养本地区人民的文化寻根意识、增强本地区的文化凝聚力和文化归属感等方面做出了突出贡献。如尼山书院讲师、国家高级导游员、国学文化讲师王蓉晖女士主讲的《论语》就很受欢迎。

3. 整合资源，组建讲座专家资源库

一是利用与省馆及各市馆合作，实现讲师资源共享。二是通过播放全国文化信息资源建设管理中心的视频讲座找到服务的新亮点。视频国学讲座以其贴近生活的内容、生动直观的形式受到广大市民的欢迎。三是积极整合资源。充分利用各个方面的力量，利用我们当地知名人士以及离退休教师、老领导、老校长、老教授等人才资源，通过志愿服务的方式开展各种活动。发起征集本地讲师、组建讲师团的活动，多管齐下，组建本土讲师和省外专家资源库。

4. 广泛立体宣传，吸引听众参与

听众是讲堂的对象，讲座的成功与否，很大程度取决于现场听众的认同度、满足感。没有听众的认同，也就丧失了举办讲堂的意义和价值，所以在选题策划时严格遵循贴近实际、贴近生活、贴近群众的原则。

（1）宣传到位，组建“国学听友会”

讲座前期宣传主要是通过报纸、网站、微信公众平台、馆内展板、电子屏幕等信息预告，建立“国学讲堂 QQ 群”，组织听友会活动，在国学讲堂 QQ 群中进行交流和探讨，并对讲座提出可行性建议和意见。经过努力，“国学听友会”已从当初的三十余人发展到三百多人，加入菏泽市图书馆微信公众平台的有四千多人，这是对图书馆“尼山书院”工作的极大支持，也大大增强了工作人员对讲座工作的热情和信心。

（2）抓落实，促合作

每期尼山书院的活动从策划主题、确定讲师、发布信息、落实听众，到后期的宣传报道、文案整理都要及时检查，尤其是听众落实这一环节。讲座初始，会员不多，我们每场讲座都要及时了解听众情况，并根据不同主题，将信息专门告知相关部门。通过实践，共举办了几期讲座，“国学讲堂”取得了较好的社会效应，菏泽图书馆的“尼山书院”建设也渐入佳境。

（3）重视后续传播和文档整理

讲座的事先预告、事后报道、后续采访、深度追踪等需精心策划，档案管理更需要细心收集。将积累的档案资料汇编成册，可以作为学习交流之用并可作为文献资料永久保存。

## 四、开展地方传统文化实践与探索的创新点和亮点

### （一）在学习方式和理念上实现了创新

地方传统文化体验与讲座在学习方式和理念上创新，体现在以当地的文化为桥梁，将地方传统文化创造性融入其中，通过百姓讲、百姓听的方式，让体验与讲座内容充分贴近现实生活，为百姓所喜闻乐见，实现了文化从群众中来，再到群众中去。在扎实落实文化惠民的同时，宣传和普及传统文化保护传承的理念和知识，唤起全社会重视保护地方传统文化的意识。这些故事就发生在我们祖辈身上，就发生在我们这片土地上。

### （二）在学习内容和形式上实现了创新

开展地方传统文化的系列活动是积极响应国家提出的弘扬优秀传统文化的号召。讲座充分利用本地区地方传统文化资源丰富的优势，将历史悠久的、内涵博大精深的、传统优良的、具有鲜明地方特色的优秀文化资源，以生动、科学、系统的方式呈现给广大群众，让内容更贴近生活，为百姓所喜闻乐见。

地方传统文化的活动采取了文化部门主导和社会共同参与的举办形式，体验与讲座的时间、地点由文化部门指定，而讲座的内容、讲师的聘请则是通过群众反馈、群众推荐、群众自荐等方式产生，由此极大推动了社会公众参与公共文化事业管理的积极性和主动性，对于推动公共文化事业单位的改革和发展有着积极深远的意义。

### （三）在学习机制和传播途径上实现了创新

将地方传统文化保护传承与公益性讲座结合，通过社会共同参与的方式呈现给广大读者的方式，开创了公益性讲座的新理念，同时也为公共文化事业的发展提供

了新的思路，公共文化的发展要勇于创新，充分利用地区优势。

地方传统文化系列活动的突出亮点是传播方式多元化。各大媒体持续跟进报道，各大网络平台纷纷转载，视频、音频、图文等各种方式呈现，更好地契合了不同人群的需求，增强了地方传统文化讲座在社会上的影响。

### 五、开展地方传统文化的思考与打算

#### （一）创新思维，保持传统文化教育和教学服务模式的品牌健康长远发展

为了让传统文化教育公益性讲座和教学服务模式处于不败之地，菏泽市图书馆致力于在内容和形式上有所突破，探索适合自己的多样化服务模式。一是结合区域文化的特点，根据需要一个主题邀请一位专家或多位专家做系列讲座，在深度上下功夫，使讲座内容向纵深发展。二是突破主讲人“一人讲”的形式，尝试两人对谈、讲演结合、讲展结合、一人主持两人演讲等多种形式，令听众耳目一新。三是讲座与展览相结合，讲堂与活动相结合，如组建国学经典朗诵艺术团、举办国学朗诵比赛等活动，引领市民培养高雅文化情趣。

#### （二）推进数字化建设，引入新技术，拓展服务领域

为最大限度地扩大图书馆的覆盖面，让更多的市民享受到文化大餐，利用多媒体技术，通过数字化编辑制成录音、光盘等形式的后续延伸产品，实现延伸产品向社会各界、兄弟馆、乡镇图书室、农家书屋、军营、社区等的二次传播或多次传播，把精品讲座送到百姓身边，为传播先进文化、创建学习型城市提供服务。完善尼山书院网站，通过整合、采购等方式充实网站资源，打造网上书院。建立国学数字资源数据库，通过不同终端和多媒体服务建设国学数字图书馆，扩大服务人群范围。设置安装全市讲座直播系统，让讲座、各类课程实现同步直播，全市共享，同时根据数据分析了解群众的反馈意见，提高针对性，满足群众需求。

#### （三）继续加强与社会各界的合作，借力发展合作共赢

一是进一步扩大合作范围，形成立体的全方位合作模式，努力争取与妇联、企业、部队、学校、社区等单位建立合作关系，深入社区、养老院、儿童福利院开展敬老尊贤助残等公益活动。二是力求与本市的主要媒体进行深度合作，开设传统文化教育公益性讲座和教学的广播版、周刊版等，扩大影响力，做大讲座的公关链，争取更多的公共支持。

#### （四）加强团队建设，组织培养一支优秀的馆员团队

传统文化教育活动的推进和推广，从项目启动、前期策划、活动准备，到现场执行和后期制作，需要工作团队的长期实践、反复研究，更需要引进现代企业的经营管理理念。因此要加强对图书馆青年馆员的素质培训和业务学习，培养一批有潜力、有活力、一专多能的复合型人才，提高传统文化服务模式的策划、运作、服务和创新能力，推进传统文化又好又快发展，确保传统文化教育品牌建设的有序推进。

# 少儿国学经典亲子修习班课程说明与体验

汤晓红

本期国学经典亲子修习班由菏泽市牡丹区图书馆主办，目的是推动菏泽市书香家庭、书香社会的建设，培养出更多的德才兼备的栋梁之材，兴旺每一个家庭，和谐整个社会。

下面，我从以下几个方面具体介绍一下本期课程。

## 一、开办国学课程的意义

### （一）国学的含义

我们都知道数学、化学、物理学、生物学、哲学等学科，但是说到国学就很少有人能解释清楚了。今天，让我们一起来了解一下什么是国学吧！其实国学一词早在1840年鸦片战争之后就出现了，清朝末年，西方列强通过枪炮强制性地打开了中国的大门，欧美的学术开始进入中国，为了区别起见，称我们固有的学术为“国学”“中学”或“旧学”。一般来说，国学指以儒家为主体的中华传统文化与学术。

### （二）国学的基本内容

1. 文字学：了解汉字的源流，汉字本身的历史就是一部中国的文化史，每一个汉字都是一个故事，都可展现一幅图画，这些美丽的汉字凝聚着中国人的思想。经典有：《说文解字》《尔雅》等。

2. 经学：是中国传统文化的主干。

（1）六经：《诗》（《诗经》）、《书》（《尚书》）、《礼》（《仪礼》）、《乐》（《乐经》）（已失传）、《易》（《周易》）、《春秋》。

（2）九经：唐朝时，将《春秋》分为“三传”：《左传》《公羊传》《谷梁传》；

将《礼》分为“三礼”：《周礼》《仪礼》《礼记》。加上原有的《周易》《尚书》《诗经》，并称为九经，立于官学，用于开科取士。

（3）十三经：唐开成石经，内容除了九经之外，还加上了《论语》《尔雅》《孝经》，共十二经。南宋时，于十二经之外，又加《孟子》，成十三经，即《诗经》《尚书》《周易》《左传》《公羊传》《谷梁传》《周礼》《仪礼》《礼记》《论语》《尔雅》《孝经》《孟子》。

（4）四书：朱子自《礼记》中抽出《大学》《中庸》，与《论语》《孟子》合编为四书，并为之作注。四书表达了儒学的基本思想体系，是研究儒学的重要文献。

3. 史学：史的地位仅次于经。经典：官修的正史《二十四史》《资治通鉴》。

4. 诸子学说：春秋战国时期诸子百家的著作，是中国文化的源头，学习国学自然要从源头开始。诸子百家的主要代表是：儒家、道家、墨家、名家、法家、兵家等，主要著作有：《管子》《墨子》《老子》《孙子》《列子》《庄子》《荀子》《韩非子》《吕氏春秋》等，另外还要了解魏晋玄学、佛学等。

5. 古典文学：即词章之学。主要包括《诗经》、《楚辞》、汉赋、乐府、唐诗宋词、元曲及明清小说等。明清小说代表作有《西游记》《三国演义》《水浒传》《红楼梦》。

6. 考古学：考古学虽为新兴学科，但研究对象为古代文化遗产。

7. 历代科学：天文、历法、数学、中医等。

其他：古代音乐、美术、武术、建筑等。

（三）国学的意义

1. 国学的宗旨：要想了解国学的意义，先要从国学的宗旨开始。中华国学的宗旨如张载所言：“为天地立心，为生民立命，为往圣继绝学，为万世开太平。”

2. 学国学的现代意义：

传统是每一个中国人的立身处世之本，更是我们不可或缺的精神力量的源泉。学习国学，继承和弘扬中国文化，是每个中国人义不容辞的责任。人大校长纪宝成从五个方面说明了国学对于当代的重要价值：

第一，重振国学，对于唤起文化自觉，恢复文化自信，实现文化认同，增强民族凝聚力，具有重要意义。

第二，可提高国人的道德水准，提高个人的文化素养，提高国民的精神生活水平，对建设和谐社会具有重要意义。

第三，对于治国理政具有重要意义。

第四，对于提升中国的国际影响力具有重要意义。

第五，对于促进马克思主义中国化，形成中国特色的马克思主义，完善中国特色的社会主义理论体系具有重要意义。

通俗地讲，学习国学，小可修身养性，提升思维高度，树立健康的思想和感情，塑造健全的人格，涵养君子气质，远离低俗和肤浅，从而形成正确的人生观和价值观，成就智慧人生；大能齐家治国，大力促进各种能力的培养，成为各行各业的杰出人才，建功立业，造福一方。

3. 少年儿童学习国学的意义

（1）少儿时期是学习国学的最佳时期，是扎根养正的关键时期

有句有名的教育格言：幼儿养性（0—6 岁），童蒙养正（7—12 岁），少年养志（13—18 岁），成年养德（18 岁以上）。由此可见，人性的教育、内在心灵的教育都要在 13 岁之前完成。《三字经》说："人之初，性本善。性相近，习相远。"每个孩子生下来都是纯洁善良的，但是随着孩子慢慢长大，接触到复杂的社会万象，容易受到环境的污染，尤其是不法网络、不良电视节目，污染其心智更严重，在儿童天性未受污染之前，善言易入，善心易导，善行易养。所以我们要把握先入为主的原则，让孩子学习诵读蕴含着圣贤智慧的国学经典，多给孩子讲一些中外名人、古圣先贤的美德故事和励志故事，孩子的心灵就会有正确的参照物，会逐渐养成正心、正德、正见、正行，会形成对人、对事、对物应有的正确态度，会培养其自我约束的能力。这些都是扎根的教育。根基扎好的孩子，其内心是阳光的，内在是积极的、正向的、善良的。如果我们的孩子从小就懂得"修身、齐家、治国、平天下"，那么他的人生格局一定是远大的。如果我们的孩子从小就明白"孝悌忠信，仁爱和平"，懂得"礼义廉耻"，那么他将来的人格魅力也是非凡的，这就给孩子的未来人生打下坚实的基础。

（2）少年儿童学习国学可培养良好的学习能力

依据人类学家和心理学家的研究，一个人的记忆力发展是自 0 岁开始的，1—3 岁即有显著的发展，3—6 岁其进展更为迅速，6—13 岁，则为一生中发展的黄金时期，13 岁为一生记忆力的最高峰，以后最多只能保持此高点，往往 20 岁以后，心境一不平衡，便有减退的可能。而理解力的发展也是自 0 岁开始酝酿，1—13 岁缓慢上升，13 岁以后方有长足进展，18 岁以后渐渐成熟，但依然可因为经验及思考之磨炼而

一直有所进步，直到老死为止。所以我们要正视儿童记忆力强、理解力薄弱的学习特性，给予合乎人性的教育，在少儿时期大量诵读具有永恒文化价值的国学经典，来提升锻炼其记忆力，也为日后理解力的发展打好基础。

（3）少年儿童学习国学可以开发其右脑的潜能

教育心理学研究表明：人的右脑功能主要负责节奏、音乐、图像、想象力等，人的左脑功能主要负责数学、文字、逻辑思维等，儿童期是右脑潜能开发的关键时期，我们的少儿国学课，恰恰可以利用读诵经典培养其节奏感，古典名曲欣赏培养其乐感，名画、书法欣赏培养其形象思维、想象力等。

（4）少年儿童学习国学经典可以促进应用性、专业性知识的学习能力

少年儿童时期学习国学经典这些有高度价值的书，可以直探人性的本源，轻易地吸收到人生的智慧，站在巨人的肩膀上，较迅速地启迪自己的理性，而后对属于应用性、专业性的学问，就可以事半功倍地吸收，并且眼界远大，胸襟开阔，对人生的各项活动做出较为全面、合理的规划与安排。

（5）少年儿童学习国学经典可以培养其高雅的气质、优美的文笔

如果我们的孩子能够学会几十部经典，孩子将来定会形成“腹有诗书气自华”的高雅气质，亦会拥有“出口成章笔有神”的能力。

## 二、本期少儿国学亲子修习班课程设置

1. 课程内容

参照中华国学教育工程办公室划分的国学等级，结合本期学员年龄特点（3—13 岁），开设三种课程（共 46 课时）：主课《孝经》；学习力行课《弟子规》；选修体验课《笠翁对韵》以及美文欣赏等。

2. 教学目的

对学龄前儿童：关注身心健康，注重人格塑造、好习惯养成，帮助学员“立言”。对学龄期少儿：注重心理健康，注重人格和品德的教育，帮助学员“立品”“立文”。

3. 教学方法

以诵读为主，讲解为辅，辅助以多媒体课件，有故事、音乐、绘画、中外美文欣赏等体验活动；利用《弟子规》的学习力行活动，让学员养成良好的生活、学习习惯。

4. 教学特色

（1）亲子共读：在教学互动中，两代人积极沟通可增进亲情，形成和谐的家

庭氛围；在陪孩子增长知识、提升素养的同时，家长也得到了重新学习的机会。

（2）鼓励为主，快乐学习：在教学活动中以鼓励为主要手段，利用游戏、奖章、故事等激发孩子的学习兴趣，让孩子无压力、轻松快乐地学习。

5. 主修课简介

《孝经》：《孝经》是儒家经典中专门讲"孝"的著作，托名于孔子与学生曾参问答之言，论述了天子、诸侯、卿大夫、士、庶人等不同阶层的孝道，内容包括尊敬和赡养父母、忠于君主、教化民众、对父母君主的过错进行劝谏、为过世的父母致丧、按礼仪祭祀先祖、和睦兄弟等。自汉代起《孝经》被列为七经之一，在历史上影响深远。"孝"不仅是一切道德的根本，也是治理家庭的重要准绳和治国安邦的基本原则。建立在孝道基础上的中华民族尊老敬老的伦理观念和老有所养的传统美德至今仍有积极的意义。

我们选《孝经》为主修课的目的和意义在于：（1）培养讲孝道的德行。俗话说："百善孝为先，一德立而百善从之。"（2）用于少年儿童识字、学文。（3）用于和谐家庭、和谐社会。

《弟子规》：《弟子规》有七个科目：孝、悌、谨、信、爱众、亲仁、学文。前六项属于德育修养，后一项属于智育修养，体现了中国传统思想"育人为本，德育为先"的教育方针。《弟子规》全篇主要讲述仁爱、礼敬。礼敬父母谓之孝，礼敬兄弟谓之悌，礼敬朋友言而有信，礼敬长上尊贤尽忠，礼敬属下仁义为本。

《弟子规》是古圣先贤做人做事做学问之智慧大成。

《弟子规》是孔孟学说的根本落实。

《弟子规》的形式三字一句，两句一韵，接近白话，读诵时朗朗上口，利于儿童培养语感，陶冶情操，激发学习兴趣。

《弟子规》融读经、识字、为学、为人于一体，教导儿童读诵并落实在生活中、学习中，可以帮助他们建立正确的人生观和价值观，塑造高尚的人格，养成良好的生活和行为习惯，培养敦厚善良的心性。

学好《弟子规》可以知廉耻，明是非，懂荣辱，辨善恶，培养健全的道德品质。力行《弟子规》就会家庭和睦，朋友和好，上下合作，五伦平衡，万事兴旺，整个社会和谐，人人幸福快乐！

# 高度重视传统文化　顺应人性教育孩子

王仪轩

中国的传统文化，其直接表现形式就是以“儒释道”为核心的经典。这些经典经过了数千年历史检验，用以教化我们的心灵，使我们获得人生幸福和快乐。

那么该如何学习传统文化呢？普明私塾的江老师说得好，就是两个字：读、行。即读书和践行。“行”的教材是《弟子规》，“读”的教材是以四书五经为主的儒释道经典。《礼记·学记篇》中说：“教也者，长善而救其失者也。”教育是“长善”加上“救失”。

目前很多家长存在以下问题：

1. 家长完全不知道到底什么是教育。

2. 家长人文素养太低，无法启迪孩子的心灵。

3. 婚姻不和谐造成对孩子心灵的伤害。

4. 家庭成员对孩子的教育有不同的见解，互相矛盾，互不相让。

5. 把学习考试当成了教育，完全遗忘了最终想让孩子得到什么。

6. 极端短视，只盯住当前的考试，对孩子的教育不做长远规划。

7. 要么赏识过度，要么就做虎狼爸妈，不知道理，盲目效仿。

8. 物质需求尽量满足，变相诱导拜金主义。

9. 父母长辈对各自教育上的角色分工不清晰，情绪化严重。

10. 对美国的自由平等思想未加慎思，盲目模仿，害子害己。

每一期的家长会上，许多家长都在问这些问题：

孩子学习时注意力不集中怎么办？

孩子脾气急躁怎么办？

孩子喜欢看电视、玩电脑、打游戏怎么办？

孩子不喜欢读书怎么办？

孩子比较自私、器量狭小怎么办？

孩子不能与人友好相处怎么办？

面对这么多问题，父母们需要有三个方面的深度思考，即教育时机、教育方法、教育内容。

古今教育之所以不同，从根本上说都源于教育者对人性的理解不同。以儒家为主的中国传统教育思想，既坚定地相信人性善，也看到了现实人性的复杂，因此从不同层次上来把握人性。儒家把人性分为三个层次：天命之性、气质之性和后天习性。天命之性是从本原的意义上讲的，只要是人，就一定有此纯善的天性，即便是尧舜也不会增加一点，即便是桀纣也不会减少一点。但作为具体有血有肉的人，各有不同的气质，气质之性是有清有浊的：气质清，天性就好，聪明；气质浊，天性被遮蔽，就比较拙笨。知道这一点后，我们就可以坦然接受孩子在品德智力上的差异，因材施教，不再强求一律。知道了后天习性的关键作用，我们就更加重视教育，重视传统文化，不遗余力地给孩子提供最合理、最有效的教育。其实，《三字经》开头已经把这个道理说得很明白："人之初，性本善。性相近，习相远。苟不教，性乃迁。"想想古代五六岁的孩子都已经中正、平和地朗读这些简洁而又深刻的经典，再看看如今人们对人性和教育的不当理解，不禁有一种伤悲之感。

一般人对于读经教育的误解，主要是出于不能真切地体会到什么是吸收。如果真的明白孩子在 13 岁以下生命的特质是吸收而不是运用，则一切误会都可以迎刃而解。判断 13 岁之前的教育成效，不是看他表现了什么，而是看他吸收了什么。他没有大量吸收人类最高度的文化智慧，各科考一百分，琴棋书画小有成就，吟诗作对文采斐然，出口成章能言善辩，都没有太大的意义，因为他该吸收时没有好好地充分地吸收，已经给他今后整体的人生设定了一个局限，这个局限他将终生难以跨越。

儿童读经，就是在孩子心灵最纯净的时候，给他植入圣贤的种子，等待他日发芽开花；老老实实读经，就是把圣贤种子种到孩子生命最底层，越多越好，越深越好，让经典成为他生命的底色，成为潜意识，如同天生，孩子命运的改变，正是从这里开始的。

今天的人，都把孩子看错了，在能够播种的时候不播种，到了成熟期又希望收获一个光明饱满的孩子，此所谓“不耕而望获”，怎么可能？很多家长为孩子的叛逆而头疼，你是否想过，你在孩子小的时候究竟给他种下了什么样的种子？

当孩子十七八岁，开始思考人生意义的时候，那些他从小熟读的经典句子，就会自然浮现脑海，成为他人生的参考与支撑，让他走得更稳更好，而不至于一下子陷入青春的迷茫，空虚混乱，无所适从，或者随波逐流，自暴自弃，或者从流行文化中随意抓一点浮光掠影的观念，来应付他的人生。给他几本经典，让他从小烂熟于胸，牢记在心，当他面对人生的艰难、做人生抉择的时候，他就明白了父母的爱与苦心。

谈到教育，我们就会谈到老师。老师在孩子心目中占有很重要的位置，老师对孩子的影响非常大。所以，一个老师要有智慧，所谓智慧，就是对人性有着非常深刻的了解，要通达人性。我们知道，人都是有良心的，王阳明在与强盗的对话中，特别指出强盗也是有良心的。良心这个词，社会谈及颇多，换一个说法，人的生命深处，都有一种追求长进的动力，人性本来是光明的。所以说，一个人应该对人性有足够深刻的认识，才可以去生孩子、养孩子，才可以让他当老师做教育。现实中的人，有很多人毛病多多，如怠惰懒散、自私自利等，不过这些都是外在的，都是一层阴影而已。在这阴影之内，人还有超越的、深刻的、内在的、本质性的能力，这才是真正的天性。

让孩子能够自己喜欢做一个从内在通透出来的孩子，也就是做一个真正有德行的孩子，自己喜欢学习，喜欢长进，让他时时回归自己人性的光明，用光明无限的自己引导现实中受到约束的自己，这才是对他人性最大的开发。当人有这种感受时，他内心的喜悦是不可限量的，他也将得到人生最大的幸福！这种人可以称之为有智慧的人。如果一个人从小就有光明发用的经验，常有幸福的感觉，那么这样的能力就能保持一辈子，当现实的自己跟光明的自己有一种摩擦的时候，他很快就会警觉，做及时调整，永葆光明的一面、幸福的一面。所以我们教育的最大责任是要让一个孩子养成自动自发自觉自治的能力，即使离开了家长离开了老师，依旧有不断的自我调整自我长进的能力。

与此同时，老师要有这样的认定，用你的智慧启发他的智慧，用对光明的信赖、对人性的信赖引导他也能走向人性的光明。现在的教育为什么是失败和落后的？这是因为学校只有规矩没有弹性，线条画得特别死，老师的心也是死的，学生也是。所以设定规矩可以，但适当要有一些弹性，这是理性的教学、理性的教育，也是对人性的尊重。

《中庸》最后一章一定要好好读一读，一个人做事，很认真固然好，但还有更好的选择。《中庸》引《诗经》说："予怀明德，不大声以色。"一个有德的人，就像羽毛一样不给任何人以任何的压力，"上天之载，无声无臭"。

所以，一定要把眼光放长远，依从人性而行，依从教育者的良知而行，时刻沿着教育之道前行。

# 中国古代家训中的教育智慧

宋　伟

## 一、家训在人成长中的价值

山东琅琊王氏家族一条简单的家规使家族在东汉至明清1700多年间，培养出36个皇后、36个驸马、35个宰相，被称为“中华第一望族”。其实王氏家规仅有6个字，即“言宜慢，心宜善”。它告诫人们年轻时“言宜慢”，这样才能深思熟虑，少犯错误，从而保护自己，谋求发展。而人到壮年，心智成熟、实力雄厚时则“心宜善”。这样才能少树敌手，更有长者风范，受人尊崇。这六个字看似简单平淡，却饱含了古人做人做事的道理，从中看到仁爱之心、进退之道以及成熟大气的人格魅力。“至要莫若教子！”古人认为教育好孩子是人生头等大事，它将决定着一个人、一个家庭、一个家族的发展前景。

教育是一个国家最重要的产业，因为它的产品是人，而人是所有产品的生产者，教育的产品质量直接决定着所有产品的质量。通过教育解决社会问题，是最本源的出发点。对于教育，我们可以分为学校教育、家庭教育、私塾教育和社会教育几个主要类型，而家庭教育是所有教育的起点。如果把教育看作产业，把整个教育的所有环节比作教育产业链的话，家长实际上是教育产业链的第一个生产环节，孩子从出生开始，家长是孩子教育的最初执行者。孩子性格的形成不但受基因影响，更受父母教育的导向。一旦孩子的性格在幼小的时候被塑造成型，将基本决定孩子未来的走向。孩子长大后步入学校，开始接受正规的学校教育，当前的学校教育以“知识传授”为主，而将人的德育放在次要地位，甚至在相当一部分正规的学校教育旅程中道德教育被忽略。若未能在家庭教育中科学地将是非、好坏、美丑等观念植入孩子的心灵，树立相应的道德和行为界限，则会影响到孩子后面的学习和社会交往，面对一些不良观念和行为的冲击，价值观、人生观会受到影响，所言所行难以顺应人、社会和自然的客观发展规律。家庭教育，特别是家训规范着一个人发展的道德边界和使命感，是整个教育链条的源头，直接影响着“产品”的品质。学校教育培养孩子“成器”，“器”在一个社会中的价值更多侧重的是一个专才。但在家庭中，我们教给孩子的爱、创造性、接纳与包容、独立的价值观与思维方式，才会让孩子不局限为“成器”。而家训作为家庭教育的重要内容，起着至关重要的作用。

## 二、家训与家风

### 1. 何为家训

世事洞明皆学问，人情练达即文章。家训是先辈留与后人的为人处世宝典，是家庭教育的重要形式，是对子孙立身处世、持家治业的教诲。家训在古时是常用词，因为“人必有家，家必有训”。家训，又称家诫、家范、庭训等，指家庭或家族内部父祖辈对子孙后代的垂诫、训示，更是儒家知识分子在立身、处世、为学等方面教育后辈的家庭教育读物。其内容之丰富、涉及面之广博、影响之深刻是世界各国文化所不具备的。家训中包含着大量治家教子的名言警句，内容主要包括励志勉学、修身处世、治家、为政、慈孝、婚恋、养生等方面，涵盖范围非常广泛。

中国古代的家训精华包含了丰富深刻的人生哲理以及积极进取、奋发向上、团结友爱的可贵精神，对于提高思想道德素质和弘扬良好道德风尚、完善社会教育体系和推进生态文明建设都将起到基础性和普及性的作用。家训的价值主要体现在以下几个方面：（1）它是个人不断修炼自我的指南针。有了家训的存在，家庭成员就可以不断反省、优化自身行为，为善去恶，精益求精。（2）它是家族成员的行为标杆。（3）它是优良家风的文化内核。家训是家风形成的文化内核和基因，有了家训，才会慢慢营造出优良的家风和家庭氛围。（4）它是家族传承团结的黏合剂。家训能通过共同的价值观提高家庭成员的凝聚力。（5）它是社会良性秩序的催化剂。家庭是社会的细胞，稳定的家庭秩序会对社会秩序起到良性促进作用。

### 2. 何为家风

有一则资料说，美国有两个家族：一个是爱德华家族，一个是珠克家族。爱德华是位德高行洁、博学勤勉、多才严谨的人。他的后辈儿孙，有十三位大学校长，一百多位教授，八十多位文学家，六十多位医生，还有一人当过副总统，一人当过大使，二十人当过议员。而珠克是个酒鬼、赌徒、无赖，终生浑浑噩噩。他的子孙后代，三百多人是乞丐、流浪汉，四百多人因酗酒致残或死亡，六十多人犯过诈骗、盗窃罪，七人是杀人犯，后代中没有一个是有出息的。

这则资料确实令人震撼，发人深省。它揭示了一个深刻的道理：一个家庭或家族，其家风的好与坏、正与邪，都是有长远影响力和强大渗透力的，它会长远地影响到许多代后人的成长。

什么是家风呢？家风是一个家庭或家族长期以来形成的能影响家庭成员精神、品德及行为的一种传统风尚和道德传承。简言之，家风就是一个家庭的风气、风格、风尚。

3. 家训、家风的作用机理

家训与家风的作用机理在于家族或家庭的价值观对家庭成员价值观的影响。如果一个家庭没有明确的核心价值观，则如同这个家族没有明确的发展方向，家庭成员就没有一致的努力方向，这个家庭就不会形成良好的家风，家庭成员往往各自为政。当一个家庭有了家训的引导后，就有了明确的努力方向，通过家训的引导和同化，家庭成员各自的价值观也会慢慢趋于一致，家庭成员慢慢会形成较强的凝聚力与合力。经过更长时间家训的渗透和传承，家庭成员的价值观会趋同，家庭成员之间没有价值观的冲突和内耗，整个家庭会形成最大化的凝聚力和合力，大家努力的方向都非常一致，自然容易有所成就，正所谓上下同欲者胜！因此，家训的塑造是培养良好家风的前提。

## 三、中国古代家训精要

“同言而信，信其所亲；同命而行，行其所服。”这句话深深揭示了从家庭的角度进行教育的现实可行性。颜之推也曾经说过：“上智不教而成，下愚虽教无益，中庸之人，不教不知也。”这又充分说明了家庭教育的必要性。中国人的家训智慧源远流长，最早可追溯到周公对子侄的告诫，自此绵延数千年，精深宏富，在中国传统文化中地位显著。

1. 西周·周公诫子

西周初年周公的诫子伯禽是中国历史上最早的、正规的、有文字记载的家训。周公殷殷告诫代其治理封地鲁国的儿子伯禽说：“我文王之子，武王之弟，成王之叔父，我于天下亦不贱矣。然我一沐三捉发，一饭三吐哺，起以待士，犹恐失天下之贤人。子之鲁，慎无以国骄人。”（《史记·鲁周公世家》）意思是以我如此的身份和地位，犹恐失去贤才。你到鲁国后，一定不能因为自己是国君，就慢待了士人和民众。故后世曹操有诗云：“周公吐哺，天下归心。”

2. 春秋·孔子庭训

《论语》载，有人怀疑圣人对自己的儿子有特别的教诲。孔鲤回答说：一日父亲独立庭院中静思，我从旁走过，父亲问我学《诗》没有，我说没有。父亲说：“不学《诗》，无以言。”我退而学《诗》。又一日，父亲又独立庭院中，我从旁走过，父亲问我学《礼》没有，我说没有。父亲说：“不学《礼》，无以立。”我退而学《礼》。

以《诗》《礼》传家，是自孔子开始形成的中国家训的突出特色。古人称父教子为“庭训”，也来源于此。

3. 春秋·曾子杀猪

曾子的妻子要去集市，孩子哭着也要跟去。妻子哄孩子：你先回家待着，待会儿我回来杀猪给你吃。等曾子的妻子从集市上回来，看见曾子真的要杀猪。她劝止说：我只不过是跟孩子开玩笑罢了。曾子说：如果母亲欺骗孩子，孩子将不再相信自己的母亲了，这不是教育孩子的正确方法啊。于是把猪杀了煮给孩子吃。

曾子十六岁拜孔子为师，以孝著称，得孔子真传，著《大学》《孝经》等书，后世尊为“宗圣”。

4. 战国·孟母断织

孟母仉氏以教子有方被推崇为千古贤母的典范。孟子小时读书不用功，一日放学回家，母亲问他学习进展如何，孟子回答还是老样子，并流露出漫不经心的神情。孟母断然操刀割断织机上纺了一半的布匹。孟子“惧而问其故”，母亲说：“子之废学，若吾断斯织也。夫君子学以立名，问则广知。是以居则安宁，动则远害。今而废之，是不免于厮役而无以离于祸患也。”孟子深受触动，自此，“旦夕勤学不息，师事子思，遂成天下之名儒”（《列女传》），后世尊为“亚圣”，与孔子合称为“孔孟”。

5. 东汉班昭女诫

班昭是中国第一个女史学家，史学家班彪之女、班固与班超之妹。兄班固著《汉书》未竟而卒，班昭继承遗志续写《汉书》。常入宫教授皇后及诸贵人诵读经史，宫中尊之为师。

《女诫》是班昭为教导班家女性女德所作的私书。《女诫》说："女有四行，一曰妇德，二曰妇言，三曰妇容，四曰妇功。夫云妇德，不必才明绝异也；妇言，不必辩口利辞也；妇容，不必颜色美丽也；妇功，不必工巧过人也。"意思是妇德并非要才华卓异，而在端庄安详；妇言并非要伶牙俐齿，而在善解人意；妇容并非要打扮得花枝招展，而在整齐洁净；妇功也并非要技艺超群，而在做事能专心致志。总而言之，女德"唯在存心耳"。

6. 东汉·杨震四知

东汉名士杨震，人称关西孔子，曾推荐王密做昌邑县令。一次，杨震因公路过昌邑。夜深人静之时，王密怀揣十金前往馆驿相赠，以谢杨震知遇之恩。杨震拒而不受。王密急切之下说："此时深夜，无人知矣。"杨震正声说："天知，神知，我知，子知，何谓无知！"王密惭愧而出。

从此，"四知拒贿，清白传家"成为杨氏家训典范，后人亦多以"四知堂"为堂号。

7. 南北朝·颜氏家训

《颜氏家训》是中国历史上第一部内容丰富、体系宏大的家训，世称"古今家训，以此为祖"。作者颜之推，南北朝时人，是孔子最喜欢的弟子颜回35世孙。纵观历史，颜氏子孙在操守与才学方面都有惊世表现，仅以唐朝而言，如注解《汉书》的颜师古，书法道德皆为世楷模的颜真卿，凛然大义、慷慨殉国的颜杲卿等，足证祖先所立家训的效用彰著。

8. 唐太宗"帝范"

帝王家训是中国历代皇族启蒙时期的必修课。唐太宗在《诫皇属》中，以自己勤勉政事为例，告诫皇属克制自己，每穿一衣、每吃一饭，都要不忘蚕妇农夫的辛勤。要谦虚、善于听取不同意见，把敢于反对你的人当作老师，把逢迎你的人视为贼子。并亲自作《帝范》十二篇，赐给太子李治。

帝王之富贵，享天下之极。然而自唐太宗以至康熙帝，莫不以克勤克俭、谦恭礼让教谕子孙。

9. 五代十国·钱氏家训

江南钱氏，堪称千年望族，以先祖五代十国时吴越王钱镠《家训》传家，历代人才辈出。如宋末画家钱选，明代学者钱德洪、画家钱谷、诗人钱谦益，清代藏书家钱曾、学者钱塘、训诂学家钱大昕、画家钱杜、篆刻家钱松，近现代钱崇澍、钱穆、钱玄同、钱基博、钱锺书、钱学森、钱伟长、钱三强、钱其琛、钱正英、钱复、钱永健、钱文忠等均出自钱门。

仅近现代，钱氏家族“一诺奖、二外交家、三科学家、四国学大师、五全国政协副主席、十八两院院士”。当代国内外仅科学院院士以上钱氏名人就有一百多位，分布于世界五十多个国家。

《钱氏家训》中说：“利在一身勿谋也，利在天下者必谋之；利在一时固谋也，利在万世者更谋之。”对我们行为决策具有巨大的指导意义。

10. 北宋·范仲淹《家训百字铭》

相传范仲淹为母亲选墓地时，风水先生说此地是“绝地”，会断子绝孙。他说既是绝地，就不应别人去受，宁愿我受：如果命该绝后，迁坟何用？结果没有迁坟。当时他正在朝为相，又是苏州本地人，有人劝他把风水宝地南园买下做私宅，子孙会出公侯卿相。范仲淹说，一家富贵利益太小，于是买下南园办了“苏州书院”，为苏州培养出不少人才。

他去世后，儿子范纯仁又做宰相，范家九百年不衰，足证“积善之家，必有余庆”。清初重臣范文程，近代历史学家范文澜、三冠才子范光陵等均是范氏后人。

我们可以从范仲淹《家训百字铭》中看出范氏家族长盛不衰的原因：

> 孝道当竭力，忠勇表丹诚；兄弟互相助，慈悲无过境。
> 勤读圣贤书，尊师如重亲；礼义勿疏狂，逊让敦睦邻。
> 敬长与怀幼，怜恤孤寡贫；谦恭尚廉洁，绝戒骄傲情。
> 字纸莫乱废，须报五谷恩；作事循天理，博爱惜生灵。
> 处世行八德，修身率祖神；儿孙坚心守，成家种义根。

11. 北宋·包公家训

包拯一生，身居高位，廉洁无私，痛恨贪官污吏，到了晚年，担心后人会出不肖之徒，于是在家中立了一块石碑，镌刻着著名的《诫廉家训》，严厉警诫后人：

> 后世子孙仕宦有犯赃滥者，不得放归本家；亡殁之后，不得葬于大茔之中。不从吾志，非吾子孙。

意思是凡是包氏后代子孙有贪污受贿者，活着不得进家门，死后不得葬入祖坟。不遵从此训令者，一概不是包氏子孙。

如此言简意重的包公家训让人肃然起敬，发人深省。事实证明，包拯的子孙确实没有违背如此严厉的训诫，历代未听闻有贪污犯法之人。

12. 南宋·陆游家训

南宋大诗人陆游，八十岁作《放翁家训》告诫子孙：

> 后生才锐者，最易坏。若有之，父兄当以为忧，不可以为喜也。切须常加简束，令熟读经学，训以宽厚恭谨，勿令与浮薄者游处。

意思是越是才思敏捷的年轻人，越容易学坏。做长辈的应当把它看作忧虑的事，不能把它看作可喜的事。一定要经常加以约束和管教，让他们从小熟读圣贤经典，训导他们做人的道理，不要让他们与损友来往。

纵观古今能成大事者，往往是那些小时候显得呆呆的、傻傻的、笨笨的人，但他们的共同点是具有恒心毅力。反而小时候表现得很聪明的孩子，有一点成绩就自满，见小利就占，见机会就钻，以致聪明反被聪明误，贻误一生。做父母的不可以不警惕。

13. 明·《了凡四训》

命自我立，福自己求——蕴涵着中国文化深邃智慧的《了凡四训》，被誉为“改造命运的奇书”。原是明代袁了凡（了悟立命学问，不落凡大之命）的教子家训，分为立命之学、改过之法、积善之方、谦德之效四篇，故称“四训”。他以亲身经历，告诫世人莫被“命”字束缚手脚，一切祸福休戚皆由人掌握，行善则积福，作恶则招祸。

四百年来流传深远，被书香门第奉为“传家之宝”。曾国藩将此书列为子侄必读人生智慧之书。日本“经营之圣”稻盛和夫亦以此书指导人生。

14. 清·张英家书

张英，安徽桐城人，康熙文华殿大学士兼礼部尚书。《桐城县志略》载，张英家人在桐城建相府时与邻居发生争执，彼此为三尺地基互不相让，官司打到县衙。张家总管连忙送信给张英，盼望他给县令写信通融。张英见家书后，赋诗一首：“千里修书只为墙，让他三尺又何妨？长城万里今犹在，不见当年秦始皇。”家人接信后照办，主动让地三尺，邻居见状也让地三尺。这就是“六尺巷”的由来，至今传为美谈。

张英之子张廷玉又做宰相，历经康熙、雍正、乾隆三朝，配享太庙，史称“父子宰相”。

15. 清·曾国藩家书

曾国藩虽权倾一时，却不忘“至要莫若教子”的至理，常以家书关照、培育子弟的道德修养。

曾国藩及其四兄弟家族，绵延至今190余年，共出有名望的人才240余人。长子纪泽精通诗文书画，精通英语，成为出色的外交官。次子纪鸿喜爱自然科学，精通天文、地理、代数。其孙辈曾宝荪、曾约农、曾昭抡等也都成为教育家和学者。其外孙聂云台先生曾撰写《保富法》一书传世，透析一个家族如何“长盛不衰代有人才”的道理。

曾国藩持家教子十件事：

（1）勤理家事，严明家规。

（2）尽孝悌，除骄逸。

（3）以习劳苦为第一要义。

（4）居家之道，不可有余财。

（5）联姻“不必定富室名门”。

（6）家事忌奢华，尚俭。

（7）治家八字：早、扫、考、宝、书、蔬、鱼、猪。

（早起床、勤打扫、敬祖先、善待人、读好书、种好菜、养好鱼、喂好猪）

（8）亲戚交往宜重情轻物。

（9）不可厌倦家常琐事。

（10）择良师以求教。

16. 近代·王凤仪“家庭伦常道”

近代著名思想家、教育家、一代宗师王凤仪先生，家贫不曾读书，自幼给人放牛，天性淳厚善良，对父母尽孝道，对兄弟尽悌道。因目睹家道不兴，人伦丧失，世风日下，故发“翻转世界，重立人根”的大愿，一生率先垂范，身体力行，倡办女子义学700余所，四处宣讲家道伦常，行道劝世，化人无数，被人们誉为“王善人”。

## 四、中国古代家训中的教育智慧

在中国古代家训中凝聚着大量的教育智慧，提炼总结如下——

1. 身教大于言教

教育的过程体现为三个方面：言教、身教、境教。传统教育模式更多侧重于言教，实际上在人格形成中，真正有影响力的是身教。一卡车的说教可能也比不上老师和家长的行为示范。当老师或家长做到，孩子也看到了其行为价值后，自然会不知不觉加以效仿。

2. 固本为第一要务

“物有本末，事有终始；知所先后，则近道矣。”在教育方面，本末倒置同样是大忌，一旦缺乏教育的次序智慧，我们培养出的很可能就不是人才，而是危险品。如果孩子是瓶子，想要放更多的东西进去，就需要先装石块，再装细沙、水和盐，如果反过来，瓶子里先装满水和细沙，就再难装下石块了。其实石块就是人格、观念、理想、方向等，而习惯、步骤、技能、方法等相当于细沙和水。功利教育导向更多的是重视培养学生的才华，这种才华是以“财力”来衡量，却忽略了“德”的根本培养，这恰恰是我国古代家训智慧中最侧重的方面。

往瓶子里装东西时，如果你先装石头，装满了还可以再往里面装细沙；如果你先装满细沙，就不能再往里面装石头了。

人生其实也一样，装东西也要讲究先后顺序。你得先装大的东西，比如人格、观念、理想、方向等，然后再装细的东西，比如习惯、技能、步骤、方法等，如反过来你就很难装进去了！

孩子其实跟幼苗一样，破土而出以后很多人急着施肥、浇水、修剪枝叶，在我看来那些都是次要的，我们现在最应该做的是扶正孩子的根，我把它称作源头教育法。我们应该先去培养孩子正确的道德感、价值观、思维方式、学习方法，并努力催生他对事物的兴趣、激励他的梦想，让他成为一个有底线、有梦想、有思路、有方法的孩子，比直接让他掌握太多的知识和技巧要有价值。知识和技巧是学不完的，而这些根源性的东西一旦构建起来，孩子就可以自己去探求、去逐梦，他们知道该做什么，更知道不该做什么。“培根”的过程虽然看起来发生效果比较缓慢，不过只要将源头性教育做好，其杠杆效应将会非常显著，孩子可以自己茁壮成长起来。家训更多的是侧重道德感、价值观等方面的培养，因而家训其实是属于“源头教育”或“培根教育”的一部分。

3. 构建行为边界

家训中的准则更多类似于行为边界，也是家庭成员应该遵守的行为底线。只要家庭成员的行为能控制在边界以内，就不会有原则性的失误。很多家长对孩子管得太多，这样不利于孩子的自主成长和本能激发。其实只要孩子的行为不逾越底线，就应该让他们的行为有一定的自主性，遵循《道德经》无为而治的思想，孩子会在这个过程中寻求最适合自己的发展模式，也会激发出最大化的潜力。正所谓“天地不仁，以万物为刍狗；圣人不仁，以百姓为刍狗”，对孩子的教育也要顺势而为。中国古代家训中的教育智慧，正是以规定行为边界为主的智慧。

4. 保持精进，修炼自我

一块金矿石需要熔炼锻造才能成为金子，人也是一样。应该对自己的行为不断进行审视，反省自身的问题所在，摒弃错误的行为，坚持正确的行为，只有这样才会不断优化自身，成为具有人格魅力的人。这个过程就是自我修炼。正如王阳明心学“四句教”所说：“无善无恶心之体，有善有恶意之动，知善知恶是良知，为善去恶是格物。”家训就是我们知善知恶、为善去恶、修炼自己的基本标准。

5. 自我反省，慎独

家训教给我们如何管好自己的“身、口、意”三扇门，如何去除“贪、嗔、痴”，让我们不断自我反省，保持慎独。只有在减少不必要的欲望下尽量保持内心的平静，我们才能有更强大的决策能力和智慧。

6. 塑造君子人格，培养大师

“君子”是儒家的理想人格，也是中国历代家训极其推崇的人格。对于一个孩子而言，有德有才是上品，有德无才是次品，有才无德是危险品，无才无德是废品。君子要求一个孩子不但有才，还要有德，这才有成为大师的可能性。君子人格就是彰显利他属性，弱化自利属性，因此才可能获得家族的长远发展。

7. 心治是教育的最高境界

一个学生不敢做坏事，是因为怕老师，这个学校是人治；一个学生不能做坏事，是因为没有机会，这个学校是法制；一个学生不愿意做坏事，是因为想都没有想过，这个学校是心治。综上总结，人治就是老师厉害，法制就是机制厉害，心治就是文化厉害。在家庭教育中也是一样，需要通过家训不断强化家风建设，让家庭的价值观不断深入人心，让大家发自内心不想去做坏事，这才是教育的最高境界。

道德传家，十代以上；耕读传家次之；诗书传家又次之；富贵传家，不过三代。这个规律千百年来为历史所验证。中国历史上最长的朝代800余年，最短的十几年，家族的兴盛可以延续千年，而衰落也是几代之间。世人爱惜子孙，都想把最好的东西留给子孙，只有有识之士才知道，真正要留的是成就子孙人格的良好家训和家风。

# 践行家庭美德　促进社会和谐

姚振远

家庭是社会的细胞，任何人都是以家庭作为人生起点的。因此，我们要建设社会主义和谐社会，就必须首先从家庭的和谐抓起；我们要提高全社会的道德水准，也必须先从家庭美德抓起；我们倡导新农村新生活，也必须首先着眼于家庭美德建设。

幸福人生，是一个遵道而行的人生。父慈子孝，兄友弟恭，尊重领导，团结同事，讲求职业道德，遵守社会公德，践行家庭美德，注重个人品德，如此人的一生才会心安理得，快乐从容。

## 一、“孝悌”是人伦道德的根本（尊老）

儒家经典《论语》中强调：“孝弟（悌）也者，其为仁之本与！”强调“孝悌”是修养最高道德——“仁”的根本，只有抓住这个根本，人的道德修养才会逐步提高。“孝”是晚辈对长辈、子女对父母应持的道德准则，“悌”是指同辈之间即兄弟姐妹共同生活时应遵守的道德规范。《弟子规》说：“兄则友，弟则恭”，“悌”是指哥哥、姐姐对弟弟、妹妹应当友爱，弟弟、妹妹对哥哥、姐姐应当恭敬。

《孝经》中说：“夫孝，德之本也，教之所由生也。”“孝”是德行的根本，一切教化都是在孝道的基础上产生出来的。

### （一）时代要求我们必须大力弘扬孝道文化

按照儒家的观点，一个人“入则孝出则悌”，那么就不会顶撞尊长和上司；如果不顶撞尊长和上司，就根本不会违抗天子君主，在家庭是一个孝子，在国家就会是一位忠臣。这样的理念在《论语》中表达得非常清楚。所以儒家认为忠臣出于孝子之家。在今天，我们倡导孝道，也会有利于社会稳定。如果说封建社会历代统治者都高喊以“孝”治天下，是为了让老百姓不造反，是为了维护封建统治，那么今天，人民当家作主了，为了维护社会稳定，更应该努力弘扬、宣传“孝道”文化。

为什么今天我们要特别倡导“孝道”文化呢？除了维稳外，还因为我们目前面临的特殊社会现实：一是我国已进入老龄化社会，老年人已达2亿多，养老已成为重要的社会问题。二是我国社会保障起步较晚，特别是农村人口的养老保险才刚刚起步，社会尚没有能力承担如此沉重的养老问题。西方发达国家都是在工业化后出现人口老龄化，是先富后老，而我们则是未富先老，养老主要还要由家庭承担。三是由于农村青壮年大量进城务工，农村出现了空巢现象，而农村老人又迫切需要来自子女的关爱和侍奉。四是有些家庭的确出现子女不孝的问题。这四个方面就决定了我们今天迫切需要孝文化。近年来有些专家、学者奔走全国各地义务宣讲，宣传中华孝文化，谱写了很多动人的孝老歌曲，中央电视台也策划播出了多个孝文化公益广告，全国妇联和老龄委等部门结合新时代的要求，推出了新二十四孝，这些都在广大群众中产生了良好反响。弘扬孝文化、传播正能量的热潮正在全国各地兴起。

有的学者做了调查统计，一个婴儿长到18个月才断奶，他大约吸吮了母亲1000斤的奶水。国内外都有人做过实验，把母亲的乳汁放在密封的玻璃瓶里，等到20年后，这些奶水都由最初的乳白色变成了淡红色，于是有人认为，母亲的乳汁是由血转化的。虽然现在已有了许多母乳代替品，如牛奶、羊奶等，但专家们经过研究，一致认为，对婴儿来说，世界上没有任何乳品可以代替母乳，吃母乳更有利于婴儿的健康成长。健康是无价的，母亲的乳汁更是无价的，我们长大后怎么回报母亲都不过分。羔羊有跪乳之情，乌鸦有反哺之义，禽兽尚知报母恩，因此那些不孝敬父母的人连禽兽都不如。

### （二）人应常怀感恩之心

难道我们不应感恩生我们养我们的父母亲吗？在中国的传统道德中，是主张知恩报恩的。“滴水之恩，必涌泉相报”，“知恩不报非君子”，这是指一般人际交往应遵循的道德规范，父母亲对我们来说，这种养育恩德之深之高无论怎么说都不过分，我们对父母的恩德无论怎么做都难以报答万一。

只有自己怀有感恩之心才会有爱心；只有常怀感恩之心，才会有忠诚心。丈夫在外栉风沐雨挣钱养家，再苦再难也硬扛着，妻子应当感恩丈夫；妻子在家侍奉老人，教养子女，做饭洗衣，让丈夫没有后顾之忧，丈夫应当感恩妻子。夫妻之间如果相互感恩，就会相互忠诚。我们在单位工作，单位给你提供学习提高的机会，给你提供良好的办公或工作场所，领导经常耳提面命教育你，按月发给薪水，我们应当感恩这份工作，感恩单位，我们要忠诚于工作，努力把工作做好。没有感恩之心的人总处于不满足的状态中，看什么都不顺眼，心态不好，坏情绪会传染。

（三）行孝须及时

俗话说："家有一老，如有一宝。"老百姓一般认为家里老人能健康地活到八九十岁，是家庭之福。古人又把百岁老人恭称为"人瑞"，长寿老人是全家人的祥瑞，是人类的祥瑞，而长寿是老人自幼做善事修来的。民间还有一种近乎迷信的说法，家里有个老人，啥事都能镇住，不会闹鬼闹邪。

家中有位老人让你随时尽儿女之孝，是一种幸福，是一种难得的幸福。

前段时间，因工作关系，我到册山街道石杭岭村，给赵相于老人送全国最美家庭证书，妇联闫主席又捐助了1000元钱。赵相于，88岁，山东省临沂市罗庄区册山街道石杭岭村村民。结婚70年，妻子瘫痪、失明、精神失常，躺在病床上59年。他家里家外一人担，精心照顾妻子，以实际行动谱写了一曲"执子之手，与子偕老"的大爱之歌。5月25日老人去世，他的儿女接下了照顾老人的义务，爱在传承。

"树欲静而风不止，子欲养而亲不待。"

时不我待，行孝需及时，行孝需趁早。

孝文化不仅要靠宣传教育，更要靠我们这些年轻父母以身作则，自觉践行孝文化，给自己的孩子做出示范：最好的饭菜让父母吃，第一碗饭先端给父母，出门和回家都要跟父母打声招呼。孩子们上学放学也会像我们一样打招呼："爸妈我上学去了！""爸爸妈妈我回来了！"吃的用的先给爷爷奶奶或父母亲。要带头学会耐心听老人唠叨，多跟老人沟通。父母把对老人的孝敬时时做给孩子看，耳濡目染，潜移默化，孩子长大后也知道尽孝，也是孝子。有人说："孝敬不孝敬，老人会遗传。"这话是有一定道理的。

（四）"尽孝"的三个层次

优秀传统文化中的孝文化有三个层次：

第一层是养父母之身。即努力让父母吃饱穿暖。在《论语》中有一段孔子和他学生的对话，大意是学生问孔子，生活上赡养父母算不算尽孝，孔子回答说："犬马皆能有养，不敬，何以别乎？”就是说你养条狗养匹马也喂食喂料，养狗要给它垒个狗窝，养马给它搭个马厩，如果对父母没有恭敬心，那就与养犬马没有区别了。一句话，就是在对父母尽孝时要怀有恭敬之心，所以我们提“孝敬父母”，要有敬心才是孝。

由此观之，那种以工作忙为借口，仅仅按时给父母寄点钱，或花钱雇个保姆照顾老人的做法，不是真“孝”。孝敬老人必须亲力亲为，所以新颁布的《老年人权益保障法》就把“常回家看看”列入法律条文。既然小时候父母为你擦屎把尿，现在父母老了，丧失了生活自理能力，你难道就不能为老人擦屎把尿吗？现在有人被西风吹迷了头，也想学习西方，父子之间实行AA制，试问，你在吃奶时如何实行AA制？雨雪天父母背你上幼儿园、上学时，如何实行AA制？

第二层是养父母之心。《论语》中孔子在给学生解答如何孝敬父母时，说“色难”。让父母脸色愉悦比较困难。始终让父母心情舒畅，高高兴兴，就比较困难了。当然也有人认为“色难”应理解为不管老人如何，甚至老糊涂了，患了阿尔茨海默综合征，子女也要始终做到不急不躁、和颜悦色。两种理解虽角度不同，但区别不大。

被认为是儒家伦理小百科全书的《弟子规》中说：“身受伤，遗亲忧。”做子女，自己的身体如果受到了伤害，会给父母带来担忧，会让老人睡不好觉，吃不下饭。孔子在《孝经》中指出：“身体发肤，受之父母，不敢毁伤，孝之始也。”保护好自己的身体发肤，一点也不让它受到损伤，是最初始的孝。我们反对酒驾、醉驾，反对疲劳驾驶，反对嗜烟酗酒，反对出门不遵守交通规则等，其实也是一种尽孝。不遵守国家的安全法规致使身体受到伤害，都会“遗亲忧”，是不孝敬父母的行为！你要是有孝心，心中常挂记不让父母担忧，就不要酒驾、醉驾，就不要开车时打电话、玩手机！

现在有人天天有时间陪宠物遛弯，却没有时间陪父母散散步，是大不孝的行为。

第三层是努力修养德行，养父母之志。在社会上留下好的名声，使父母也得到某种荣耀，引以为豪，这是“孝”达到的最高境界。孔子在《孝经》中说：“立身行道，扬名于后世，以显父母，孝之终也。”现在有的学者把显扬父母视为养父母之志，子女有出息，能成就功业，这是任何父母都期望的。这一条对我们今天反腐倡廉很有价值。《弟子规》说：“德有伤，贻亲羞。”一个人在道德品质上出现了缺损，因受贿、贪污等触犯党纪国法而锒铛入狱，就会给父母带来羞耻。因为缺德而使父母感到没脸见人，这是最大的忤逆、最大的不孝。

## 二、以高度的社会责任感教育、爱护孩子

每一个儿童不都仅仅是家庭的私有财产，他们还是社会的一个成员，是祖国的未来。“爱幼”不仅是家庭问题，还是社会问题。我们应以高度的社会责任感教育、爱护孩子，使他们能健康成长。因为国家实行计划生育政策，现在人们的子女比较少，因此每个孩子都被当成了宝贝，“爱幼”不是不足，多数情况下是做得过了，“爱幼”爱得不科学，爱变成了溺爱。

父母是孩子的第一任老师。俗话说：“三岁看大，七岁看老。”父母如何培养教育孩子，关乎孩子的未来。

心理学家认为，婴儿期主要是获得信任感，避免怀疑感；婴儿后期是获得自主感，避免羞耻感；幼儿期是主动感，童年期是勤奋感，青少年期是角色的同一性。

孔子无疑是最伟大的教育家，国内有的学者甚至提议把中国的教师节由9月10日改为9月28日，即孔子的生日。孔子是如何给我们规范教育的先后顺序呢？《论语》中说：“弟子入则孝，出则悌，谨而信，泛爱众，而亲仁，行有余力，则以学文。”《弟子规》对此归纳为：“首孝悌，次谨信。泛爱众，而亲仁。有余力，则学文。”无论是对父母的孝、对兄长的悌，还是做事说话谨慎、讲究诚信，以及博爱、亲仁，都是讲道德教育，在道德教育之后才是学习文化知识。德育为先，智育在后，正像俗话说的那样，先学会做人再学会做事。

对于孩子的教育多数属于养成教育，因为孩子小，左半脑没发育，抽象思维还处于萌芽时期，家长及幼儿园老师如何教他他就如何做，慢慢养成习惯。所以中国传统教育是一上来死记硬背，长大一些才开讲。孔子认为：“少成若天性，习惯如自然。”也就是说少年养成的习惯就像先天生成的一样，多次重复形成习惯，就会下意识自然而然去做。这说明对孩子进行养成教育的重要性。要教育孩子从小讲文明懂礼貌，养成节俭勤劳、卫生环保等好习惯。

当然最好的教育是：知行合一，言传身教。

爱孩子的最高境界是在孩子的内心留下父母相亲相爱、互相谅解的美好画面，留下父母努力工作、互相促进的生动印象，留下父母带着乐趣工作的幸福场景，留下父母看书学习的安静品格。等有一天我们的孩子长大了，要离开家走自己的人生道路，在他的记忆里，已经储存了丰富的美好画面。这些画面，让孩子安心、自信

地独自前行。

真正自信的父母，总是思考如何做最好的自己，让自己成为孩子的骄傲；自卑的父母，总是琢磨怎么让自己的孩子比别的孩子强，来为自己赢得面子。为人父母，不要总说孩子是我们的未来，我们自己才是孩子的未来；在孩子成为我们的骄傲之前，先想一想，我们能不能先成为孩子的骄傲。

**三、夫妻和睦是家庭和谐的核心**

自古以来，我们中华民族就极重视家庭，或者说家庭观念很重。俗话说："穷家难舍，故土难离。"一到被逼无奈"抛家舍业，别妻离子"时，那一定是遇到大灾难了。"在家千日好，出门一时难。"家庭是一个人的安乐窝，是一个人辛勤劳作后停靠的宁静港湾。所以无论从哪个角度说，我们都必须把家庭建设好，努力营造无限温馨的家庭氛围。

家是爱的地方，感恩的地方，不是争理的地方，格局大了，幸福就来了！

谈到家庭，有必要在此讲一下婚姻。婚姻是男女结成夫妻关系的行为，是家庭成立的基础和标志。婚姻的动机有三种，经济、繁衍和爱情（包括性）。"剩女"，原因是婚姻动机不强了。

夫妻关系有几种类型。

爱情型：有两种，一种是由美貌与性吸引而导致的结合。这种类型隐藏着一定的风险，美貌及性魅力会逐渐减弱，假如婚姻缺乏其他基础，或不能过渡到以双方人格相容性为基础的爱情，那么这种婚姻往往出现危机。另一种是以人格相似性或互补性为基础的结合。由于人格具有相对稳定性，不像体型、性魅力那样易变，所以这种结合一般能使婚姻平稳而幸福。

功利型：以爱情之外的出身、学历、财产、社会关系等条件为基础的结合，因此，当夫妻双方的收益与成本基础平衡时，婚姻能持续，双方感到满足。

家庭有如下功能：经济功能、性的功能、生育功能、抚养功能、赡养功能、教育功能、感情交流功能、休闲与娱乐功能。

夫妻是家庭的核心，夫妻和睦是家庭和谐的核心，夫妻和睦使家庭关系、婚姻关系稳定。

尊崇家庭伦理道德的中国婚姻一直是比较稳固的。二十世纪七十年代，我国离婚率还不足 2%。千百年来中国人一直视婚姻破裂为家丑，是羞于开口告人的，"家丑不可外扬”。中华民族追求的美好婚姻是“夫唱妇随”“琴瑟和谐”“白头偕老”。

新中国成立以前形成的婚姻元素不说，在新中国成立后，党和政府极力提倡婚姻自由，反对包办婚姻和买卖婚姻，但是直到二十世纪八十年代中国的婚姻在农村仍然讲究的是“父母之命，媒妁之言”，真正通过自由恋爱走向婚姻殿堂的极少。通过媒人介绍家庭条件和个人情况，双方在母亲、姑姑等亲人陪同下见见面，如都认可对方的长相，这桩婚事就大体定下来了。那时的婚姻，就像电影《李双双》中的一句台词那样，是先结婚后谈恋爱。

如果说西方婚姻被冠之以“爱情婚姻”，那么中国婚姻可以称之为“道德婚姻”或“伦理婚姻”。

在中国的家庭伦理中，有很重要的一条就是结婚后就意味着相互忠诚，信守“执子之手，与子偕老”的承诺。我们的祖先把婚姻看得很庄严很神圣，成婚时要三拜：一是拜天地，二是拜高堂，三是夫妻对拜。一对男女走在一起是“千里姻缘一线牵”，是“百年修得同船渡，千年修得共枕眠”，婚姻来之不易。

离婚使双方感情受到伤害，更影响到孩子的健康成长。有位学者到一家少管所去调查，发现 85% 的少年犯出自单亲家庭。美国的青少年犯罪率高，和高离婚率有直接关联。

## 四、勤俭持家是传统美德

在聚积财富的问题上，中国人创造了“开源节流”这个词，要发家致富早奔小康，就离不开“开源”与“节流”两手。有人说在这两个致富经中，开源重于节流。我们的祖先却不这么看，历来认为“节流”与“开源”并重。

近代大儒首推曾国藩，他在家信中引用历史学家司马光的话教育儿子：“由俭入奢易，由奢入俭难。”他接着说：“无论大家小家，士农工商，勤苦俭约，未有不兴；骄奢倦怠，未有不败。”曾国藩这里讲的是家庭要兴旺富裕必须节俭。现在社会有一种现象就是“富不过三代”。富为何超不过三代呢？就是富二代富三代骄奢倦怠的结果。创业开源足以致富，奢靡享乐足以败家。正是因为富一代没有对子女进行勤俭教育，结果后代成了败家子。

实际上，我们要想一天多挣 10 元钱不大容易，但每天节约 10 元钱却可以轻松做到，比如劝说孩子少吃块汉堡包、少吃个冰激凌，大人少吸半包烟、少喝二两酒等。

唐朝大诗人李商隐有句诗总结得好：“历览前贤国与家，成由勤俭破由奢。”

作为领导干部，要修养自己清正廉洁的品德，坚持生活俭朴是一条重要途径。历代都有人倡导“俭以养廉”。生活节俭，没有更高的奢求，对于金钱的追求欲望也会大大降低。对于生活奢靡腐化的人，正当的收入满足不了他的需求，势必要走邪门歪道，贪污受贿。现在揭露出的腐败分子，没有一个生活上不是奢华的，有的还作风糜烂。领导干部防微杜渐要从生活俭朴做起。

中国人的储蓄率一直高居世界第一位，这与中华民族历来推崇勤俭的美德有关系。改革开放40多年，我们是比过去富裕多了，但是还处于发展中国家的水平。比起美欧日等发达国家，人均拥有财富还相当少。就国内生产总值来说，虽说已超过日本，但我国的人口是日本的11倍，人均下来，仍然远远落后于日本。还不富裕的现实也要求我们过节俭的日子。

过去广泛流传着一个中国老太太和美国老太太的故事。说是中国老太太生活俭朴，平时省吃俭用，到80岁才攒够钱买了住房，但是没住几年就去世了。美国的老太太青年时代就按揭买了住房，到80岁还完了贷款，房屋产权完全归了自己，但她已舒舒服服地住了60年。猛一看美国老太太要比中国老太太聪明，会算账，因此就有人据此提出中国人要学习美国人超前消费的理念。从纯经济学的角度说，消费推动生产，生产是为消费，没有消费就没有生产。但是，说故事的人没有考虑到中美两国的社会差异，一是我们的社会保障如失业保险、医疗保险、养老保险刚刚起步，远不如美国，中国人存钱是为养老；二是子女结婚要建房、买房，基本上由父母承担大头，中国人存钱为建房买房；三是幼儿园及高中、大学尚未实现免费教育，这是一笔很大的花销。而在美国等发达国家，孩子从生下来到上小学是国家包干。中国人存钱还为了上学。中国讲究两代人之间的亲情，而在西方发达国家，子女到成年后，父母对其承担的责任要小得多。

无论怎么说，我们国家的家庭主妇仍然要勤俭度日，作为中华传统美德的勤俭之风仍需发扬光大。中央群众路线教育实践活动提出纠正四风，就包括纠正享乐主义、奢靡之风，这不仅仅是针对党员干部，我们每个人也都应自觉抵制享乐主义、奢靡之风。

为了贯彻落实科学发展观，从节约能源角度，我们也必须厉行节俭。我国是联合国确认的人均淡水资源最少的几个国家之一，淡水资源的贫乏已开始制约我国经济的发展。我们也看到，这几年农村的水井已由改革开放初期的十几米加深到四五十米，个别地方地下水位已下降到六七十米，许多小河小渠已常年干涸，村里坑塘也终年不见水。对于我们许多人来说，仍然误认为水是无限的，水是不值钱的，因此用起来大手大脚，洗菜、洗手、刷碗都是长流水。因为所有家庭都天天和水打交道，节水应当成为勤俭的重要内容。家家天天用到的还有电，人走关灯，休息时电脑、电视机要切断电源，空调的温度要从节约能源出发，夏天放冷气，温度不低于 26℃，冬天放暖气，温度不高于 18℃。实际室温夏天过低冬天过高，造成室内外温差过大，人容易感冒，对身体也没有好处。

我国其他方面的资源人均也是比较贫瘠的：石油储量人均仅相当于世界人均的 11%；天然气储量人均仅为世界人均的 3.5%。煤炭资源相对比较丰富，连续几十年煤炭产量居世界第一位，但人均煤炭储量仅为世界平均值的 50%。为了我们经济的持续发展，为了打破资源约束瓶颈，我们都应当厉行节约，勤俭办一切事业。所以继八项规定之后，国家又出台了一系列厉行节约的具体规定，严禁盖楼堂馆所，严禁超标接待、超标用房、超标用车等。节约从舌尖做起，“光盘行动”一下子风行全国上下。我们做家庭主妇的更应自觉践行勤俭持家美德。

民间把会持家的勤俭媳妇称为耙子，什么都往自家里搂；把不会理家的好吃懒做的媳妇称为簸箕，只会往外簸。我们都应做勤俭持家的耙子。

**五、邻里团结**

随着城镇化建设的加快和城区人口纷纷搬进楼房居住，过去农村那种洋溢在邻里间田园牧歌式的温馨渐行渐远，充满友情和关怀的邻里关系逐步淡化，代之以冷漠，有的城里人两家同住一个楼道，农村叫对门扯户，相处多年竟无一语交谈、无一物交流，甚至多年过后还不知对方姓什么、叫什么。

俗话说“远亲不如近邻”，在物资匮乏的年代，谁家改善生活，就会喊邻居的孩子去分享一顿，邻居家的东西与自家的几乎没有多大区别，俗语叫作“生瓜李枣，抓住就咬”，邻里间是不分彼此的，那时邻里间的感情是多么令人羡慕，多么令人怀念啊！

邻里关系毕竟是重要的社会关系。邻里之间团结友善是很重要的，融洽的邻里关系要靠我们努力去营造。

邻里团结关键要做到三条：

一是要有爱心。《弟子规》上说：“凡是人，皆须爱。天同覆，地同载。”凡是在同一个天地间生活的人，均须真心去关爱，何况邻里呢！邻里有红白事要去帮忙，邻居有困难要施以援手。邻家的孩子放学因家长不在进不了门，我们就热情地把孩子领到家里，孩子要做作业，就给他腾出桌凳。主动教育自己的孩子和邻家孩子交朋友，在一起玩耍。邻居家有人病了，要主动去探望。邻居家有人住了医院，主动帮助邻居带好孩子或安排邻家的孩子吃住在自家等等。好人自然就会得到好报。每年的端午节，我母亲和我妻子都在一起包好多粽子，楼上楼下，让孩子家家都送。我母亲说："帮助别人，就是给自己修路，自己方便，别人也方便。"有一个好邻居，你的心情会很愉悦。这样对孩子的健康成长也有好处。

二是要对邻居笑脸相迎。微笑是缩短人与人之间距离的法宝、人际沟通的通行证。专家研究，爱笑的婴儿长大了智商高。经常挂满笑容的人人脉关系广，"一笑倾人城，再笑倾人国"，看这笑的威力有多么大。2008 年北京奥运会和广州残奥会期间的礼仪小姐，为了用最美的笑迎接五湖四海的来宾，一练就是两个月。笑脸相迎，不仅对邻居如此，对周围的人，对遇到的每一个人都报以微笑，你就会赢得好人缘。世界培训大师拿破仑·希尔认为，一个人的成功，85% 靠的是人脉，只有 15% 是靠个人的专业技术知识。谁的笑脸多，谁笑得自然美丽，谁就会有好邻居，谁就会有众多的朋友，谁在事业上就容易成功。

三是要赞美。人都希望得到别人的赞美，因为赞美是对一个人的认可。根据马斯洛社会行为学对人的需求的分级，中国人早已吃饱穿暖跨越温饱型，已进入第二第三个需求级，也就是安全和社会认可。大多数人也已跨进需要尊重、社会认可的阶段，赞美就是对其尊重需求的恰当回应。如邻里间女主人碰了面，可以很自然地夸赞对方："你比实际年龄看上去年轻多了，你不说我还不相信你今年 50 岁了。"对方穿了件新衣服，你就赞美她有眼光，会挑选衣服，表示下次买衣服要邀上她去帮忙。到了邻居家，就夸赞人家会料理家务，家里不但干干净净，而且衣物摆放得井井有条，由于料理得好，家里显得很宽敞。也可以夸赞对方善于教育孩子："你看您家的小明多懂事，离老远就喊我阿姨，浑身上下干干净净。你真会教育孩子。"邻居会把你的赞美反馈给孩子："对门的阿姨夸奖你懂礼貌、会说话，还夸奖你爱干净。"孩子得到这样的信息，会在这两个方面更加努力，形成良性循环。总之，你对邻居的赞美要恰如其分，随机取样，别刻意为之，给人一种不自然之感。

可以这样说，关爱、微笑、赞美是建立美好人际关系的攻无不克、战无不胜的法宝，不仅可以用于邻里关系，而且还可以用于工作中与同事的相处。你坚持用这三条对待邻居、对待同事，也会得到这三件回报。

# 孝文化漫谈

王玉报

滔滔沂、沭河，就像母亲的胸膛，养育着两岸的人民；巍巍沂蒙山，就像父亲的脊梁，铸就了沂蒙人民顽强的性格。这片广袤的大地作为华夏传统文化重要组成部分的东夷文明的主要发祥地之一，千百年以来传承不断，历久弥新。作为传统文化中的孝文化，沂蒙山区以及沂、沭河流域也成为重要的践行之地，这里的孝文化深入人心。

## 一、七孝故事

古代二十四孝，临沂就有七个孝子故事，分别是：

负米养亲（孔子学生子路，今平邑人）

单衣顺母（孔子学生闵子骞，一说今平邑人，一说费县汪沟镇人，一说济宁鱼台县大闵村人）

啮指心痛（孔子学生曾参，今平邑人）

戏彩娱亲（春秋末期隐士老莱子，居蒙山之阳）

鹿乳奉亲（郯子，春秋时郯国人，今郯城人）

闻雷泣墓（王裒，三国魏东莞人，今沂水县人）

卧冰求鲤（王祥，晋朝时琅琊人，今兰山区人）

下面我们来逐一解读：

### （一）负米养亲

仲由，字子路、季路，春秋时期鲁国人，孔子的得意弟子，性格直率勇敢，十分孝顺。早年家中贫穷，自己常常采野菜做饭食，却从百里之外负米回家侍奉双亲。

父母死后，他做了大官，奉命到楚国去，随从的车马有百乘之众，所积的粮食有万钟之多。坐在垒叠的锦褥上，吃着丰盛的筵席，他常常怀念双亲，慨叹说：“即使我想吃野菜，为父母亲去负米，哪里能够再得呢？”孔子赞扬说：“你侍奉父母，可以说是生时尽力，死后思念哪！”（《孔子家语·致思》）

（二）单衣顺母

单衣顺母，也称鞭打芦花。是临沂七孝里边具有较强时代意义的孝行之一。

主人公闵损，字子骞，春秋时期鲁国人，孔子的弟子，在孔门中以德行与颜渊并称。孔子曾赞扬他说：“孝哉，闵子骞！”（《论语·先进》）他生母早死，父亲娶了后妻，又生了两个儿子。继母经常虐待他，冬天，两个弟弟穿着用棉絮做的冬衣，却给他穿用芦花做的假棉衣。一天，父亲出门，闵损牵车时因寒冷打颤，将绳子掉落在地上，遭到父亲的斥责和鞭打，芦花随着打破的衣缝飞了出来，父亲方知闵损受到虐待。父亲返回家，要休逐后妻。闵损跪求父亲饶恕继母，说：“留下母亲只是我一个人受冷，休了母亲三个孩子都要挨冻。”父亲十分感动，就依了他。继母听说，悔恨知错，从此对待他如亲生儿子。

（三）啮指心痛

曾参，字子舆，春秋时期鲁国人，孔子的得意弟子，世称“曾子”，以孝著称。少年时家贫，常入山打柴。一天，家里来了客人，母亲不知所措，就用牙咬自己的手指。曾参忽然觉得心疼，知道母亲在呼唤自己，便背着柴迅速返回家中，跪问缘故。母亲说：“有客人忽然到来，我咬手指盼你回来。”曾参于是接见客人，以礼相待。曾参学识渊博，曾提出“吾日三省吾身”（《论语·学而》）的修养方法，相传他著有《大学》《孝经》等儒家经典，后世儒家尊他为“宗圣”。

（四）戏彩娱亲

也叫戏彩斑衣，这是一个比较庸俗的事例，应该予以批判，古代开明之士也不认可。

老莱子，春秋时期楚国隐士，为躲避世乱，自耕于蒙山南麓。他孝顺父母，尽拣美味供奉双亲，70岁尚不言老，常穿着五色彩衣，手持拨浪鼓如同小孩子般戏耍，以博父母开怀。一次为双亲送水，进屋时跌了一跤，他怕父母伤心，索性躺在地上学小孩子哭，二老大笑。

（五）鹿乳奉亲

郯子，春秋时期人。父母年老，患眼疾，需饮鹿乳疗治。他便披鹿皮进入深山，钻进鹿群中，挤取鹿乳，供奉双亲。一次取乳时，看见猎人正要射杀一只麑鹿，郯子急忙掀起鹿皮现身走出，将挤取鹿乳为双亲医病的实情告知猎人，猎人敬他孝顺，以鹿乳相赠，护送他出山。

（六）闻雷泣墓

王裒，魏晋时期营陵人，博学多能。父亲王仪被司马昭杀害，他隐居以教书为业，终生不面向西坐，表示永不做晋臣。其母在世时怕雷，死后埋葬在山林中，每当风雨天气，听到雷声，他就跑到母亲坟前，跪拜安慰母亲说："裒儿在这里，母亲不要害怕。"他教书时，每当读到《蓼莪》篇，就常常泪流满面，思念父母。

（七）卧冰求鲤

故事的主人公王祥，字休征，晋代琅琊人，今临沂市兰山区白沙埠镇孝友村人。生母不幸早亡，父亲娶来了继母朱氏。朱氏生了个儿子叫王览，为了让亲生儿子独得家产，她便想谋害王祥。她三番五次地说王祥的坏话，父亲受她影响，渐渐对王祥也产生了成见。天降暴雨，继母逼迫王祥去李子树下守护，如若有李子掉下就要把他打死。无可奈何的王祥只得冒着倾盆大雨在树下死守。说也奇怪，风吹雨打却一颗李子也没掉下来。至今，村中还有纪念王祥守李的石碑。

王祥性情和善，对继母的狠心虐待从无一句怨言。他一如既往地恭敬孝顺，精心侍候二老。一天，患病的继母突然想吃鱼。时值隆冬，河流早就结了冰，到哪儿去弄鱼？王祥跑到了河边，脱去外衣躺在冰上，用体温去融化坚硬的冰层。待到冰融化时，他浑身早冻得麻木了。说来也巧，冰面一裂，居然蹦出了两条鲤鱼。就这样，王祥的继母吃到了鲜鱼，治好了病痛。

王祥之孝，和二十四孝第一孝虞舜的故事不乏相似之处，然而与之最大的不同是他的弟弟王览和舜的弟弟象却完全不同。象是参与了谋害哥哥，而王览却千方百计地卫护哥哥。一次，母亲在饭里下了毒药要王祥喝，王览觉得怪异，便夺过来自己喝，母亲慌忙打翻在地，这才救了哥哥的性命。这件事也使继母朱氏受到了很大的教育，其后一家人父慈子孝、兄友弟恭，和和睦睦。王祥以孝闻名，王览以悌闻名。后来王览也做了官，而且福荫后世，他的子孙九代都是公卿。

## 二、孝文化在传统文化里的地位

什么是传统文化？孝文化在中华传统文化里的地位如何？

中国传统文化是中华文明演化并汇集而成的一种反映民族特质和风貌的民族文化，是民族历史上各种思想文化的总体表征，是中华民族自先祖以来所创造的、为中华民族世世代代所传承发展的、具有鲜明民族特色的文化。

两千多年以来，在我们国家占主导地位的、世代相传的，就是以儒家为代表的文化传统。而儒家文化的核心内容之一就是“孝”，所谓“百善孝为先”“孝为德之本”。

## 三、正确理解什么是孝

### （一）孝道

从前，有个不孝儿子，想把年迈的母亲背进山林里扔掉。他一路走，母亲一路用树枝做标记。为了防止母亲沿标记回来，他专挑弯曲偏僻的羊肠小道，把自己累得浑身是汗。最后，他把母亲往地上一扔，狠狠地说：“走了这么远，你做了记号也回不来了！”他的母亲低声说：“我做记号不是想自己回去，是怕你迷路。”

初次读到这个故事时，很不理解儿子如此不孝，母亲为什么还会这么傻？可是如果深深地想一想，你会发现，这个世界上所有的母亲都是这样的“傻人”，不管你是一个怎样的孩子，不管母亲怎样瘦弱贫贱，她永远都站在母亲的位置上关怀你。在这个世界上，也只有母亲会牵挂你的冷暖，默默关注着你的一举一动。父母对子女的爱，情深似海。父母是你的第一任老师，是生育、抚养、教育你的人。孝首先就是感恩父母，这是一切孝行的由来。

（二）孝心

仅仅明白了孝道是天之经地之义还是不够的，还要把这种对天道伦常的敬畏化作自己孝敬父母的赤诚之心，化作对待父母的感恩之心。

（三）孝行（孝规）

孝不仅仅是一种道，孝还是对自己的父母发自内心的真挚感情。这种真挚感情的表达更在于行动，也就是孝行。说一百句孝顺，不如做一件实实在在的事。孝行要遵循一定的规范，这就是孝规，我们平常讲的《孝经》《弟子规》之类就是这一类规范。孝道是永恒的，孝规是变化的，孝规要与时俱进，不同的时代有不同的孝规。“父母在不远游”，就不符合今天的孝行实践，也有悖于孝道本义。

所以，我们说的孝在认识层面的三个层次，就是孝道、孝心、孝行（孝规）。要首先知道敬畏天道，有感恩父母、孝敬父母的心，然后把自己的孝心落实到行动上。孝道是永恒的，践行孝道的孝行却是应当与时俱进的，一个时代有一个时代的孝行。只要我们发自真诚的内心，以实际行动按照时代孝规践行，就是做到了孝，你就是一个孝子。那么，在现实生活中如何才能把孝心落实到行动上呢？

## 四、孝养、孝敬、孝顺、孝志、孝悌

（一）孝养：谨身节用，以养父母，此庶人之孝也。

前不久我回家，听到了这样一个故事。有一位老奶奶，她向我诉说她儿子怎么怎么不孝。我问她你儿子给你粮食吗？她说给。我又问她，给你钱花吗？也给。我又问她，那你怎么说他不孝呢？她说，什么孝啊！一年到头不来，该给粮食了，就来一趟，把东西一放，说，给你今年的粮食。我巴望着跟他说说话，想问问儿子现在什么样了，孙子好吗？他就回我一句，这个不用你管，瞎操心。

能养父母，这仅仅是孝的基础，不能养父母，孝无从谈起。但是，这还是不够的，能从心灵上关心父母，理解父母，那才是真正的孝。你能不能常回家看看，能不能坐下来，就像你的母亲曾经慈祥地看着你和你说话一样，倾听一下老妈妈的话。

她的要求其实很低，也许并不需要你给她洗洗脚、梳梳头，只想看看自己的儿子，看着他好好的，孙子也好好的，她就会很快乐。

有一张“孝子抱母”的照片，被网友传上网络后，短短几天内已经传遍世界，温暖无数人心，被网友称作“二十五孝”。照片中一位中年男子的怀里，是用花布兜包裹着的身材瘦弱白发苍苍的老人。男子双眉紧蹙，一手有力托住老人的身体，一手轻抚着她的胸口。老人的头靠在男子的手肘处，安详得像一个孩子。照片的主人公是台南孝哥丁祖伋。在丁祖伋看来，这些举动都是他和母亲之间最平常的交流。85岁的母亲因为中风行动不便，上个月摔断腿打石膏，考虑坐轮椅会重心不稳，他便用花布包起母亲抱在胸前，到离家较近的奇美医院看病。

丁祖伋共有兄妹四人，他是大哥，弟弟和妹妹或在美国或在台北，母亲的日常起居都是他一人料理，他从无怨言。

在彰化县工作的四年期间，丁祖伋每天往返台南、彰化两地，就是为了看顾年老的父母。数万网友转载、评论这张照片，来自不同地域的人们，用各种语言传递着一样朴素的感情：“为此流下男儿泪”，“让我们重新找回人性中光明且美好的一面”，“亲情不待，特别感伤”，“马上给妈妈打电话”。

（二）孝敬：今之孝者，是谓能养。至于犬马，皆能有养。不敬，何以别乎?

前不久，我在一个司法所听到这样一个故事：有一位老人因为儿子不孝，找到了司法所。老人讲儿媳妇经常与他争吵，还摔摔打打。儿媳妇却说老人无理取闹，我们给他吃给他喝，他还经常在外人跟前说我不孝顺，我就是有气。经过了解，我们知道是因为儿子给老人钱，家庭出现了矛盾。媳妇每次都会说一些难听的话。古人讲“君子不吃嗟来之食”，何况老父亲呢！老父亲也许说不出口，这样的饭我不吃也罢。我宁可要饭，也不受这样的气。或者，老父亲也不愿意看到因为这个问题，弄得儿子家庭不和。临之以庄，面对父母要以庄重和恭敬的态度，孝敬父母是感恩不是施舍，也不是什么被逼迫的责任。

（三）孝顺：事父母几谏。见志不从，又敬不违，劳而不怨。

意思是：“侍奉父母，他们若有过失，要婉言劝告。话说清楚了，却没有被接纳，仍然尊敬他们，不要违逆对抗，继续操劳而不怨恨。”

有一个真实的故事。我有一个女学生，学习很好。因为家庭困难，父母要求她在家招婿，初中毕业就参加了工作，在父母身边照顾父母。前年她的父亲因为事故离开了人世，母亲因为巨大的打击，精神一下子崩溃了。躺倒在床上不起来，天天哭着要追老伴去。这可苦了这个孩子，她承受着巨大的痛苦，耐心地安慰妈妈。她也有两个孩子，生活的压力很大，但她不得不停下了在一家印刷厂打工的活，在家看着妈妈。每天把饭送到床边，亲手喂妈妈吃。天气好的时候，她会用三轮车带着妈妈到广场、田间去看看，逗她开心。由于老妈妈心情不好，经常说一些很不在理的话，提一些很不在理的要求，有时做一些不可理喻的事，她都能忍着，也不跟妈妈辩解。她说，每当这个时候，她都耐心地听，虽然不会按妈妈说的做。现在，她的妈妈已经从丧失亲人的痛苦中走出来，帮着女儿带孩子，我的这个学生也上班去了。

（四）孝志：父在，观其志；父没，观其行；三年无改于父之道，可谓孝矣。

这又是更深一个层次的孝了。有这么一个大官，小的时候父亲死了，老妈妈把他一手带大，含辛茹苦供他上学，希望他能成才。这就是这位母亲的“志”。这个孩子不负母望，考上了大学，后来还做了官。但是他在任上忘记了党纪国法，忘记了母亲的“志”，贪污腐化，后来锒铛入狱。老母亲知道后，觉得没脸见人，在家哭，眼睛都哭瞎了。天下父母都望子成龙、望女成凤，做子女的却不知努力，游手好闲，一事无成，甚至走向邪路，让自己的老父母哭损残年，这怎么能叫孝？

（五）孝悌：弟子入则孝，出则悌，谨而信，泛爱众而亲仁，行有余力，则以学文。

孝悌的意思就是说：在家对父母要孝顺，要恭敬；对兄弟要相亲相爱，你敬我一尺，我敬你一丈，不可互相索取、杀伐，争家产，论得失。出门在外，对待同志要像对待哥哥，诚信而且恭敬，努力工作，加强道德修养。推而广之，用仁爱的心关怀天下人，这个世界就会充满了爱，这个世界就会变成美好的人间。这是中华孝文化的精髓。孝城临沂有著名的孝友祠，纪念的就是临沂特有的孝友文化。王祥“卧冰求鲤”被称为二十四孝之首，其要义就在于“孝友”，对父母以孝，对兄弟以友。父慈子孝，兄友弟恭，夫唱妇随，乡邻和睦，这是一幅和谐美丽的中国图景。

著名作家毕淑敏说：

> “孝”是稍纵即逝的眷恋，“孝”是无法重现的幸福。“孝”是一失足成千古恨的往事，“孝”是生命与生命交接处的链条，一旦断裂，永远无法连接。

赶快为你的父母尽一份孝心。也许是一处豪宅，也许是一片砖瓦；也许是大洋彼岸的一只鸿雁，也许是近在咫尺的一个口信；也许是一顶纯黑的博士帽，也许是作业簿上的一个红五分；也许是一桌山珍海味，也许是一个野果一朵小花；也许是花团锦簇的盛世华衣，也许是一双洁净的旧鞋；也许是数以万计的金钱，也许只是含着体温的一枚硬币……“孝”的天平上，它们等值。

# 中华传统文化中的孝道

李心贞

## 入孝出悌，有敬有爱

几千年前，东西方就将各自的视线投射到不同的地方，文明走向也开始产生分歧。如果说运用科学去认识客观世界是西方人选择的方向，那么东方的中国则选择了认识人类自身，而在这个伟大的过程中就形成了一种任何文化都不可比拟的中华传统文化。

作为中华传统文化中的主流，儒家思想构建出一个理性的社会秩序，它以伦理为法，以个人修养为本，以道德纲常为施政之基。在过去，儒家思想对建立一个理性化的社会有很大帮助。在今天，恰当运用儒家思想，去创造和谐的社会，同样会带来理想的效果。

孝道是中华传统文化中最基本的道德理念，并已成为中国人的DNA。创建社会主义和谐社会需要“孝”，尤其是当今社会，更要讲究“孝”。

有一首诗写得好：“咬定青山不放松，立根原在破岩中。千磨万击还坚劲，任尔东西南北风。”所以，我们要紧紧抓住中国传统文化中的精髓——“孝”不放松，无论是在过去的艰苦岁月中，还是在今天的幸福生活中。

## 父母之念，血浓于水

父母的年龄不容忘记，我们一方面为他们的长寿而高兴，一方面为他们的年迈而担忧。那么子女能记住父母的年龄吗？就算记住了父母的年龄，又有多少子女能记住他们的生日？

曾经有一项调查显示，57% 的人对父母的生日毫无概念，74% 的人不知道父母多大了。可是，当问到关于老婆孩子的这些问题时，回答却异常准确。

尊老敬老是中华民族的优良传统，是应该被弘扬的优秀品质，它对社会文明的进步，和谐社会的构建大有帮助。让父母在庆生的时候感受子女的爱，这是最简单的敬老的表达方式。孝的双重含义体现在物质和精神两个层面上，不可以只取其一，而精神赡养有时尤为重要，为老人过一个热热闹闹的生日恰好可以将两者一同完成。

生日，对每个人都很重要，它标志着人生征程的开始。祝贺生日是很有人文色彩的行为，它倾注了人们的关怀之情。生日，在童年代表成长，在青年代表成熟，在中年像是一种赞颂，在老年则代表了依恋与不舍。老年人人生的大幕正在慢慢落下，每一个生日都很宝贵。因此，我们不该忘记父母的生日，因为这不仅是责任，也是人性的要求。

曾看到一个电视节目，记者随意采访：“你记得父母的生日吗？”很少有人能答得出。采访到一个老人，问他儿女给他过生日吗？他说不，从来没有过，以前有老伴记得，但是现在只有自己一个人孤单地生活。

人们作为父母不忘子女生日，但一旦问及自己父母的生日，却只能沉默。常有些老人为子女找理由，他们都忙，不必为自己的生日费心。还有一对母女，记者暗地里先从母亲那里得知她的生日，再问她的女儿，可是女儿居然记错了，向父亲求证时，父亲对女儿的生日却很熟悉。

这些场景让我们深深自责。为老人过生日不仅是一种敬重，也是一种爱的回馈；一个特别的日子，大家其乐融融地聚在一起，实在忙，打个简单的电话对老人都是一种慰藉。

有首歌唱道：“感谢天，感谢地，感谢阳光，照耀着大地。”社会关系集中于人，我们的一切都与社会息息相关。我们的一生都受到别人的协助，父母的养育，社会的扶持，我们应该把这些长存于心。孟郊的诗说：“谁言寸草心，报得三春晖。”

人要学会感恩，记住父母的生日是一个开始。假如对父母都无法感恩，何谈对别人心怀感激？连父母都不放在心上的人，怎么会关注社会国家？养儿方知父母恩，饮水思源，父母为我们的成长壮大费尽心力，却不求回报。

不要忘记双亲的生日，不要忘记他们的爱。

## 父亲身影，一生楷模

《论语·学而》有言："父在，观其志；父没，观其行；三年无改于父之道，可谓孝矣。"意思是，要知道一个人如何，在他父亲活着时，注意他的志向；当他的父亲去世后，观察他的举动；若是父亲去世多年后，他仍坚持父亲的遗志，这样他就尽到了为孝之理。

虽然本意是在说明一个人不能为外界所动，不能因为外在情境的不同而改变自己固有的原则，不忘本，不改志，做一个真正的自己，但我们提炼出另一层深意是，无论身处什么境况都要终身铭记父亲的教诲。

父爱往往比较内敛，他很少像母亲一样和我们聊琐碎的家事，他的严肃沉默总是给我们留下严厉的印象。然而，他又在无声中给我们树立了典范，就算我们长大，就算父亲变老，但在他的骨子中仍存在一种有价值的精神，他身上积淀下的睿智与豁达永远闪着光……

1909年，母亲节在杜德夫人内心引起巨大震动，她想道："为什么不为父亲设立一个节日？"

在杜德夫人年仅十三岁的时候，她的母亲便丢下六名子女离世了。杜德夫人是家里唯一的女孩，排行老二，女人天生的敏感，让她对父亲付出的艰辛很有感触。白天斯马特先生辛劳地工作，下班之后还要照看孩子，料理家务。女儿终于长大成人后，她的父亲却因为长年的辛苦劳累而与世长辞。

杜德夫人将她希望有一个特别的日子纪念父亲的想法告诉了教会的瑞马士牧师，她想以此表达对伟大的斯马特先生的怀念之情，并向世界上所有的父亲致敬。瑞马士牧师知道事情的原委后，感动于斯马特先生的无私奉献精神，便和杜德夫人一起为推动"父亲节"的设立而努力。1910年，杜德夫人便着手推行设立父亲节的事，很快得到了多方支持。杜德夫人用写信的方式向政府表达了这层意思，奔波很久，1910年6月19日，全世界的第一次父亲节聚会终于在美国华盛顿州举行。

1924年，美国正式承认父亲节；1966年美国将父亲节定在6月的第三个星期日，这一天同时也是杜德夫人父亲的生日；1972年，父亲节在美国取得官方认可，并规定从此成为国家节日。虽然近年来，中国开始庆祝很多外来的节日，但我们最应该重视的是纪念母亲与父亲的节日，因为全世界的人共同拥有这种情感。

祖上在福建永安县的胡文虎，1882年出生于缅甸仰光。父亲胡子钦，因为身怀“岐黄之术”，以开药店为生，药店命名为“永安堂”。父亲逝世后不久，胡文虎把店内所有的钱换成港币，来到香港。胡文虎父亲的大部分好友都以为他因父亲去世，再无约束，放纵自己去了。

其实，他到香港是为了把父亲的事业发扬光大。父亲的药材店开在仰光，大部分的货却是从香港拿的，胡文虎担心以前同父亲做生意的香港老板不信任自己，于是特意把父亲欠香港老板的钱全部还清。

胡文虎的做法让那些药材老板十分高兴，这也使永安堂的信任度大为提高。胡文虎的香港之行不仅未付款就带着大批药材回到仰光，还为以后铺好了路，香港的药材供应商都按约如期发货。

## 赡养老人，敬意为大

子游问孝，孔子说：“现在的孝顺，归结为养。即使犬马，也是被喂养的，不加敬重之心，两者差别何在？”孔子强调只有以对父母发自内心的“敬”为基础的“孝”才是真正的“孝”，而只有“供养”的“孝”不是真正的“孝”。现在许多人自以为“孝”，把孝敬长辈简化成一种敷衍之举，简化成每月给生活费。更有甚者，不但不对父母心怀感激，而且视父母为累赘，更夸张的是他们对自己的宠物要比对父母好得多，此等做法，真是不可理喻。

子女对父母的敬重是由父母关爱子女折射出来的。孔子强调的“孝”以“敬”为基础，他认为，孝顺父母要真心实意，空有物质供给忽视了精神关照，情同动物。子女对父母的关心体贴是应该的，通常父母上年纪后，活力便大为下降，所以做子女的要给予父母更多的关怀，同时照顾好自己，让父母放心。而且，身为儿女，要常注意父母的身体情况。如果他们身体不佳，要亲自照顾。父母遇到难事，要主动分忧，为父母排忧解难。

南宋大臣赵汝愚的父亲赵善应的孝顺之举流传史册。一天，他的母亲病得很严重，赵善应急忙去请医生。大夫诊治后，只留下了两包草药。老人服药以后，病情却恶化了。赵善应心里十分焦急，又把医生叫来，医生说：“我治不了你母亲的病，另请高人吧。”赵善应听了十分心焦，于是到处寻访名医，但老母的病丝毫没有好的迹象。赵善应手足无措时，有人提醒说：“要不请御医瞧瞧吧。”赵善应恍然大悟，凭着与皇家的交情，御医很快就来了。御医开了方子，交给赵善应说：“按照这个法子，吃三次药病情就会好转。”

老母按这个方法吃了几次药后，果然痊愈了。

但是母亲的病留下了心悸的后遗症，一有响声，就会恐慌。一天夜晚，雷雨交加，老母因为惊吓晕倒了。母亲的惊叫声惊醒了正在熟睡的赵善应，他急忙去看母亲，并陪她到第二天早上。此后，但凡雷雨天，他都去老母房里，与母亲做伴。一次，赵善应不得不出远门，走之前一再叮嘱妻子要把母亲照顾好，雷雨天一定不要让婆婆一个人睡觉。确认妻子认真允诺了，他才安心地离开。

赵善应出远门回到家时，正值寒冬晚上，天气十分阴冷，随从上前就要敲门，赵善应怕惊到母亲，慌忙制止。随从只能作罢，说：“大冷天夜深人静的，不敲门，哪有我们待的地方啊？”赵善应说：“无论如何，不能敲门。我们就是在屋外受苦，也不能吓到母亲。”

第二天早晨，仆人开门，看见两个人瑟瑟发抖地坐在那儿，才发现是老爷回来了。身教胜于言教，受他的影响，他的儿子也成了一个极为孝敬的人。

孝只是一种发自人心的本性，是一种至情至性、无怨无悔的感情，没有什么表层道理。古话说“百善孝为先”，意思是要做好人，首先要对长辈孝顺，对家人敬重。如今的“孝”被赋予了更大的含义，“社会大家庭，家庭小社会”。家庭，是社会最小的构成细胞，家庭不安定，社会又怎么可能和谐？“家和万事兴”，家庭和睦才能够保证事业成功。和睦是家庭幸福安康的基础，因而也是社会繁荣和稳定的基础。

“孝”的含义随着社会的发展与变化产生了巨大的变化，现代意义上的“孝”已经不再局限于生活琐事的无忧，它表现在对长者的精神关照，旨在让老人体会到真正的天伦之乐。有一首歌唱得好：“找点空闲，找点时间，领着孩子，常回家看看……”其实，现代的“孝”反而更为简单，它表现在闲暇之余能够排解父母内心的孤独，或者，仅仅只是出席一场与父母一起精心准备的晚餐。

世事变迁，老人对于后辈真心的关爱却永恒存在；环境变动，父母对于孩子的担忧却从未改变。所以，在现代社会，我们的“孝”是要让父母放心，让他们知道儿女一直都安好，不只是与他们相伴。

不管社会发展到哪一步，世事如何变迁，孝敬父母都不会过时，它是我们做人做事最基本的道德准则。营造和谐家庭，改善社会关系，都不能缺少“孝”，当父母子女能够和谐相处，家庭关系和睦了，社会乃至国家才能不断发展繁荣。

## 孝悌是做人的根本

儒家认为孝悌是礼乐的主要内容。在著名思想家梁漱溟看来，孝悌和礼乐本为一物，礼乐的本性在于无声之乐和无体之礼。孝悌的根本也是如此，它是在生命本源之中体现出来的一种优美文雅。礼乐和孝悌一样，都是以人的内心作为源泉的。

> 孔子曰："无声之乐，无体之礼，无服之丧，此之谓三无。"子夏曰："三无既得略而闻之矣，敢问何诗近之？"孔子曰："'夙夜其（基）命宥密'，无声之乐也。'威仪逮逮，不可选也'，无体之礼也。'凡民有丧，匍匐救之'，无服之丧也。"（《礼记·孔子闲居》）

乐和礼都是教化百姓的，只是采取了不同的方式。声音表达音乐，身体的接触需要礼仪的规范，其他人去世的时候自然应该服丧，然而孔子却回答说"三无"。

子夏感觉迷惑不解，因此继续追问。孔子的答复引导人们思考"礼乐之原"，而不仅仅局限于具体的礼乐仪式上，这三者其实是一回事，最终都是要触动人们的心灵。孔子的答复来自《诗经》中的三句话。

其一，"夙夜基命宥密"，出自《诗·周颂》。《礼记正义》说："夙，早也；夜，暮也；基，始也；命，信也；宥，宽也；密，静也。言文、武早暮始信顺天命，行宽弘之化。"东汉大儒郑玄认为，"言君夙夜谋为政教以安民，则民乐之"。"密"字的意思是静，另外还有清晨和黄昏的衬托，自然而然地让人产生联想。百姓一旦想到国君夙兴夜寐，就会对之尊敬，遵守法令。

其二，"威仪逮逮，不可选也"，出自《邶风·柏舟》，选即遣，此处的"无体之礼"是指升降揖让等外在的形式，这并不足以使一个人具有赫赫威仪。

其三，"凡民有丧，匍匐救之"，出自《邶风·谷风》，"言凡人之家有死丧，邻里匍匐往救助之"，并不一定要服丧，因此称为"无服之丧"。

通过筛选、梳理和分析，就明白这三者殊途同归：礼源于内心，最重要的是心诚情真。即使不向百姓叙说君主的辛苦，百姓自然也会知道；即使没有人要求你行礼，你自觉地就会这样做；邻居家有人去世，即使不用为他们服丧，但一定要千方百计去帮忙。教化意味着以化为教，而不是居高临下的指指点点，应该是一种潜移默化的熏陶和渐染。

中国历代都主张以孝道为重，父母过世之后，儿女必须按照礼节守孝三年，在此期间不得谈婚论嫁，也不能参加吉庆典礼，当官的人必须辞职，叫作“丁忧”。如果因为国家需要而强留他在朝任职，就称为“夺情”。由此可知，不许人守孝是非常不近人情的做法。

北魏的房景伯曾经当过清河郡的太守。有一次一个老妇人状告自己的儿子犯了不孝之罪，房景伯把这件事告诉了母亲崔氏，表示自己想治这个不孝子的罪。崔氏比较聪慧，立刻说道：“老百姓的孩子没读过书，不知行孝，对他不应该过分责怪。这件事交给我来办吧。”

第二天，崔氏就把老妇人和她的儿子接到了自己家里，对那个不孝子毫不责备。崔氏每天都与老妇人同食同宿，让不孝子在堂下亲眼看见房景伯是怎么对待长辈的。过了几天，这个儿子就表示非常羞愧，承认自己不孝，想要和母亲回家。不过崔氏私下却说：“这个人尽管显露出了羞愧，但是还没有真心悔改，应该再让他住段时间。”

二十天后，不孝子从房景伯对待长辈的态度中看到了自己的错误，真心诚意地表示悔改，向崔氏连连磕头，承诺一定孝顺母亲，老妇人也宽恕了儿子，崔氏于是就把他们送回了家里。后来这个不孝子果然变得非常孝顺，美名传遍了乡里。

崔氏的明智之处就在于她相信人人皆有一颗仁心，而孝也蕴含其中。她通过言传身教，让不孝子显露出了他心中那颗原本隐而不彰的仁心。

世间能够触动人心的东西，并不一定通过耳目获得，而只能通过内心的领会，因为言传也未必有效。

# 师道人生——何以为道

韩京之

在中国文化中，道指的是客观事物的本来规律，德则是按照规律去做。所谓传道，就是教给孩子们这种规律。

我们可以把孩子的行为分为两类：

一类称作有德行为。

一类称作无德行为。

有德的行为，比如孝亲、爱国、尊师、为他人服务、保护公共卫生、关怀老人、给老人让座、给父母盛饭、给奶奶洗脚、拾金不昧、见义勇为，等等。

无德的行为，比如不孝敬父母，不爱自己的祖国，伤害他人，不尊敬老人，不关怀体谅他人，损坏公共安全设施，污染公共环境，等等。

那么这两类行为最根本的差别在哪里？通过比较我们发现，所有有德行为的特征是利他，为他人着想，为父母为老人为国家为朋友为同胞。所有无德行为也有一个共同特征：自私。

所以我们对行为大致可以这样归类，所有那些利他的行为，展开就是各种有德行为；所有那些自私的行为，展开就是各种无德行为。这意味着什么？意味着我们作为老师，如果致力于从小教孩子利他，这个孩子自然就会产生各种德行。如果从小教一个孩子自私，他必然会产生各种无德行为。所以教育在这里形成了一个分水岭，我是把孩子带向利他，还是带向自私，需要做出一个抉择。

可能我们会说，我不会教孩子自私的，我怎么会这么做呢？是，很多家长和老师，没有主观上去教孩子自私。可是当你不能够去锻炼、提升一个孩子的利他思维模式的时候，这种自私很容易自发地滋长。不去养正，就很容易趋邪，所以在这里就有一个教育方向的问题。

从表面看，我们当然希望教孩子利他，做个有德的人。但我们会担心，做一个有德的人会不会吃亏，在这个时代能生活下去吗？不得被别人欺负吗？人怎么能在这个社会生活得更好？是自私能生活得好呢，还是利他生活得好？所以我们需要对这两种行为做一个理性的分析，首先看一看古人是怎么倡导的。

我们翻开典籍会发现，古人是倡导利他的。比如说大家非常熟悉的《弟子规》，说的全是利他，入则孝利父母，出则悌利尊长，谨而信利朋友，爱众亲仁利大众。古人为什么倡导这种品格呢？孟子说："爱人者人恒爱之，敬人者人恒敬之。"

这句话看起来很简单，其实不简单。无论是老师还是孩子，每个人都希望"人恒爱之""人恒敬之"。

如果别人很爱你，很尊敬你，我们过得好不好？非常好！我们非常向往这种生活。那么如何实现这种生活呢？它需要方法，需要从小去练习这种方法。这种方法是什么呢？就是爱人和敬人。我们今天如果能教会我们的孩子为他人着想，利他，去爱人和敬人，明天他们会获得什么样的人生呢？"人恒爱之""人恒敬之"。

爱人敬人，来自利他，这是一种客观规律。我们如果去练习爱人，将来就能获得"人恒爱之"的人生；我们如果去练习敬人，将来就能获得"人恒敬之"的人生。比如说为官者爱民如子，那百姓就会对这个官员"恒爱之"。比如一个科学家爱祖国，为祖国做贡献，那祖国会怎样对待他呢？我们说钱学森是人民的科学家，国家为什么对钱学森评价这么高？所以爱国者国恒爱之，爱民者民恒爱之，爱他人者他人恒爱之。这就是一个世间的规律，我们把这种规律叫作道。我们给孩子传道传的是什么？传的是一种人生的基本规律。从哪里开始做呢？从利他开始，把利他落地就是爱人和敬人。教孩子这种人生的思维方式和方法，以此帮孩子去实现他未来美好的生活。任何一个人来到社会，都有被别人敬和爱的需求，可是一个人从小没有获得这种方法就实现不了，实现不了，他自己就很痛苦。

我们来看这样两个公式：第一个是自私加聪明等于什么？可怕！这种人非常自私，欲望非常强，可是又非常有手段。小则祸乱一方，大则祸国殃民。一旦握有重权，居有高位，可怕不可怕？非常可怕！我们的教育一不小心教出这种人来，这是我们教育工作者对社会的一个大伤害。中国文化一直提倡首先要养正，因为人若不能养正，会被邪见所污染。夫子当年说"《诗》三百，一言以蔽之，曰：'思无邪'"。第二个是自私加愚笨，等于可怜。这种孩子没有什么太多权谋，但是一样很自私。他们将来很难进入社会，他们会成为社会的包袱。他们到企业去找工作，第一句话就说，你给我多少钱。就是这种思维模式。要本事没本事，要工作状态没工作状态，只想对社会索取，社会如何容纳他们？所以他们没有路走，常常成为废人。这两种人一种是小人，一种是废人。两种人的根本之处在于自私，要么危害社会，要么拖累社会。所以我们古人强调了教育第一条就是传道。传道为了防什么？防自私。就是不能把孩子带到自私这个轨道上去。一旦上了这轨道，害人害己。

近代教育家朱光潜曾经说过这样一段话："以往我们青年的错误就在于……大家都只为个人打算，全不替国家民族着想。我们忙着贪图个人生活的安定和舒适，不下功夫培养造福社会的能力，不能把自己所应该做的事做好，一味苟且敷衍，甚至用种种不正当的手段，去求个人安富尊荣，钻营、欺诈、贪污，无所不至，这样一来，把社会弄得日渐腐败，国家弄得日渐贫弱。"朱光潜这篇文章可谓语重心长，当时我们在课上，领着孩子们一起学了一遍，孩子们非常感慨。这段话乍一听大家会觉得也没有什么，大家注意，在社会上有种现象，叫作道德模糊。什么叫道德模糊？本来我是一个善良的人，后来我周围人们都忙着自私，而我自己从小老师没有教一个正确的坚实的道，所以我慢慢就会被周围的人腐蚀，开始变得模糊了。早先我也立志要有一番作为，我要造福社会，后来我开始怀疑我的初心，发现我身边没有人造福社会啊，我一谈造福社会别人还嘲笑我，我周围人都在钻营，都在欺诈，都在贪污，都在寻求个人的安定和舒适。这时好像我很孤单，所以我开始变得模糊了，模糊再往下走，就变成同流合污。所以事物发生变化不是一下子的，是渐变的模式，人们在整个的泥沼中想保持清醒不容易，除非你从小受过老师严格、长期、持续的传道训练，有非常清醒的独立的人生观，才能避免被别人所污染。污染就会失去你的尊严，就得不到"人恒敬之""人恒爱之"，你会走进你不想去的地方，接受你不想接受的处罚。作为人类，当我们失去尊严时，还有幸福可言吗？我们开车在马路上，警察一挥手，要查我们的驾照，我们心里都有些微微的不适。如果有一批警察，天天在你身边，每天对你进行讯问，你还有人格吗，还有幸福吗？没有了。那么这些问题怎么造成的？是我们前面错误的行为。错误的行为来自哪里？来自错误的理念。错误的理念缘于什么？缘于从小没有在道上获得训练。所以我们说利他，不能单纯停在美德层面，要进入理性，让孩子从小变得非常理性。人在小时候，一旦建立了错误的思维模式，后来不容易纠正。比如一个人抱着柴火坐在寒冷的夜里，对着一个大火炉喊道："火炉啊火炉，你什么时候给我温暖，我什么时候才给你加柴。”我们说这种思维很可笑，可这种思维一旦形成以后，当事者完全不觉得可笑，他会认为这个很正常，领导你不给我加薪，我怎么努力工作？我为啥不好好工作？因为你不给我加薪。他的思维模式没有受过传道的训练，长大以后他对很多事百思不得其解。比如说，为什么大家都不尊重我呢？其实是因为你经常不尊重别人。为什么别人都不愿意帮助我呢？其实是因为你从来不帮助别人。为什么我老是被别人算计呢？因为你老算计别人。每次看电影都是别人掏钱，那下一次看电影时，别人说对不起我没拿钱，你就说别人算计你。你的思维模式错了，你想当然的自己和别人眼中的自己不是一个人。这时候你会发现，越自私的人对他人的感知能力越弱。尤其反映在婚姻关系当中，造成夫妻关系最大的矛盾就是自私。

我看过一个故事，一个女孩要坐火车回家，让她的男朋友去送她，结果男朋友陪母亲去医院检查身体。男朋友说：“我不能送你了，你自己去吧！我要陪我母亲检查身体。”结果女孩每隔一分钟打一个电话，每个电话都是对她男朋友的斥责、批评，到最后是辱骂，什么你不爱我了你不关心我了。这些话翻译出来是什么呢？说直白点就是我这么自私，你咋不满足我呢？她没有想人家的母亲还在医院检查身体。为什么不想？因为她感知不到别人的需求，只感知到自己的需求，所以她的苦完全是自己造成的。然后最后两个人吵架分手。别人问为什么分手？都怪我男朋友。为什么？因为我男朋友没去车站送我。是这个原因吗？不是！因为别人不能满足你，所以你就生气，你的自私被养大了。所以这种孩子一旦自私被养大以后，命运很苦！

现在很多人会说这种话，为什么受伤的总是我？为什么没有人理解我？为什么他们都不帮助我？你活在谁的世界里？活在自己的世界里。这个世界需要我们去做的事情很多，为什么我们看不见？因为我们眼中只有自己，没有别人。你放学了，妈妈在做饭，你在写作业，你抱怨说，妈妈你怎么没有陪我说话呢。以前我教学的时候，有过这样一个案例，我的一个学生父母在山东都是种果树的农民，然后他给我讲他的心事。他说爸爸妈妈不爱我。我说怎么不爱你了？他说他们很少表扬我。我说你爸爸妈妈是干什么的？他说是种果树的农民。我说你后来呢？他说后来我考上大学了。我说读书钱谁给的？他说我爸我妈。我说怎么来的？他说种果树得来的。我说明白了，别的不说，今年暑假别的事不要做，回家帮爸爸妈妈照顾果树，照顾一个暑假，回来咱俩再谈。后来他回家照顾果树去了。回来以后，我又找他谈这次什么感受，爸爸妈妈爱你吗？他说特别爱。我说有没有不表扬你？他说哎呀老师别说了，好惭愧！我爸我妈是农民，那么辛苦攒钱给我上大学，我还要求他们表扬我，我多自私。你看这个孩子，他这时候明白了。他以前满腹牢骚来找我，说他爸妈不表扬他，他痛苦。他痛苦吗？无病呻吟，是不是？你爸妈都那么累，你还要爸妈表扬你，所以一个人一旦陷入自私的思维世界里苦不苦？所以作为老师我们要反思：是不是我们对孩子的教育造成的？

# 去恶为善，做一个好人

高德义

汉朝著名思想家贾谊有句名言：“功莫美于去恶而为善，罪莫大于去善而为恶。”（《新书·修政》）去恶为善，做一个好人，无论对于一个人的自身健康发展、家庭幸福和谐，还是对于以身作则教育子女，都至关重要，更关系着我们整个社会的和谐健康。

## 一、用良好的社会规范管理自身

人自身有哪些恶习?

1. 贪图享受

每个人都有贪图享受的习惯，面对客观世界纷繁的物质上、精神上的享受，很多人会失去自我控制力，听从欲望去安排自己的命运。一个人的欲望是无止境的，比如一个没有轿车的人会想：如果我能有辆车就好了。等有了车后，又会想：如果能有个私人别墅就好了。等这一切都有了，还会想：如果我有权有势，别人

> 欲望过盛害死人。2009年《半月谈》第13期，写了一个未成年人犯罪的事。两个孩子到一个同学家做客，看到同学家的别墅、地毯、高级音响，就决定绑架这个同学，两天后，把这个同学骗到山上，用绳子把同学勒死，然后给他家打电话，要70万元钱。同学临死前苦苦哀求他们：你们别弄死我，我让我爸爸给你们钱，别说70万，170万都可以。两个孩子却说，不弄死你，谁肯给我们钱？在少管所，其中一个少年犯讲述了当时的心态：“勒死他的时候，我好像看到70万块钱正向我眼前飘来了。”记者问他，“70万，你们要这么多钱做什么？”“70万两个人分，每人只有35万，也不多。”“多少钱算多？”“300万，弄到这些钱后，我就先躺在这些钱上睡上一夜，第二天再买他家那样的别墅。我原以为那样的别墅要30万，后来才听说是300万。”像这样，要满足欲望，而且想到就去犯罪，最终会走上不归路。
>
> 2009年上半年，卫生部健康教育首席专家洪昭光说，60%以上的贪官得了“绝症”。病由心生，心理压力是百病之源。76%的疾病是情绪病，他说，凡是贪官，心理压力都很大，人要心存正气，要做好人，不能做坏人，不能贪污，不能腐败，越是腐败死得越快。腐败的人，多数白天食不知味，晚上寝不能寐，导致身体免疫机能全面下降。他对16名贪官进行了跟踪调查，他们的平均寿命是41岁。巴西一个医疗机构调查了583名贪官和583名廉洁的官，10年随访的结果是，贪官60%以上得癌症、脑出血、心肌梗死等，而廉洁的官员只有16%得病。中国工程院院士钟南山也在多个场合说过，人做到知足常乐，心理平衡，才是真正的养生之道。他说，在决定人的健康因素中，生活态度、生活方式决定了60%，科学研究显示，情绪低落的人抗癌功能衰退20%以上。

都服从我就好了。等有权有势后，就会想：如果我能一直不老，永远活在世上就好了。总而言之，人的欲望是永无止境的。

这使我们想起一个人，隋炀帝杨广。当杨广继承父亲的帝位时，隋朝是多么强大的一个国家，府库充实，军队强大，杨素等人多次大败突厥，以至于杨广被尊称为“天可汗”，就是这样一个雄厚的基础，在杨广好大喜功、贪图享受的欲望面前，却经不起三番五次的折腾，当人民由于修大运河而灾难深重、流离失所时，天下大乱，而杨广也死于非命。一个皇帝拥有天下的资源，却也经不起无休止欲望的折腾。而我们作为一个普通人，有多少财富能经得起折腾？我们每个人的资源是有限的，而欲望是无限的，以有限对无限，我们只能演出一幕幕妻离子散的悲剧。所以，我们要善于约束自己的欲望，学会看菜吃饭，有什么样的资源就过什么样的生活，不要盲目攀比，这山不望着那山高，要懂得知足才能常乐。

那么我们应该对客观世界抱什么样的态度，才能避免这个“贪”字呢？

首先，我们要认识到我们对所拥有的一切只有使用权，没有所有权。为什么这么说呢，我讲一个故事：一位诗人走进一座王宫，对国王说，我要在这座旅馆里住一个晚上，国王听了很不高兴，说：“这是我的王宫，不是旅馆。”诗人听了后，微微一笑，说：“请问，这座王宫是谁给你的？”国王说：“是我父亲。”诗人又问：“是谁传给你父亲的？”国王说：“是我爷爷。”诗人说：“既然你爷爷在这里住了一段时间，然后是你父亲在这里住了一段时间，现在是你在这里住上一段时间，那么你们对这座王宫来说都是过客，请问这座王宫是不是跟旅馆一样？”国王被问得哑口无言。其实人生就是如此，短暂的几十年，在我们身边的青山绿水是长存的，而我们只是过客，所以要把很多事看淡。

其次，要善于安排自己的生活。假设把做一个堂堂正正的人作为1，把附属于我们而存在于人世间的财产、地位、爱情、友情等内容设为一串0，每个0都代表一项内容，那么1000000这一串数字就代表了我们存在于世间的状态。如果我们不能作为一个堂堂正正的人存在了，也就是1消失了，后面即使有再多的0也都会没有意义了，一切都将归零。这样一比较，就可以看出在1和0之间，哪一个更重要。为什么要在人前面加一个定语堂堂正正呢？因为堂堂正正代表了心理健康。只有心理健康的人才能获得幸福，很难相信一个偷偷摸摸、心理阴暗的人会获得幸福，比如逃犯、精神病患者等。可是在现实生活中，人们却经常为了后面的0而去损坏1，这不是舍本逐末吗？为了财产、地位、爱情、友情而破坏了自己的幸福状态，这值得吗？再打个比喻，就像一块毛皮，毛的根在皮上，如果皮被虫蛀坏了，那么毛还能保留下来吗？所以，我们要能够把握住生活的重点，学会理智地思考人生。

2. 仇恨心理

仇恨的产生通常是下列两个原因造成的：一、个人的愿望得不到实现（比如失恋、寻求升职失败）。二、认为别人损害了自己的相关利益。

仇恨的后果是非常苦涩的，会使我们对人生航船失去把握而任其随波逐流。比如有一天，我们骑自行车回家吃饭，路上与其他自行车相碰，如果我们够豁达，会一笑了之，继续往家里骑。但是如果我们认为自己的车受到了损伤，与别人发生口角，继而相互争斗，最后就会被请到派出所。大家想一想，我们本来的初衷只是回家吃饭，但由于处理不好生活中的问题，事情的发展就会与我们的初衷相违背。更何况现实中有很多事发展得更严重。经常有人因为在情变、家庭纠纷、债务纠纷中不能克制自己，任自己的仇恨心理起作用，最后触犯了法律，酿成苦果。

仇恨心理的发展有一个渐进过程，会从不满发展到仇视，进而到仇恨。大家在生活中要尽量避免自己有仇恨心理，同时也要避免别人仇恨自己。有的人可能会说，“我不怕得罪别人，也不怕别人恨我”。可能你说这句话，是因为你在某方面有优势，但是，你要知道你不可能时时事事处处都会有优势。三国时的张飞武艺高强，号称“万人敌”，但是他粗暴对待部属，招来怨恨，最后部属趁他睡觉的时候杀害了他。

古圣先贤用“小不忍则乱大谋”来描述仇恨的危害，所以，正确处理矛盾的方法，就是用宽容与忍耐化敌为友。美国总统林肯处理过这么一件事，有一位政客老是与他作对，林肯的老朋友劝林肯对付他，消灭这个敌人，林肯说：“我和他成为朋友，就是消灭这个敌人的最好方式。”恨不消恨，赖爱止端。这句话什么意思？就是说仇恨不能消灭仇恨，只有靠爱心才能终结彼此相互的仇恨。我们国家古代也有蔺相如与廉颇的千古美谈。

3. 庸俗心理

什么是庸俗心理？

举个例子。去年 1 月 10 日，媒体爆出 19.8 万元的年夜饭；11 月 9 日，又爆出了 588 元一碗的天价面条；今年 2 月刚到，我又听说了 518 元一顿的天价饺子。看到这种消费，我们感觉刺激还轻些，对于那些被温饱问题都纠缠不清的贫困户来说，这些高得离谱的价格，看起来是那么刺眼，显得很不和谐。要说市场价格取决于购买力，有人买得起，就有人敢叫价，又何必管它是天价还是地价呢？实则不然。天价食品之所以卖到高价，是因为它迎合了一些人的某些庸俗心理，而并不是因为它本身价值确实有那么高。这个例子就是庸俗心理的最好的例证。

现实生活中大约有以下几种庸俗心理：

第一，追求炫耀的庸俗心理。饺子天价高得离谱，但依然有人去买。因为有些人就是要向人炫耀自己很有钱，不在乎。这是极其庸俗的金钱崇拜心理。这些人在文化上无法达到更高的境界，只好在物质享受上弥补自己的心理不平衡。

第二，追求面子的庸俗心理。天价饺子不但自己吃时感觉高人一等，拿来送人也是面上有光。中国人送礼之风盛行，送礼追求价高，互相之间还经常攀比，把人与人之间的感情庸俗化为物质金钱关系。因此天价饺子一类的奢侈食品能得以风行，是不奇怪的。我们国家是一个礼仪之邦，但礼仪也有个坏处，就是要面子，中国人最爱要面子。这种追求面子的庸俗心理实际上危害是最大的。我们大多数人都爱把最好的一面给别人看，我们把我们家里最好的东西展示给外人看，把自己最好的东西展示给外人看。

第三，追求异效的庸俗心理。有些人居然声称：吃高价水饺能收获健康。这可真是奇谈怪论了，要靠吃能获得健康的话，谁还费力气锻炼身体？其实这也不奇怪，因为有很多中国人有一种奇怪的心理，干什么事不愿意踏踏实实地去付出，而总想着能有个什么轻松省事的方法，因此追求奇异功效的心理特别强，从古以来就是，比如吃个灵丹妙药就会长生不老什么的。现在这种人也有不少，不愿意付出辛苦，老想着抄近道。另外还有人说喝人尿能治病保健，听说是从日本传来的。比如中国人风行吃保健品，梦想靠保健品增强体质，可是他们也不想想，美国人很少吃保健品，却体壮如牛。中国人老吃保健品，可平均体质没有美国人好，这不是很可笑吗？

第四，追求迷信的庸俗心理。看看那些价格：19.8、588、518，都有“8”，因为“8”和“发”谐音，寓意可以发财。假如沾了“8”字就可以发，那北京八宝山埋着的每一个人是不是都发了？依我看，吃了那些天价的饭菜，未来发不发还不好说，可是眼下却已经赔进去了。

正是因为这些庸俗心理的渗透，才深深地影响了我们的生产、生活，乃至影响到我们整个社会的状态和发展。

所以我们需要克服庸俗心理，培养高雅情趣。健康的生活情趣是提升自我修养、健全自我人格的有效途径。要多读书，勤思考，通过读书思考来陶冶心性。培养良好的情趣爱好，比如早晨到公园一起锻炼一下，参加一下公益活动。在人群中陶冶情操，培养自己的和谐心境，这样的话，我们就会志存高远，知荣明辱，奋勇争先而不计名利，品德高尚而不孤芳自赏；就会处高位而不沾沾自喜，处低位而不心灰意冷，始终保持乐观豁达的人生态度。

## 二、人与人之间关系（上）——孝亲

在人与人之间的关系中，孝是最重要的，“百善孝为先”，中国的传统文化中，孝的内容十分丰富，不仅要养父母之身，而且要养父母之心、父母之志，不能让父母担心，否则对不起父母。

自然界的启示：许多动物种群都有亲子和孝顺的特性，某些物种还会出现父母为了后代的出生与延续，甚至不惜毁灭自己的动人情景。

动物的孝亲让人感动，我们人身上也有着同样优良的品性。

> 自然界中动物孝的启示。
>
> 《读者》上曾经有过这么一篇文章：有一个在北极猎海豹的猎人，一生猎杀了很多海豹。由于海豹皮值钱，他一般是用粗大的木棒捶，这样不会损坏海豹皮，一天，他在海边发现了一只母海豹，就打死了它，用随身带的刀子剥下皮，由于害怕天气太冷，海豹皮冻起来后发脆容易受损，猎人就连忙把海豹皮送到附近的集镇上卖掉。等卖掉海豹皮，猎人回来找海豹的躯体，却发现找不到了。地上有一条长长的血迹拖向海边一个洞口，在洞里，猎人发现四只小海豹围在僵死的母海豹身旁。原来，猎人的棍棒只是把母海豹打晕，等它醒过来，虽然它已经被剥了皮，但伟大的母性使它挣扎着回到儿女的身边，最后一次给它们喂奶。猎人面对这凄惨的一幕，无法面对自己的良心，从此放弃了这种营生。
>
> 清朝道光年间，烈山集有一个屠户，名叫张六子，一生杀牛无数。46 岁那年，张六子从邻村便宜地买到一头母牛和一只牛犊。当天，当他正要杀牛时，却怎么也找不到那把磨好的屠刀。无奈，他只得坐下发呆。无意中，他看见母牛的眼里流着泪，像人的眼睛一样惶恐不安地看着对面坐的小牛犊，脖子一伸一伸，极其难受。张六子觉得奇怪，并有了几分感动。他回头看了看牛犊，那牛犊在另一旁远远的墙角里一动也不动地坐着，像个小孩似的，泪水汪汪，望着母牛。张六子的心动了，心想，自己杀牛几十年未见过这情景，今儿是怎么了？他去赶牛犊，牛犊不起。他用棍打，牛犊也不动。张六子抓住牛犊的前腿，提起牛犊，朝旁边一甩，这当儿，张六子忽然看见怎么也找不到的屠刀竟在牛犊的屁股下。张六子这才明白，原来牛犊看见他磨刀要杀母牛，乘他不注意，把屠刀衔来藏在自己的屁股下！这幕牛犊救母的情景感动了他，他用颤抖的手给母牛解开绳索。那被摔在一旁的小牛犊从地上爬起来，走到母牛面前，用脖子蹭着母牛。母牛用舌舔着小牛，低沉地叫了几声。小牛犊好像听见了什么，就在母牛身边，前腿弯曲朝张六子跪下来。张六子剧烈地震动着，他生平第一次觉得有一种声音在内里轰鸣着，这个男子汉哭了起来。从此，张六子不再杀牛，终生茹素。他一直养着那头母牛和子牛，母牛死后，子牛到张六子 86 岁去世时，不吃不喝，比恩人多活 7 天也死了。白居易曾写过：“劝君莫打枝头鸟，子在巢中望母归。”其实每一种动物都是有感情活动的，只是我们没有感知，或者感知不够而已。愿我们多一些关爱给动物们，爱惜它们的生命。

### 1. 为什么要提倡孝亲

人与人之间相处有一个基本的原则：要懂得回报，要知恩报恩，不能忘恩负义。一个人与人相处只知索取，不懂回报，只知占便宜，不知道奉献，那么可以说这是一个自私自利的人，这种人的个性会讨人喜欢吗？不会，这种人的人生道路会越走越窄，就像你有一辆车，你只知道烧油向前开，却不知道花钱去加油，这辆车又能开多远呢？

我们每个人平生所受的恩惠中，以父母给予的为最多，连最大施恩者都不报答，我们还指望别人再来帮助我们吗？所以，不孝敬父母让人心寒。没人会认为这样做是对的。古代“求忠臣于孝子之门”的说法，是有道理的。连父母都不孝了，对国家、对事业能做到忠诚吗？

2. 父母对我们有哪些恩情

（1）怀孕期。当母亲怀孕时，身体非常不舒适，有妊娠反应的会很难受。当胎儿到了七八月时，母亲的身体会非常沉重，往往伴随着腿脚肿胀，更加不舒适，就像生病了一样，如遇胎位不正，母亲更要吃大苦。当临近生产时，母亲心情非常惶惑，以前有句俗话，生小孩是儿女到人世间走一遭，母亲到鬼门关走一遭。说明生小孩是非常凶险的。大家想一想，如果有一个人打了我们一个耳光，我们会不会生他的气？一般人都会怀恨在心。可我们让自己的母亲吃了这么大的苦，当母亲听到我们健康生下来时，却是多么高兴。可见父母亲对我们的爱是多么真挚。

（2）哺乳期。父母在我们成长过程中会为我们遮风挡雨。我们如果有一点病痛，父母亲经常彻夜守护，只有当我们安稳，父母亲的心才会安定。当孩子把尿屎弄到父母身上，父母不会嫌弃孩子脏，父母会尽心尽责地为孩子洗涤，会无怨无悔地爱护自己的孩子。

（3）成长期。当我们在成长时，父母会担负起养育和教育我们的双重责任，他们不会因为我们不如其他小孩漂亮、聪明而厌弃我们，他们会细心找到我们一丝一毫的优点，鼓励爱惜我们。可能父母也有缺点，他们也是普通人，但是，有一点是肯定的，在关键时候，他们会牺牲自己的利益来帮助我们，这就是最可贵的。除了父母，能做到这一点的人就很少了。当我们长大了，父母也变老了，父母都有了白头发，母亲的手上的皮肤变得粗糙，这其中有多少是为了我们？

（4）成年期。也许有人认为：现在我长大了，与父母关系不大了。父母亲却不这样想，我们在父母亲心中永远是孩子，当我们远行去创事业时，他们会无日无夜不记挂我们，父母的心会时刻与我们在一起。当我们从远方回家时，他们会做最好吃的给我们，让我们在家中过得舒舒服服；当我们患有重病时，父母恨不能用自己替换儿女，有的父母把自己的器官移植给自己的儿女。我们在生活中受到的一点点委屈，都会让父母心酸难过。父母的恩情无法报答，对儿女的怜爱永远不会停歇。即使父母已经一百岁，而我们也到七八十岁，父母依然会挂念我们。这份爱会因父母存在而存在。

诚然，有些父母的品质是不佳的，但是出于天性，父母对我们的心是真挚的。父母也有缺点，但我们应该避其短，取其长，帮助父母改善人生观。帮助的方式要委婉，要让父母愉悦，不能伤害父母的感情。

父母的恩情深重，做人儿女的，只有孝顺才能有些许的报答。

3. 如何实行孝

（1）不要让父母再为自己担忧。在我们的成长中，父母为我们花了多少心神，吃了多少苦？难道现在我们长大了，还要他们再为我们吃苦烦心吗？我们要让父母为我们烦心到什么时候？大家已经长大了，心智都发育成熟了，应该能够管理好自己，为家庭争光，为人生添彩，这才是我们应该做的，而不是去给父母抹黑，让父母丢人。父母年纪已经大了，应该让他安享晚年，别再让他们为我们担心了。

> 《妈妈只有你最欣赏我》是一篇好文章，很久了，记不清是哪一期的《读者》：
>
> 第一次参加家长会，幼儿园的老师说："你的儿子有多动症，在板凳上连三分钟都坐不了，你最好带他去医院看一看。"
>
> 回家的路上，儿子问她老师都说了些什么，她鼻子一酸，差点流下泪来。因为全班30位小朋友，唯有他表现最差；唯有对他，老师表现出不屑。然而她还是告诉她的儿子："老师表扬你了，说宝宝原来在板凳上坐不了一分钟，现在能坐三分钟了。其他的妈妈都非常羡慕妈妈，因为全班只有宝宝进步了。"
>
> 那天晚上，她儿子破天荒吃了两碗米饭，并且没让她喂。
>
> 儿子上小学了。家长会上，老师说："全班50名同学，这次数学考试，你儿子排第40名，我们怀疑他智力上有些障碍，您最好能带他去医院查一查。"
>
> 回去的路上，她流下了泪。然而，当她回到家里，却对坐在桌前的儿子说："老师对你充满信心。他说了，你并不是个笨孩子，只要能细心些，会超过你的同桌，这次你的同桌排在21名。"
>
> 说这话时，她发现，儿子黯淡的眼神一下子充满了光，沮丧的脸也一下子舒展开来。她甚至发现，儿子温顺得让她吃惊，好像长大了许多。第二天上学时，去得比平时都要早。
>
> 孩子上了初中，又一次家长会。她坐在儿子的座位上，等着老师点她儿子的名字，因为每次家长会，她儿子的名字在差生的行列中总是被点到。然而，这次却出乎她的预料，直到结束，都没听到。她有些不习惯。临别，去问老师，老师告诉她："按你儿子现在的成绩，考重点高中有点危险。"
>
> 她怀着惊喜的心情走出校门，此时她发现儿子在等她。路上她扶着儿子的肩，心里有一种说不出的甜蜜，她告诉儿子："班主任对你非常满意，他说了，只要你努力，很有希望考上重点高中。"
>
> 高中毕业了。第一批大学录取通知书下达时，学校打电话让她儿子到学校去一趟。她有一种预感，她儿子被清华录取了，因为在报考时，她给儿子说过，她相信他能考取这所学校。
>
> 儿子从学校回来，把一封印有清华大学招生办公室的特快专递交到她的手，突然转身跑到自己的房间里大哭起来。边哭边说："妈妈，我知道我不是个聪明的孩子，可是，这个世界上只有你能欣赏我……"这时，她悲喜交加，再也按捺不住十几年来凝聚在心中的泪水，任它打在手中的信封上。
>
> 这篇文章说明，这个母亲教育儿子用心良苦，也说明了父母对孩子成长会付出的苦涩和辛苦。

（2）从生活上照顾。父母年纪大了，生活中会有很多不方便，赚钱能力也会下降。我们长大后要从生活上照顾父母，大家要做到自己家吃什么，就要给父母吃什么，自己家用什么就要给父母用什么，这是最起码的。大家有没有人给父母洗过脚？应该为父母洗一次，父母为你洗过多少次脚？

（3）从精神上尊重。大家不要以为自己有了点成绩，为父母做过什么，就骄傲自满，你的人生大都是父母赐予的，没什么值得骄傲的，要始终尊重父母。如果与父母看法相左，也应该在尊重的基础上采取正确的做法，并且还是应该重视父母的意见，他们的人生经验是宝贵的财富。

（4）父母过世，要经常怀念。做人要不忘本，当父母去世后，我们要经常回忆父母的恩情，每年清明要给父母扫墓。

## 三、人与人之间关系（下）——情感

### 1. 情感分析

人的最高层次的情感是人性，所谓人性，就是人与生俱来的悲天悯人的情怀，这种情感是唯一无条件的、最神圣的。

其次是基于报恩的情感，如孝亲、爱国等。因为父母、祖国对我们有很大的恩情，养育了我们，给我们提供了保护，所以我们知恩报恩，回报我们的感激，尽我们的责任。

再次是基于享受的情感，如爱情、友情等。这种感情让人感觉愉快，让我们的生活丰富多彩。

这样分类的理由是享受的情感不如承担责任的情感，有条件的情感不如无条件的情感。

### 2. 情感处置

首先，下一级的情感再怎么发展，不能突破上一级的情感。突破了上一级的情感，就是错误。比如吴三桂爱陈圆圆，冲冠一怒为红颜，他的爱情突破了民族的情感，所以他只能被人唾弃。再比如，法西斯分子中有很多人是爱国的，但是他爱国的情感突破了人性，为自己的国残杀无辜的人，成为历史的罪人。

其次，上一级情感与下一级情感二选一的情况下，应选择上一级情感。比如霍去病所言：“匈奴不灭，无以家为。”

最后，同级情感二选一，则根据具体情况而定。

### 3. 相处之道

（1）夫妻相处之道

一、相互扶助。男人与女人各有各的长处，一般来说，男人体力好，胆子大，对外部世界适应能力强，适合于闯荡世界。女人耐心细致，适合于做家务，管理家庭。让男人做家务，可能对男人是一种折磨，男人的粗手粗脚会把家务事做砸；

当女人闯世界，以一个女性的身份，也多有不便。两者组成家庭后，男人在外获取收入，女人在内让收入花得更有价值。如果没有女人，也许男人会把自己辛苦赚取的收入去赌了，去花天酒地了，花得毫无意义，因为有了女人，收入才能给我们创造一个美好的生活，让我们在家庭中生活得很舒适。所以，我劝男人不要以为自己赚了钱，就在家神气得不得了，如果没有一个忠诚的妻子，你的收入会花得大打折扣，所以某种形式，持家的女性也在创造着家庭的财富。在家庭生活中，男性应该尊重女性。一个和睦的家庭，男人在外获取收入，女的在家创造美好的家庭环境，男人在外闯荡累了，能有一个舒适的港湾休憩一下，这是多么理想的家庭模式啊。

二、信任。夫妻是建立在互爱基础上的，虽说爱是自私的，但也不应过多猜疑对方。距离产生美，应该给对方留下一定的自由空间。有了自由，一个人才能独立，进而真正成熟。

三、谅解。夫妻之间相处难免会有摩擦，虽说有些品德高尚的夫妻没有摩擦，但多数人达不到这种水平。所以，夫妻之间经常发生矛盾。在这种情况下，要相互谅解，一个巴掌拍不响，只要有争吵，往往两个人都有错。如果，其中有任何一个人道德修养高，就不会发生争吵。再说，家庭一旦发生矛盾，最起码会让家里人几天不开心，生活在郁闷之中，严重的还会影响到事业。家和万事兴，家庭发生争吵，损失的是谁呢，伤害的是谁呢？所以，要提倡谅解，让家里人天天过得开开心心。

四、坦诚。夫妻之间应该相互坦诚。一般来说，夫妻相互隐瞒的事都不是好事，除非某一方的道德水平很高。丈夫会把自己的一些不光彩的事向妻子隐瞒，如在外找情人、赌博等。这些事都是有损丈夫的声名、事业的。就拿吸烟这件事来说吧，如果依着丈夫的个性，会大量吸烟，而由于妻子的干预，我们才能有节制，最终对我们的健康是有很大好处的。所以，妻子的监督对我们是很好的帮助，据统计，结婚的男子比未结过婚的男子平均寿命有很大的增加，就是这个道理。

（2）对子女的教养

我们既然生下了子女，就有对子女教养的责任。在对子女的教养中要注意以下问题：一、要提倡无条件的爱。孩子在人生道路中会遭遇挫折失败是肯定的，我们不能因为这个对他抱着冷冰冰的态度，要始终对孩子关心爱护，不管他有没有出息。当然，对孩子身上的错误，我们不能姑息迁就。二、要培养孩子独立思考的能力，尤其是在兴趣发展方面，应该让孩子自由发展，家长不应该横加干涉。最终应该让孩子自己掌握命运。三、培养孩子，关键是培养孩子的道德品质与才能。家长应该注意均衡，不可偏废。

（3）交友之道

西方有句俗谚说：只有上帝和野兽喜欢孤独。可见人活着是多么需要陪伴、了解、诉说、关怀、分享和分担，能给予这些需要的人大约就是我们的朋友吧。中国也有句古语："近朱者赤，近墨者黑。"可见朋友对我们的影响之大。真正的好朋友是能互相规劝、砥砺的。"在家靠父母，出外靠朋友"，除了亲人，朋友是我们人生道路上不可缺少的一环人际关系，而且许多事情是靠朋友才能完成的。

在这儿，我们特别强调一下孔子的交友之道：第一，志趣相近，孔子说"无友不如己者"。第二，真诚相待，交朋友一定要真诚。孔夫子有言："友直，友谅，友多闻。"

什么是真朋友？古人所谓"刎颈交"固然是友谊中的上品，但在我们平凡的生活中，验证这种友谊的机会很少，倒是琐碎的日常生活中的不离不弃才是朋友的真谛。我以为真正的朋友必有着一种绝对的慷慨和信任。平日里虽没有貌似亲昵的拍拍打打，甚至相隔千里久不谋面，但一方有了难处另一方能挺身而出，不计利益，不图回报。一方蒙受冤屈，另一方只是出于信任和了解就百般维护，这才是真正的朋友。

亲情是固定的，无法选择，而交什么样的朋友，却是可以选择的。总的来讲，我个人认为，交朋友的标准只有一个：品德。

对于品德低下的人我们要敬而远之。经常看到很多年轻人因为交友不慎而误入歧途，这都是因为他们选择交友的标准出了问题。有的人看到某人有本事到各种高档娱乐场所消费，就心生羡慕，与之交友，结果被人利用。只有交比自己品德高的人才是正确的选择，品德高尚的人会爱人，不会害人。有一位姓杨的年轻朋友，中学毕业后，在家无所事事，就跟在比他年纪稍大的人后面玩。这伙人带着小杨经常混吃混喝，日子似乎过得潇洒自在。有一天酒后，这伙人就带着小杨在马路上拦截摩托车，抢劫钱财，事后小杨以从犯的身份被判了四年刑。当小杨回首往事时，是多么痛心和悔恨。你想：小杨与这伙人整天吃吃喝喝，称兄道弟，吃人家嘴短，拿人家手短，光想占便宜，不想付出，天底下有这样的好事吗？也许，小杨在别人抢劫时，只是在旁边不知所措，甚至心中还认为这是不对的，但是，他的那些朋友已经把他拖下了水，他已经无力摆脱命运。

## 四、心灵的净化

大家都知道，如果一个人长期不洗澡，身上会很难受，严重的会得皮肤病。但大家有没有想过，我们的心灵也是需要经常加以洗涤的，如果忽视了，我们就会在生活中犯严重的错误。

由于社会上有形形色色的人存在，我们难免会遇到许多违背道德的丑恶现象，这些现象对人是有污染作用的。如果一个人道德修养不高，就会吸收这些丑恶现象，进而去仿效。在人的道德领域，有一条原理，我称之为斜面原理。说的是这样一种现象：一个斜面上有一个球向下滚动，刚开始速度是缓慢的，随着向下的滚动，速度会越来越快，最后会形成强大的惯性。做人也是一样，一个人如果选择了善或恶，刚开始实践时，效果还不是很明显，但随着所做的善事或恶事的积累，这个人会习惯于这种思维方式，最后会有不同的结果。这也解释了为什么有的人坐过牢后，会三番五次地坐牢，这个人已经习惯于恶的思维方式，一旦他在生活中遇到纷争、困难、挫折，他首先会用恶的思维方式去思考问题。有了恶的思维方式，就会有恶的情感和言行，最后也只有去接受不幸的结果。反之，就是积善成德。所以刘备讲过："勿以恶小而为之，勿以善小而不为。"就是对这种原理的充分说明。一个人刚开始作恶时，是很艰难的，一位惯偷，对自己的第一次作案总是记忆犹新，因为第一次作案，他内心善与恶的矛盾和冲突是最激烈的，给他的心灵留下了很深的印迹。以后再作案，他内心的矛盾会越来越少，他会通过各种方式肯定自己的所作所为，心灵印迹也会越来越浅，最后完全掉入恶的思维方式中。同样，一个人开始做善事也会遇上这样的问题，刚开始从善时，自私自利与奉献会有激烈的交锋，善打败了恶，个人就会逐渐进入善的思维方式中。

人的内心有没有善的一面呢？答案是有的。我们每个人身上都有四种善端：同情心、是非心、谦让心、羞耻心。这四种善心是我们品质中善的基础。在我们幼年时，这四种善心是很充分的。小时候，我们看到别人痛苦，看到自己的宠物痛苦，都会很同情，甚至流下同情之泪。小时候，我们看到电影中的恶人在作恶，都会义愤填膺，恨不得跳上银幕与之拼个死活。小时候，我们在吃饭时会关心父母、爷爷奶奶。小时候，我们如果犯了错误，会内疚悔恨。那时候，我们的心灵是多么敏锐，多么富有生气。但在后来，我们在社会生活中为利益所驱使，逐渐迷失了自己善良的一面，这些善心就像海中的小岛，被欲望的大海所吞没。心灵不再活生生，变得僵硬了。这种状态下，我们能找到幸福的生活吗？

所以我们要恢复我们的善心。

首先，我们要懂得什么是善，什么是恶。对其他生命或者对自己有益的事都是善，对其他生命有害或对自己有害的事都是恶。那么如果有这样一件事，对其他生命有害而自己却能从中受益，这种事是什么性质呢？这也是恶事。如果有一件事，对自己有害而其他生命却能从中受益，这是牺牲，是奉献，是大善事。我们应该从善如流，“勿以恶小而为之，勿以善小而不为”。首先从行动上不去伤害别的生命与自己，其次，口头上也不要伤害别的生命与自己，最后连意识上也没有伤害别的生命与自己的想法。伤害应该包含两种：一是物质上的伤害，一是精神上的伤害。杜绝这种伤害，我们也就是趋向于善了。而且在纠正自己的过程中，还要注意彻底。就像一个人在戒烟，他有时候不抽，有时候又抽，那么这算不算戒烟成功呢？这不能算的。这个人还没能克服烟瘾，又怎么能算成功了呢？所以从善如流一定要彻底，不要再被心中的恶所控制。

选择了善，我们应该怎么做？首先，我们要选择行动，不能做语言的巨人，行动的矮子。我们要坚持日行一善，积善成德。其次，经常自我反省。用善恶的标准评判自己，纠正自己错误的一面。再次，多向自己周围品德高尚的人学习，少接触品德低下的人。俗话说近朱者赤，近墨者黑，我们对所接触的人事物要有选择，不要再接触黄赌毒之类的东西了。有些人爱好这些东西，我对这些人有个比喻：就像狗吃屎，狗吃屎吃得很开心，边吃边东张西望，害怕有其他的狗来抢。但作为人来看，这太恶心了。大家想一想，一个正常家庭中如果有一个人接触了黄赌毒，会给这个家庭带来什么？只有无穷无尽的痛苦。那么黄赌毒不是比屎还要令人厌恶的东西吗？最后，还要经常以感动来洗涤心灵，要多读些好文章、好的故事、好的名言警句，看好电影，听好音乐，用其中的真情来洗涤自己的心灵，这样的话，我们的心灵会健康，甚至成长壮大。

## 五、人的社会实践

### 1. 人的幸福从哪里来

普通人的幸福生活构成要素有下列两个方面：一、个人的生理与心理健康。二、个人与周围环境的融洽。前面已经就个人的生理与心理健康讲了很多，下面重点讲个人与周围环境的融洽。人与环境的融洽，其重点就是人与社会的关系。人，作为一种社会性很强的动物，孤独是很难忍受的。小说《鲁滨逊漂流记》详细描述了一个人孤立无援情况下的心路历程。鲁滨逊为了吃上自己做的面包要花上几年的工夫，当他救了星期五之后心中充满喜悦，说明孤独的人是痛苦的。大家试想一下：如果现在地球上只剩下你一个人，你是地球上唯一的人类，所有的物质你都可以拿来用，表面上看，你是多么富有，但实际上，你想洗个热水澡都会很不方便，你要自己砍柴、烧水。现在大家为什么觉得自己的生活很方便呢？这是因为我们利用了别人的劳动成果，生活中的很多事我们不用亲力亲为，所以幸福生活是离不开他人的。人与人的关系是如此紧密，但是为什么人与人之间存在着斗争和相互伤害呢？这是社会资源的分配所造成的。

2. 社会资源分配的两种方式

在社会资源的分配中，有两种截然不同的分配方式：一种是破坏性的，一种是建设性的。

第一种分配方式遵循“丛林法则”，也就是以强凌弱，以众暴寡，以智诈愚，以勇苦怯。谁抢到就是谁的。人类降低到动物的道德水平，整个人类社会就是一个弱肉强食的社会。这种社会是没有任何安全感的，你今天靠巧取豪夺拥有了财富，可能明天又被更强大的敌人夺走。今天你年轻力壮，能拥有财富，等你年老了，新生力量就会抢走你的一切。大家都生活在痛苦不安中，都是失败者，没有最终的胜利者。

第二种分配方式遵循“仁爱法则”。也就是每个社会成员热爱社会，为社会的发展竭尽所能，同时，社会也给予奉献者充分的回报。仁爱法则我认为由以下三方面组成：（1）各尽所能。一个人要在社会生活中贡献出自己全部的才能，还真是很不容易，原因多种多样，比如怀才不遇、所遇非人，或者自己所做的与自己的兴趣不符。所以，我给大家的忠告是：一要做自己感兴趣的事。兴趣是一个人的天赋，做有兴趣的事，可以使我们面对困难时更有承受力，所以也更容易获得成功。古往今来，许多名人都是很好地利用了自己的兴趣才获得了成功。二是要学会从中谋生赚钱。利用自己的兴趣从中赚钱谋生的人太多了，比如比尔·盖茨等。（2）社会的需要。人们经常在选择事业中以赚不赚钱为取舍标准，其实这是错误的。某个事业赚不赚钱可能只是短期现象，可能今天某个事业还不赚钱，明天就赚大钱了；可能今天某个事业如日中天，明天就不赚钱或者赚小钱了。而一个持久的社会需要会给你大展身手的机会，你也会因为这种需要实现人生的价值。（3）始终促进社会中因奉献而收获，然后再奉献再收获的良性循环。做人就要做一个对别人有益的人，自己去关心爱护别人，最终别人也会关心爱护你。不管做哪一行，只要做得出色，社会都会承认和尊重你。时传祥只是个环卫工人，国家也给予他崇高的荣誉。

某些动物种群的生活也具有秩序性和组织性。蚂蚁搬运食物时有协作性，狼群攻击敌人时同仇敌忾，蜜蜂在蜂巢中生活组织严密。如果社会群体中的某个成员破坏了这种组织性，对整个社会构成了危害，也必将被社会所抛弃。

**结语**

前面我们对个人的道德修养进行了一些讨论，总的概括为三个词：弃恶、从善、净化心灵。

弃恶：在现实生活中恶的表现是什么呢？是自私自利、损人利己、追求刺激。作恶会伤害自己的生理与心理健康，伤害自己周围的人，伤害社会，所以，恶只能得逞于一时，最终只能给自己带来痛苦。在现实生活中善的表现是什么呢？是无私奉献、利己利人。善的生活是平静的，其中充满了幸福，由于善的生活是对己对人有益的，所以能为周围环境所许可，是可持久的生活。

生活中恶的具体表现形式有：残忍、盗窃、占别人便宜、破坏家庭的不正当男女关系、说谎话、讨好别人、挑拨离间、贪婪、仇恨、见利忘义、讲脏话等。这些都是痛苦产生的原因，每个人都要努力改正。人们往往缺少改正的勇气和毅力，不敢承认自己有错误，也不想去改。这是非常不明智的。

从善：生活中善的具体表现形式很多，主要是以对人对己有利为原则。做一个好人也是很不容易的。

做好人首先要有很强的自我控制力。

其次，要对整个世界有正确的认识。要多看现实世界好的一面，多亲近品德高尚的人，多接触品德高尚的事。因为只有这样，我们才能从中学到对自己有益的东西。如果你多看世界丑恶的一面，多接触品德低下的人和事，你能从中学到什么呢？只能学到恶，最终给自己带来痛苦。

再次，不能遇到好人就对他好，遇到坏人就对他坏。这样的话，你改变自己素质的努力就白费了。其实，你是把自己的命运交到了别人那里，别人对你多坏，你就对他多坏，这样的话，相互报复，你就可能触犯法纪，给自己增加新的痛苦。别人对我们的恶意，我们应该冷静处理，有节有理，充分利用法律来保护自己。

最后，做好人要有韧性，要持之以恒，要学会表里如一。自觉地做一个好人，每天养成良好的习惯，比如日行一善，积善成德，经常反省自己的过错，多亲近品德高尚的人，少接触品德低下的人，以生活中让人感动的人和事洗涤心灵。

净化心灵：一、克服贪婪、仇恨、见利忘义的心理，保护真善美的人性。对自己以前做过的恶要经常反省忏悔，并保证以后永不再犯。二、要明白自己的人生道路是可选择的，关键在于你是选择了善，还是选择了恶。三、面对生活中的困难与挫折，要有面对的勇气，人生就像一条船走上了航程，不可能不遇上恶劣的天气，遇上了要坦然面对，镇定处理，不要害怕被别人伤害。要相信冬天已经到了，春天还会远吗？四、踏实面对生活。我认为一个人的精神状态很重要，做人切忌浮躁，即使是做小事，也要抱着认真做的态度，考虑问题要周到，把注意力和精力投入到正在做的事情上。吃饭的时候不要想着睡觉的事，睡觉的时候不要想着工作的事，做任何事都要以道理和信念为指引。五、面对成绩要戒骄戒躁。可以肯定地讲，大家有了正确的人生观后，注重培养自己的德与才，成功是必然的。面对成功，我希望大家能戒骄戒躁，要清醒地认识到自己的不足，这样才能继续进步，千万不能骄傲自满，故步自封。坚持个人的道德观念，关键还在于有坚定的信念，没有信念的指引，人生将不知何去何从。

# 做仁德之人

赵世河

## 一、仁的含义

仁在儒学思想体系中居于核心地位，但是关于什么是仁，孔子及其弟子并没有给出明确完整的定义，《论语》中孔子最简单的概括是“仁者爱人”。《论语》原文中“仁”出现达109次。孔子及其弟子从不同角度对“仁”进行了阐述，应该说仁的内涵浩瀚宏达、博大精深。我们看《公冶长》篇是怎么说的。

子张问曰：“令尹子文三仕为令尹，无喜色，三已之，无愠色。旧令尹之政，必以告新令尹。何如？”子曰：“忠矣。”曰：“仁矣乎？”曰：“未知，焉得仁？”“崔子弑齐君。陈文子有马十乘，弃而违之。至于他邦，则曰：‘犹吾大夫崔子也。’违之。之一邦，则又曰：‘犹吾大夫崔子也。’违之，何如？”子曰：“清矣。”曰：“仁矣乎？”曰：“未知，焉得仁？”（《公冶长》篇）

今译：

子张问道：“楚国的令尹子文曾三次担任令尹一职，都没有流露出高兴的样子，三次被罢免，也没有流露出怨恨的神色。当有人接班时，他一定会将自己当令尹时政令交代给下届的人。您看这个人怎么样？”孔子说：“他对国家可以算是尽忠了。”子张问：“那算得上仁德吗？”孔子说：“不知道，这怎么能算仁呢？”子张又问：“齐国的大夫崔杼杀了齐庄公，而陈文子大夫有四十匹马的财产，他都能舍弃而离开了齐国。等到了另一个国家，他说：‘这里执政者和我国的崔杼差不多。’就离开了那里。又到了另一个国家，他说‘这里的执行者和我国的崔杼差不多。’还是离开了。您觉得这人怎么样？”孔子说：“他很清白。”子张说：“那他算得上有仁德吗？”孔子说：“不知道，这怎么算有仁德呢？”

**二、修“仁”的可行性**

子曰：“我未见好仁者，恶不仁者。好仁者，无以尚之；恶不仁者，其为仁矣，不使不仁者加乎其身。有能一日用其力于仁矣乎？我未见力不足者。盖有之矣，我未之见也。”（《里仁》篇）

今译：

孔子说：“我从来没有见过喜爱仁德的人，也没有见过厌恶不仁德的人。喜爱仁德的人，他们会觉得世界上没有什么会比行仁再好的了；而厌恶不仁德的人实行仁德，只是为了不让不仁德的事情发生在自己身上。有谁能在某一天把他的力量都用在仁德方面吗？我没见过办不到这件事情的人。也许真的有这样的人，只是我没有见过罢了。”

所以大家要清楚，在确定了自己“行仁”的目标后，不能半途而废。这与铁杵磨成针、水滴穿石的道理是一样的。只有这样，才能提高自身的道德修养，不断地向着“仁”的境界靠拢。我们要记住，仁德不远，人人可修，只要自己的意志坚定，早晚会达到“仁”的境界。同时也要明白，仁德至高至远，非有坚定不移的求仁信念，是很难成为圣贤的。

通过以上对仁的本体性、仁的层次性以及修“仁”的可行性的解析和阐述，大家可能对“仁”的含义和内涵有了一个大体的了解。

**三、修“仁爱”之心**

儒家历来重视修身，修身先修心，即修“仁爱”之心。中国文化的基因是以人为本，以和为贵，其核心价值观是仁爱—友爱—合作—大同。

子曰：“弟子入则孝，出则悌，谨而信，泛爱众而亲仁。行有余力，则以学文。”（《学而》篇）

今译：

孔子说："后生晚辈在家应孝顺父母，出门在外要敬爱师长，言行谨慎，做到诚实守信，要博爱大众，亲近有仁德的人。在做好这些事情之后，若是还有剩余的精力，就去学习文化知识。"

作为教育家，孔子极其重视道德教育。怎样从一个无知的孩童成长为对社会群体有用之才，孔子给出了浅近明了的回答，那就是：做人应先修德，再学知识。也就是说，对于弟子的教育，孔子认为应当从伦理教育入手，在家孝顺父母，敬重兄长，然后再进行文化知识的传授，这就是道德优先原则。作为现在的成年人，在少年和成长阶段因历史原因缺乏道德伦理的熏陶和学习，现在学习传统文化，就是补上怎样做人这一课，从传统核心价值观中为社会主义核心价值观寻"根"找"本"，不断提高各自的道德水平，为实现中国梦有所作为。

有子曰："其为人也孝弟，而好犯上者，鲜矣；不好犯上，而好作乱者，未之有也。君子务本，本立而道生。孝弟也者，其为仁之本与！"（《学而》篇）

今译：

有子说："孝顺父母，遵从兄长，却又喜欢冒犯上级尊者的人，非常少见；从不冒犯上级尊者，却又喜欢为乱造反的人，从来没有的。君子致力于事物之根本，一旦根本确立，正道就会生成。孝和悌就是仁之根本啊！"

"仁"是爱的哲学，"孝"也是爱的哲学，求"仁"就应该从"孝"做起。孝敬父母是人的天性，也是做人的根本，更是品质的基础，如果不能孝养其亲，又怎么敬事他人？那么怎样才算是孝呢？个人认为应该做到以下四个方面：

一是尽赡养之责。父母生儿育女是繁衍后代的生物本能使然，作为父母通常会养育照顾子女十几年甚至更长时间，他们付出的感情、心血和财富理应得到回报，当父母年老体衰的时候子女回过来照料他们是理所应当的。因而《中华人民共和国老年人权益保障法》明确了子女对其应尽的赡养义务。最近修改通过的《山东省老年人权益保障条例》对子女赡养义务也做出了具体规定："赡养人应当履行对老年人的经济供养、生活照料、精神慰藉义务，保障老年人的生活水平不低于赡养人的生活水平。”现在的问题是城市年轻人买新房，购好车，花钱大手大脚，让退休收入不高省吃俭用的父母交房贷、车贷，成家立业后继续“啃老”，使父母生活水平低于子女。特别是经济相对落后的农村，因子女赡养义务不到位，许多老年人的生活还处在“温饱线”，肉禽蛋奶很少享受，蔬菜、水果没有保障。许多人为儿女上大学、买房子，几万、几十万舍得花，国家对老人补贴的钱，却不肯给老人花。还有的兄弟姐妹几个为供养一位老人打架闹矛盾，甚至告上法庭。对缺乏良知、缺乏孝心，不尽赡养义务的少数人，用法规约束是手段之一，更重要的是用传统文化中的“孝道”提高他们的道德自觉，唤醒他们的感恩、报恩之心。

二是有恭敬之心。一般人认为，赡养父母就是尽了孝道。谈到孝，在孔子看来，不仅是养，更是敬。孔子说：“今之孝者，是谓能养。至于犬马，皆能有养，不敬，何以别乎？”（《论语·为政》）就是说，仅仅把“养”作为“孝”的标准，是远远不够的。因为养犬马也是“养”，不敬重父母，就与养犬马无法区别了。《礼记·祭义》说：“孝子之有深爱者，必有和气，有和气者必有愉色，有愉色者必有婉容。”侍奉父母，重要的是子女从内心发出对父母的真诚的尊敬之情，保证父母在精神上得到欣慰，使他们心情愉悦。孔子说：“色难。有事，弟子服其劳；有酒食，先生馔，曾是以为孝乎？”（《论语·为政》）意思是说：“侍奉父母时保持和颜悦色是最难的。有事情子女去做，有酒食父辈先吃，这样做就能称得上是孝了吗？”对父母和颜悦色，尤其要表现在父母犯错误的时候，不能发火。孔子说：“事父母几谏，见志不从，又敬不违，劳而不怨。”（《论语·里仁》）意思是说：“侍奉父母，如果他们有不对的地方，要轻微委婉地劝说，如果没有听从，仍然恭敬而不冒犯，操劳而没有怨言。”可见儒家的孝道把尊敬父母视为孝行的高层次要求。养与敬相比，敬是更根本的。因此曾子说：“大孝尊亲，其次弗辱，其下能养。”（《礼记·祭义》）孟子也说：“孝子之至，莫大乎尊亲。”（《孟子·万章上》）

三是养父母之志。儒家讲的孝不仅要养父母之身，而且要养父母之心、父母之志。小孝孝其身，中孝孝其心，大孝孝其老。养其心，就是子女不让父母为自己担心，如果做儿女的常常让父母担忧，那就对不起父母，就是不孝了。例如到学校读书，功课不好，让父母担忧，这是不孝；不敬老师，和同学不友好相处，让父母担忧，这是不孝。踏进社会，工作不认真负责，不尽心尽力，让父母担忧，这是不孝；对上级不尽职，与同僚不能合作共事，让父母担忧，这是不孝。当了“官”有了权，贪赃枉法，走进牢笼，让父母担惊受怕，更是不孝。一个人如果知道感念父母的恩德，就不会做出大逆不道、有损父母荣誉的事情，而会洁身自好，修身养德，光宗耀祖。不让父母为自己担忧是养父母之心，实现父母的意愿则是养其志。老年人退休之后没有了忙碌的工作，精神上容易空虚，如果知道老人的爱好，或琴棋书画，或戏曲舞蹈，或摄影写作，或观光旅游，做子女的都要帮助老人实现愿望。像王凯、王瑞两兄弟为了实现母亲去香港、海南的心愿，步行拉车，完成了孝行万里的壮举，这就是养其母心志的充分体现，是我们学习的榜样。

四是矜孤恤寡，怜贫扶弱。没有父亲的孩子称为孤儿，没有丈夫的女人称为寡妇，吃不饱、穿不暖无依无靠为贫，因病残生活上不能自理为弱。对社会上这些弱势群体我们要怀着同情之心去关怀、帮助，在保证现行各项政策落实的前提下，给予更多的理解和关爱，这是国家安定、社会幸福的根本，是树立正知正见，是维护我们的道统，弘扬正法。

五是济人之急，救人之危。人有紧迫的需要叫作急，人有祸难将发生叫作危。善良的人看见别人的急如同自己的急，看见别人的危如同自己的危，所以能够慷慨解囊，毫无吝啬，并且乐此不倦。有这般善举之人必然成全他的大善报。而那些财多福薄的人，看见别人的危急漠不关心，重自己的钱财似山，轻别人的生命如毛。近年来有许多不和谐的音符见诸媒体，大街上老人摔倒没人扶，小悦悦被车辗轧没人救，盗贼光天化日之下抢金店没人拦，暴徒进学校砍杀儿童没人管，这些虽然是个案，但反映出我国改革开放以来经济上强大了，但精神建设上道德水准有滑坡。扶弱济贫，见危必救，几千年来传承下来的好传统已到了应该发扬光大的时候。

六是珍惜万物。人的同情心和慈悲心不仅要从自己的父母兄弟的身上平等地推及社会上一切人，而且还要广泛推及于万物。儒家认为，人是大自然的一部分，人应当顺应宇宙发展变化的规律和秩序，这集中表现在中国古代的“天人合一”的思想中。“天人合一”的基本含义是天道与人道、自然与人为的统一。这一思想溯源于《易·乾卦·文言》：“夫大人者，与天地合其德，与日月合其明，与四时合其序，与鬼神合其吉凶。先天而天弗违，后天而奉天时。”这段话的基本精神是：大自然的运动有一定的规律性，人的活动也应有一定的规律性，必须在不违背客观规律的前提下充分发挥人的主观能动性，去争取最好的结果，以保持人与大自然的和谐统一。

## 四、养仁厚之德

仁厚即仁爱和宽厚，仁爱上面已经讲过，这里重点阐述宽厚。所谓宽厚就是心胸宽宏，重情重义，诚实可信，宽可容人，厚可载物。一个被评价为宽厚的人一定是道德修养好而又被社会所尊重的人。那么怎样才能积仁厚之德呢？孔孟之道给我们指明了努力的方向。

为了实现“大同”社会，孔子及其弟子们进行了长期不懈的努力。孔子说：“苟有用我者，期月而已可也，三年有成。”（《论语·子路》）就是说：“假如有人让我主持国家政事，一年之内就可以初见成效，三年便能成效显著。”孔子一生致力于弘扬大道，主张恢复周礼，推行德治、礼治，为向各国的执政者推荐自己的治国主张，不辞辛劳，周游列国。孔子的最大精力用在为弘扬大道培养人才上，他的许多弟子入仕理政，使儒家思想不断发扬光大。

传统文化是中华民族的“根”和“魂”，“仁”是传统价值观的核心，社会主义核心价值观是对传统价值观的继承和发展。一个经过改革开放、成为世界第二大经济体的中国，一个以五千年优秀传统文化为底蕴的中国，必须拥有文化自信。

# 怎样成就幸福人生

李　梅

中国古人将能够“立德、立功、立言”这三方面都有建树的人称为“古今完人”，而将“立德、立功、立言”称为“三不朽”。简单地说，做人最高的境界，就是在天地之间建立起崇高的道德，使自己的行为体现出最高的德行，能够为后世的人们效法，这是立德；其次的境界，是在世间建立伟大的功业，能够使后世的人们传诵，这是立功；再其次的境界，是建立起一种学说，创建一种独特的思想，使后世的人们能够永远传习，这是立言。从古到今咱们中国有没有这样的完人呢？有，一个是大家比较熟悉的诸葛亮，一个是明朝的王阳明，第三个算是半个完人，即清朝的曾国藩。曾国藩把家族划分成这么几个类型：

第一种是官宦之家。官宦之家可以传承几代呢？一代而已，顶多两代。

第二种是营商之家。显而易见就是经商做买卖的家庭，像这样的家庭可以传承几代呢？有句老话讲：“富不过三代。”爷爷创业的时候非常艰难，父亲看到爷爷创业很艰难，所以父亲守业的时候也非常辛苦。到了孙子的时候，家族已经走上了昌盛之路，这个孙子既没有看到爷爷的辛苦，也没有注意到父亲的辛劳，所以到了孙子的时候通常只剩下挥霍了。所以一般的经商之家“富不过三代”。

第三种是耕读之家。放在今天讲，就是一边工作一边读书的家庭，就是有固定工作，工作之余读书。大家觉得这样的家庭不错，那么这样的家庭可以传承几代呢？这样的家族通常最多传承四五代。那么什么样的家庭传承得久呢？

曾老先生说还有第四种类型，叫孝悌之家。像这样的家族可以传承十代、百代甚至更久远。如果让大家举例说一下身边或者是历史上的孝悌之家，大家都能想起孔子，孔子的家族绵延昌盛，现在已经传承 80 多代了。而要成为孝悌之家，那就要传承孝。

《孝经》专门有一章讲士怎样尽孝，士章第五讲：第一，要尽忠职守。第二，要尊敬长上。

意思是：士人的孝道，包括爱敬，就是要把爱敬父亲的爱心移来以爱母亲，亲爱的心思是一样的。再把爱敬父亲的敬心，移来以敬长官，恭敬的态度是一样的。

所以爱敬是相关联的，不过对母亲方面偏重在爱，就取其爱；对长官（领导）方面偏重在敬，就取其敬。爱敬并重的，还是父亲。

读书的子弟初离学校和家庭，踏进社会，为国家服务，还不懂得公务的办理。若能以事亲之道服从领导，竭尽心力，把公事办得好，这便是忠。在单位，对于同事当中地位较高年龄较大的长者，我们如果能以恭敬服从的态度对待，这便是顺。

士章第五最后，孔子引《诗经·小雅·小宛》的两句话说："初入社会做事的小公务员，早起晚睡。上班办公，不要迟到早退、怠于职务，遗羞辱于生身的父母。"

这也是我下面要讲的成就幸福人生的第一部分：能够真心孝悌！

## 一、真心孝悌

### （一）为什么要孝？

首先给大家讲两个小故事。

第一个小故事：释迦牟尼路遇枯骨，分而葬之。

相传，很久之前，有一天释迦牟尼和他的弟子在丛林中行走，忽然发现了两具枯骨。释迦牟尼对他的徒弟说："徒弟啊，这两具枯骨，在很久之前，不知道在哪一世轮回的时候，他们有可能是我的父亲和母亲，今天既然我们有缘遇见了，我们就把他们分而埋葬吧。"他的弟子说："师父，好是好啊，可是这两具枯骨已经没有什么特征可以分辨出哪具是男的，哪具是女的，怎么把他们分而葬之呢？"释迦牟尼说："这好办，你把骨头拿在手上掂一掂看一看，分量比较重、颜色发白的，一定是父亲的骨头；分量比较轻、颜色发灰的，一定是母亲的骨头。"释迦牟尼的徒弟听他这么一说，就按照他的办法很快把这两具枯骨分而葬之了。

第二个小故事：一瓶血乳的故事。

我们都知道，我们女子每个月都会来月经，但是一怀孕，这月经就不来了。为什么呢？因为它（月经）不往下走了，要往上走，要为将来的孩子储备营养。中医上说：女子上行为乳，下行为经。母乳又称血乳、红乳，而且两斤血才能出一斤奶。假如从我们的孩子一出生到十个月断奶，每天我们不用多喂，我们每天喂他一斤半奶，十个月之后这个孩子喝掉妈妈多少斤奶呢？差不多是500斤奶，合多少斤血呢？是1000多斤血。现在很多孩子都吃得特别胖，有时候这一斤奶不够，我们每天给孩子吃两斤奶行吗？给孩子吃到十个月我们不舍得断奶，我们给孩子吃到十二个月，就是一周岁，我们给他断奶行吗？这样的话，这12个月下来，这个孩子就会吃掉妈妈730多斤奶，是多少斤血呢？ 1460斤血。

**（二）怎么孝？**

孔子的学生子游问孔子什么是孝，孔子说："今之孝者，是谓能养。至于犬马，皆能有养。不敬，何以别乎？"意思是说：现在所谓的孝，只要能养活爹娘就行了。但是狗马我们也能养活，如果对父母不多一些恭敬和爱戴，那和养狗养马有什么区别？

也就是说赡养父母与养狗养马是不同的。赡养父母要恭敬要爱戴。

这恭敬和爱戴体现在哪些方面呢？体现在四个方面。

1. 孝敬父母的人，一定能做到"六孝"。

六孝包括孝身、孝性、孝心、孝言、孝色与孝志。

第一点，孝父母的身。这里包含了孝父母的衣食住行。

孝父母的衣：你今天特别喜欢真丝的衣服，你买了，你给妈妈买了吗？你给婆婆买了吗？如果你做到了，那么你就是孝顺的人。

孝父母的食：通常我们的父亲母亲甚至我们的公公婆婆都知道我们爱吃什么，那么反过来，我们做子女的知道老人爱吃什么吗？我们可曾给老人买他们爱吃的食物？或者给老人做可口的饭菜？

孝父母的住：这一点，在我们城市中很少能见到与父母有什么不同，通常老人有自己单独的住房，我们也有自己单独的住房。但是在农村就不同了，在农村有很多老人倾尽自己一生的心血给孩子盖起了几间大瓦房，孩子一结婚就搬到了宽敞明亮的瓦房里。老人住哪儿呢？老人通常是住在老屋，甚至是小偏厦里面，如果是这样的话，那你可就是不孝了。

孝父母的行：很多农村的老人，一辈子都没有进过城。我前几天到其他镇讲课时，听说村里的很多老人一辈子都没有进过城，我们做子女的，是不是就应该满足父母的愿望，城里有什么新景观什么好玩好看的地方，我们也经常带父母去看看。

第二点，孝父母的性。

什么叫孝父母的性呢？就是顺着父母的脾气，不和父母顶撞。许多年轻人会发现我们家中的老人，尤其是做父亲的老人，性情往往比较倔强，有时是不讲理的那种犟。这种情况下你该怎么做呢？是和老人顶撞还是顺着老人呢？当然是顺着老人了。

第三点，孝父母的心。

这个心就是父母的心事，父母心里头牵挂谁。我们的父母在我们这个年龄通常不止一个孩子，兄弟姐妹像我们的手指头一样不是一般齐，肯定有哪个孩子过得不如其他孩子，老人心里头就会牵挂这个过得不如意的孩子，你就应该提前知道老人的心思。打个比方说，现在是平度的大樱桃上市的季节，孝顺的儿女经常会买了新鲜的大樱桃给老人送回去。你走了之后呢？老人因为心里头牵挂那个过得不好的小弟弟或者小妹妹，他就会把樱桃留下来，给这个过得不好的弟弟妹妹吃。假如你真正孝顺父母，你知道了父母的心事是牵挂你的弟弟妹妹，你应该怎么做呢？樱桃准备两份，一份给父母，一份就给那个父母牵挂的弟弟妹妹，并且告诉父母，这份留给您二老吃，那份是我送给弟弟或者妹妹的。如果你这样提前为老人想到了，老人怎么会不高兴呢？他还会有什么心事呢？

第四点，孝父母的言。

言是言语的言。不跟老人高声说话，不跟老人顶撞。咱们家中很多老人，尤其是父亲，说话声比较大，有时候老人声一大，你比老人声还大。这时候你要检讨自己。如果老人错了呢？《弟子规》上说："亲有过，谏始更。怡吾色，柔吾声。"假如说老人真的有错了，你得挑一个老人心情特别好的时候，而且就你们两个在场的时候指出来，老人可能会和颜悦色地接受，因为咱们中国人尤其是山东人特别好面子，假如你面对着第二个人，甚至是小孩子去跟老人说他的错误，那么无论你说得多么有道理，他都不会接受。

那么同样的在孝言方面，做儿媳的还要做到什么呢？我给大家举个小例子。平度的云山镇盛产大樱桃，前段时间一个小媳妇给婆婆买了袋樱桃，樱桃很贵啊，最贵的时候达到了三块钱一颗，很大的大樱桃，买回去之后，因为很贵，媳妇就跟婆婆说："妈，我给您买樱桃了！来吃吧，老贵啦，三块钱一颗呢。"

这樱桃拿到老人的眼前后，老人是吃还是不吃呢？不吃吧，这三块钱一颗，浪费了多可惜，樱桃放时间长了就烂掉了；吃吧，你看儿媳妇的脸色，三块钱一颗，我吃一颗就三块钱，我吃两颗就六块钱，吃三颗就将近十块钱。这老人过日子，赶集的时候买件衣服在集上顶多也就二十来块钱，她怎么舍得吃这么贵的樱桃呢？

那么做媳妇的应该怎么做呢？樱桃是贵，你拿回家之后，不要跟老人说价钱。你可以换个说法："妈，樱桃上市了，您尝尝吧，买的不太多，多了就坏了，您老人家和爸爸一块吃正合适。"她如果问你多少钱，你就说不贵，你为什么要和她说实话呢？

第五点，孝父母的色。

孔子曾经有个徒弟问孔子说，养父母什么难呢？孔子说："色难。"哪个色？脸色的色。

我曾经看过这么一个小故事，有母子两个人，有一天都在庭院里凉快。母亲在庭院里看风景，儿子就在庭院的椅子上坐着看报纸。

看着看着，这个母亲忽然就跟儿子说："儿子，儿子，你看你看那是一只什么呀？"

儿子就从报纸上把眼睛抬起来说："嗯，麻雀。"

过了一会呢，这个母亲又推了推儿子说："儿子儿子你看你看，飞到那儿去了，那是什么呀？"

儿子这时就有点不耐烦了："麻雀。"

可这个母亲还不死心，一会又指着麻雀问孩子："孩子孩子你看，它飞到那儿去了，那是什么呢？"

这个孩子就有点不耐烦了，比第二次的不耐烦还厉害，他把报纸竖起来说大声："麻雀。"

可这个母亲呢好像还不死心，她又问了一次孩子说："孩子你看你看，它飞到那儿去了，那是什么呀？"

这次这个孩子的态度可不一样了，他把报纸一摔，勃然大怒大声地说："麻雀，妈你想干什么呀？"

他妈妈一看他的态度，愣住了，眼泪流出来了，儿子一看妈妈流眼泪了，做儿子的心也软了，他也觉得自己的态度有点问题。这时母亲回屋拿出了一个日记本，翻到了里面其中的一页，上面是这样写的，再过两天我的孩子就要满三周岁了。当了父母的人都知道，我们的孩子从会说一个字到会说一个词，到会说问句的时候，我们那种心情是多么的惊喜，我们会像祥林嫂一样每见一个人就把孩子的趣事说给人家听。这个妈妈也是，她说今天我带儿子到公园里去，儿子忽然指着一只正在飞的麻雀问我："妈妈，那是什么呀？"我的儿子居然会说问句了，我非常高兴地告诉他说，那是一只麻雀。儿子一连问了我 21 遍，我一共回答了他 21 遍，我觉得我的儿子真聪明，不到三岁的他居然能说出一句问句来，而且是用不同的声调、不同的方式、不同的表情来问我。可是今天，做妈妈的只说了 4 遍，做儿子的就不耐烦了。母亲的爱和我们给母亲的爱，21 ∶ 4 是一个什么样的比例呀？

所以说，在赡养父母方面什么最难啊？孔子老人家说得非常正确：色难！不给老人脸子看是最难的。

第六点，孝父母的志。

志是志气的志，就是父母的愿望。我们可以发现我们家中有很多老人老了以后，愿意跟我们说以前的故事。只要我们回家，他总是说以前的故事。我们听得不耐心，有时候老人刚提了开头，我们就说："行了，行了，别说了，都知道你要说什么，都说了一百遍了。"

我们为什么不能这样做呢？你跟你的父亲或母亲说："以后回家来，您讲什么故事，我给您记录下来，整理下来，将来您老了，我就把咱家这些事都整理完了，给孩子们看。"如果这样做的话，你的父母会多高兴！老人会把他的故事一再详细地补充，他会很认真地完成你这项作业，如果你的母亲父亲识字的话，他甚至都会自己先写下来，只让你帮他修改就可以了，这就是孝父母的志。

2. 孝敬父母的人，一定爱惜自己的身体。

《孝经》上说："身体发肤，受之父母，不敢毁伤，孝之始也。"《弟子规》上也说："身有伤，贻亲忧。德有伤，贻亲羞。"但是现在很多女孩子对自己的眼睛不满意，去整个容吧，去割个双眼皮吧。对自己的塌鼻子不满意，去垫垫鼻子吧。这还算好的，更有甚者，对自己脸部这两块的骨头不满意，去削个骨，结果怎么样？命丧手术台上。试想我们的父母会做何感想？你为了爱美把自己的身体，把父母给你的身体去损伤了不要紧，连命都搭上了，是多么不值！

那么作为男子，我们应该怎么做呢？很多的成年男性，都有酒场的应酬。做父母的最担心儿子在外面喝酒。我就听到有的农村干部说，我今天喝了多少多少酒，可是我很厉害，我自己骑着摩托车回来了。你想，这有多可怕，你喝了那么多的酒，还骑着摩托车回来了。你今天能骑回来，明天能骑回来，你敢保证你一直能这么侥幸吗？假如有一天你因为酒驾出事，你的父母该多伤心？所以孝敬父母的人一定要爱惜自己的身体。

3. 孝敬父母的人，一定遵纪守法。

2015 年电影频道曾播过一个电影，叫《人间正道》。影片讲述的是 1942 年秋，国民党军队加强了对陕甘宁边区的军事和经济封锁，中共中央决定开展大生产运动，同时加强税收工作，以粉碎敌人的封锁。毛泽东选派老红军肖怀忠担任延安贸易税务局局长。在战场上，肖怀忠曾经两次救过毛主席的命，所以后来毛主席选派他去担任延安贸易税务局局长，那是出于对他的信任。然而在征税过程中，肖怀忠禁不住女色和金钱的诱惑，由一名清正廉洁、工作成绩突出的优秀税务干部沦为罪大恶极的贪污犯，法院经初审、复审判处肖怀忠死刑。

所以我们孝敬父母的人，一定爱岗敬业。《孝经》上说立身行道，扬名于后世，以显父母，就是这个道理。

4. 孝敬父母的人，一定不在意父母对自己的态度如何。

《弟子规》上说："亲爱我，孝何难。亲憎我，孝方贤。"

我们也都知道《二十四孝》中有一个故事：鞭打芦花。

主人公闵子骞很小的时候，母亲就去世了，父亲给他娶了一个后妈，后来后妈生了两个弟弟。有一年冬天，父亲带着闵子骞和弟弟去走亲戚，闵子骞穿着很厚的棉袄，弟弟穿着很薄的棉袄，父子三人在车上，结果很快闵子骞就冻得受不了了，直打哆嗦，父亲说："孩子，你要是打哆嗦你下来赶着马车跑跑吧。"结果下来跑着跑着，冻得哆嗦，倒地上了，父亲特别生气，就拿鞭子抽打他，结果一抽，棉袄碎了，里面露出来的不是棉花而是芦花。知道原因后，父亲就想把这个媳妇休掉。闵子骞当场就给父亲跪下说："母在一子单，母去三子寒。"

**（三）怎么悌？**

1.《弟子规》上说："兄道友，悌道恭。兄弟睦，孝在中。"

悌，很简单，从心里边来爱护我们的兄弟姐妹。只要我们兄弟姐妹和睦相处，兄长有兄长的胸怀，弟弟能从内心里恭敬兄长，兄弟姐妹之间不计较得失，父母就开心了。

2. 做到推功揽过。在悌道当中我们要做到不争名、不争利。很多城中村面临着拆迁改造，如果兄弟姐妹能在拆迁房上不去计较得与失那就会家庭和睦了。

3. 悌道中要做好到这三个字：让、助、恕。

先说第一个字，让。

王财贵教授的《一场演讲，百年教育》中曾提过一个故事：一群读经的孩子在游乐场里玩，和其他普通班的孩子一起，实习老师带着这些读经的孩子老老实实站着，其他班的孩子哗地都占了游乐设施，这个老师就着急了，说："哎呀，你看这些读经的孩子怎么读书都读愚了呢？连个游乐设施都抢不上去。"读经的男孩子也就十多岁的样子，这么跟老师说："男子汉大丈夫，争就争家国天下，这点鸡毛蒜皮争什么？"让，就是不争，所以兄弟姐妹做到让就是最好的孝。

再说第二个字，助。

兄弟姐妹当中哪个有困难，要无偿地帮助，比如弟弟说："哥哥，我盖房子欠十万块钱，你能不能借给我？明年我还你。"他能还上吗？还不上怎么办呢？你俩法院见吗？那应该怎么办呢？量力而为，根据你的实际情况，你可以直接给弟弟多少钱，然后再去帮他筹措多少钱，这样兄弟们之间永远和气，不会法庭相见。

最后说第三个字，恕。

这个字意思是不要得理不饶人。兄弟姐妹之间有时候会话赶话，说了些过分的话，甚至是伤人的话。那么作为亲人，我们应该理解他、宽恕他。

## 二、夫妻和谐家太平

怎样做合格的夫妻？夫妻关系感情好的话，其他五伦关系都不会有问题。一旦夫妻关系有了问题，你的孩子首先有问题。你的老人肯定有问题，双方的矛盾会带到老人之间。你和你的领导之间有问题，领导看出来你的家庭有问题，安排工作时会有顾虑。你和你的同事、你和你的兄弟姐妹之间也会因此产生问题。所以说只有夫妻关系好了，其他的关系才能稳定和谐。

关于夫妻关系，主要讲九点。

1. 改称呼。

结婚后，你爸你妈改为咱爸咱妈。按照中国人的传统习俗，结了婚的女性，将来去世以后埋在婆家的坟地里。既然是埋在婆家的坟地里，为什么平常跟先生说话要你爸你妈呢？难道不是咱爸咱妈吗？难道你和婆家不是一家人吗？

我 1993 年结婚的时候，就给我家先生提了个要求，我说："咱俩结婚后，不允许你说你爸你妈，我也绝对不说你爸你妈。"为什么呢？因为我感觉说你爸你妈就像吵架骂人一样。所以，我结婚时就给先生提了这么一点要求，我比较幸运，先生很痛快地答应了。

2. 相互体谅。

比方说，两个人都在家里，过得很好。有一天丈夫从外边回来，丈夫有个什么特点呢？一般的男人一进门习惯把鞋子乱放。你通常都会一边给他收拾，一边说：“你看你把鞋子放得乱七八糟的，每回都得我给你收拾。换拖鞋！”

那他是不是不开心？你应该说：“来来来，接财神，我家财神回来了，请财神换拖鞋，我给财神把换下来的鞋摆好了。”

你给他摆好了的话，他会不好意思，几次之后，他在家就不用每次都让老婆帮忙了，他自己就会来换拖鞋了。

3. 不埋怨。

我们更多的人是工薪阶层。假如你身边有的闺蜜嫁给了特别有钱的大老板，那你要做好思想准备，你要耐得住平淡的生活。工薪阶层的夫妻，优点是两个人一同下班，一同做饭，吃完饭一起出去散个步，遛个狗，谈个心，逛个街。

但是那个嫁了大老板的朋友会怎样呢？我想一年365天，大老板能有5天陪媳妇在家吃饭就不错了。所以你不要埋怨丈夫没本事，不要去羡慕人家嫁了个有钱的，说不定那个有钱的还羡慕你呢。

4. 快乐回家。

假如说今天你在单位上工作了一天，被领导批了一次，就耷拉着脸进了家门，媳妇说：“回来了？我炒好菜了，快洗手吃饭了。”

结果你说：“吃什么吃，我都吃了一肚子气了，不饿。”

如果你这样回家的话，媳妇是不是很生气？我好心好意地炒好了菜叫你吃饭，结果你说你吃饱气了。人家怎么可能理你？孩子一看我爸爸这是怎么了？耷拉着个脸，一晚上不敢和你说话。你在单位上生了气，你把情绪带回了家，家里还会有温暖吗？所以说要快乐回家，一进家门，把一切不快乐的情绪关在门外。

5. 体贴对方。

这个主要是针对女性说的。比如媳妇一回家就说，哎呀我头疼，我头疼了一天了。这个媳妇希望得到先生几句暖心的话：“你快躺下，我给你揉揉！你别做饭了，我去做。你休息会吧。”

男人是理性的，女人是感性的。女人头疼希望男人关心，说几句好话就可以了。男人只是恋爱的时候，还是感性的，但现在他就会说：“头疼吃药！头疼了一天了你不吃药？怎么没疼死你！”

所以，女同胞们结婚以后别再想你的先生和恋爱时那样，会感性地对待你，你就只管告诉他你头疼，让他给你找找药，或者让他给你捋捋头，就这么简单。

同样地，作为男人，要试着感性地理解女人。她告诉你头疼的时候就是希望你给她找找药或者你给她捋捋头，不要吝啬多说几句体贴的话。

6. 会认错。

什么叫会认错。一有事先说我错了。曾经有这样一个小故事，有两对年轻的小两口，因为特别要好，婚后就一起买了顶楼对门的房子。东面这一户特别相亲相爱，西面这一户就天天打。

后来西面这一户打得不行了，女的说：“离婚，我就不信我离了找不到比你好的。”男的说：“离婚，我离了就找个比你强的。”两人说既然离婚，咱先去东户看看人家两个为什么不打架吧？两人就来到了东户。东户的小两口请两人坐下。东户的男主人在沙发上看报纸，东户的女主人就给大家端来了茶水，一人一杯，然后又给东户的男主人端了一杯茶。男主人一抬手，没看到，把茶杯摔碎了。男主人说：“对不起，对不起，都怨我，没看到你也给我摆了一杯茶。”女主人说：“不是不是，都怨我，是我把杯子放得太靠外了，我把杯子往里放点就好了。都是我的错。”西户的小两口看完这一幕，你看看我，我看看你，心里明白了为什么人家不吵架。

家庭是讲情的地方，不是讲理的地方。遇到事先说我错了，还怎么能打起来呢？

7. 能包容。

比如，一般的家庭里报纸等一些物件都有它固定的地方，丈夫喜欢看完报纸随手往茶几上一放。

妻子就开始埋怨了：“你就不能把报纸放好？”

丈夫说：“哦，我一会就放了。”

“你什么时候放了，都是我给你放的！”

“我就愿意放哪儿了，你怎么地吧！”

你看，妻子一边干活一边埋怨，活还干了，人家还不领情。两个人还吵了一架，顺带生了个小气。那应该怎么办呢？千万别一边收拾一边埋怨！你应该说：“哎呦，感谢我的先生，又给了我一次弯腰锻炼的机会，来，我替你把报纸放好了。”你这样给他放个一次两次，他就不好意思再乱放了，他下次会看完自己就放回去了。

8. 信任对方。

首先做到四不翻：不翻先生的衣兜，不翻先生的提包，不翻先生的钱包，不翻先生的手机!

做妻子的必须要给丈夫起码的信任，那就要做到这四不翻。因为有时候亲眼见到的都未必是真的，更何况是道听途说的。《弟子规》上说："见未真，勿轻言。知未的，勿轻传。"

9. 互敬互爱。

夫妻二人在孩子面前始终是恩爱夫妻，不要轻言离婚。离婚给孩子带来许多伤害。前些日子城区某所学校发生女生打人事件，大家都在谴责女孩子，可曾想过是这个女生的父母就是离异的，这给女孩的身心带来了多大的伤害。

愿大家从现在开始践行，从孝顺父母开始！只要开始做了，你就一定能成就幸福人生！你的孩子一定能成长为国家的栋梁之材！你的家族也一定会绵延昌盛!